DROEMER

»Wir müssen noch miteinander eine große Freiheit erringen.«
Das schrieb Bettina von Arnim an ihre Freundin Karoline von Günderrode. Seither sind viele Jahre vergangen, die Emanzipation der Frauen ist vorangeschritten – vor allem dann, wenn sich Frauen aufeinander bezogen. Dieses Buch macht sich auf die Suche nach starken und nährenden Frauenbeziehungen, nach Liebe und Freundschaft unter Frauen, nach politischer Schwesternschaft und Solidarität, nach emanzipatorischen Mutter-Tochter-Beziehungen und weiblichen Familiengenealogien.

In Briefen und Essays zeigt die Soziologin und Sachbuchautorin Franziska Schutzbach anhand zahlreicher Beispiele, wie Frauen trotz Spaltung und Differenz durch ihre Beziehungen Revolutionen ermöglicht haben. Wie sie patriarchale Strukturen in Alltag und Politik lockerten, weil sie sich verbündeten und befreundeten. Sie beschreibt, was möglich ist, wenn Frauen sich an anderen Frauen orientieren.

Über die Autorin:
Franziska Schutzbach, geboren 1978, ist promovierte Geschlechterforscherin und Soziologin, Publizistin, feministische Aktivistin und Mutter von zwei Kindern. Im Jahr 2021 erschien »Die Erschöpfung der Frauen – Wider die weibliche Verfügbarkeit«, ein Bestseller. Sie ist eine der bekanntesten und gefragtesten feministischen Stimmen im deutschsprachigen Raum. Ihre Forschungsschwerpunkte sind Geschlechterthemen wie Misogynie und Sexismus, darüber hinaus befasst sie sich mit den Kommunikationsstrategien von Rechtspopulisten. Franziska Schutzbach lebt mit ihrer Familie in Basel.

FRANZISKA SCHUTZBACH

Revolution der Verbundenheit

WIE WEIBLICHE SOLIDARITÄT DIE GESELLSCHAFT VERÄNDERT

DROEMER

Besuchen Sie uns im Internet:
www.droemer-knaur.de

MIX
Papier | Fördert gute Waldnutzung
FSC® C014496

Originalausgabe Oktober 2024

Ein Imprint der Verlagsgruppe
Droemer Knaur GmbH & Co. KG
Maria-Luiko-Straße 54, 80636 München

Covergestaltung: Buxdesign | Lisa Höfner
Satz und Layout: Adobe InDesign im Verlag
Druck und Bindung: GGP Media GmbH, Pößneck
ISBN 978-3-426-27904-5

Kontaktadresse nach EU-Produktsicherheitsverordnung:
produktsicherheit@droemer-knaur.de

4 6 7 5

Für meine Freund:innen

»Fremdheit ist unsere bleibende Lebensbedingung, und Freundschaft und Verbundenheit sind eine von Andersheiten durchmischte Erfahrung.«

(Christina Thürmer-Rohr)[1]

INHALT

2 Frauenbeziehungen in Familien 75

3 Revolution der Liebe 137

4 Sisterhood 189

EINLEITUNG

Ich habe diese Texte in einer Zeit geschrieben, die von zunehmender Spaltung geprägt ist, von Zerwürfnissen und Rissen. Wir erleben, dass Menschen sich radikalisieren und auseinanderdriften, sich in unversöhnliche Lager voneinander entfernen, sich überwerfen, einander unverzeihliche Verletzungen zufügen. Es tun sich Gräben auf. Auch progressive intersektionale Allianzen versagen. Nicht zuletzt ist das Erstarken rechter und rechtsextremer Kräfte ein Zeichen des Auseinanderdriftens.

Manche soziologischen Diagnosen bestätigen diese Spaltungstendenzen, andere hinterfragen sie. Wie auch immer die empirischen Befunde sind, für viele Menschen fühlt es sich so an, als würden sie in einer unversöhnbaren Welt und Gesellschaft leben – ohne Verbundenheit oder Zusammenhalt. Gegen diese Gefühle und die damit einhergehende Hoffnungslosigkeit und Traurigkeit habe ich versucht anzuschreiben. Immer wieder habe ich mich dabei allerdings gefragt: Was sollen Texte, was sollen Worte noch bewirken? Angesichts der Spaltungen, aber auch angesichts von Kriegen, schrecklicher Gewalt, Traumata und Hass schien mir das Schreiben ein zunehmend hilfloser Beitrag. Oft brachte ich kaum die Kraft auf, mich selbst davon zu überzeugen, dass Schreiben noch wichtig sein könnte, es noch angemessen wäre, überhaupt so etwas wie ein Buch zu veröffentlichen, darüber hinaus ein Buch, das sich mit Solidarität befasst. Wer bin ich, angesichts von Leid und Gewalt, angesichts von Radikalisierung und Hass, über Solidarität und Verbundenheit zu schreiben?

An besseren Tagen hoffte ich, dass Schreiben vielleicht doch sinnvoll ist, dass es zwar nicht Krieg und Gewalt stoppt und auch nicht die Zerwürfnisse und Spaltungen, dass es aber gleichwohl ein Gegenraum sein kann zu Polarisierung und Härte. Natürlich sind auch Worte manchmal gewaltvoll, verabsolutierend und spaltend, aber im besten Fall ist Schreiben ein Raum der Interaktion, ein in Kontakt treten mit Lesenden, mit anderen Schreibenden und Denkenden – Öffnung statt Grenzziehung. Auch Lesen bedeutet im besten Fall, sich zu öffnen für die Wahrnehmung und das Denken anderer. Lesen bedeutet, sich einzulassen. Wir sollten damit angesichts von Gewalt und Polarisierungen nicht aufhören.

An diesem Gedanken habe ich versucht, mich festzuhalten und so weiterzuarbeiten. Die vorliegenden Essays und Briefe erkunden Perspektiven der Verbindungen statt der Trennungen, der Freundschaft statt des Hasses, der Durchlässigkeit statt der Härte. Ich bin mit meinem letzten Buch zur »Erschöpfung der Frauen« häufig gereist und habe viele Gespräche geführt. Ich verspürte zunehmend den Wunsch, dass ich nach der Erschöpfungsdiagnose versuchen will, die Kritik und die Gesellschaftsanalyse auch vermehrt mit einem feministischen Denken in Möglichkeiten zu verbinden, mit Utopien – aber auch mit der Frage nach deren Misslingen.

Die Erfahrung der Fremdheit, der Trennung und Differenz lässt sich, so meine Wahrnehmung, unter Menschen nie gänzlich überwinden. Es ist eine Feststellung, über die wir verzweifeln können, oder wir können damit arbeiten. Aus meiner Sicht gilt es, das Einander-fremd-Bleiben, das Verschiedensein zu üben und zu akzeptieren, es ist eine wichtige Voraussetzung dafür, um auch in Verbindung treten zu können, tragende Beziehungen aufzubauen und solidarisch zu sein.

Die Texte, die entstanden sind, sind keine direkten Antworten auf konkrete tagespolitische Ereignisse und Debatten, sie enthalten keine Politprogramme oder Solidaritätsanleitungen. Vielmehr sind sie Ausdruck eines längerfristigen Prozesses in meinem Schreiben als feministische politische Denkerin, der ein langsamer und kein unmittelbar reagierender ist. Gleichwohl hoffe ich, dass Aspekte aus diesen Texten vielleicht Anregungen für die Bearbeitung konkreter (auch innerfeministischer) Zerwürfnisse und Konfliktlagen enthalten, dass Leser:innen für sich einen Bogen spannen können zu ihrer politischen Praxis und konkreten Problemstellungen.

»Wir müssen noch miteinander eine große Freiheit erringen.« Das schrieb Bettina von Arnim an ihre Freundin Karoline von Günderrode. Ich denke: ja. Wir müssen Freiheit und ein besseres Leben *gemeinsam* erringen, trotz Fremdheiten, Grenzen, Konflikten und Verletzungen. Es führt kein Weg daran vorbei, dass Menschen sich zusammenraufen, miteinander sprechen, sich verbinden und sich auf die Gemeinsamkeiten anstatt auf das Trennende verständigen.

Frauen haben dies, wie ich zeigen werde, immer wieder getan und damit nicht nur politische Emanzipationsbewegungen ermöglicht, sondern auch persönliche Erfüllung und Selbstverwirklichung in ihrem Alltag.

Mich interessiert das Thema der Beziehung in Emanzipationsprozessen: Welche Rolle spielten und spielen Beziehungen in der Emanzipation von Frauen beziehungsweise FLINTA*[1]-Personen? Welche Rolle spielten und spielen dabei auch Konflikte und Differenzen? In den vorliegenden Texten habe ich mich auf die Suche nach Verbundenheit gemacht, habe Handlungsräume erkundet, deren emanzipatorische Bedeutung für unsere Gesellschaft oft übersehen wird. Wie gestalten Frauen ihre Beziehungen zueinander? Und was bedeuten diese Beziehungen für ihre individuelle Entfaltung, aber auch für die politischen Wirkungs- und Lebensweisen?

Mein Schreiben beschäftigt sich mit Freundschaft und Liebe, mit politischer Schwesternschaft aber auch deren Infragestellung, mit autonomen Strukturen und Solidarität, mit emanzipatorischen genauso wie mit schwierigen Mutter-Tochter-Beziehungen und komplizierten weiblichen Familiengenealogien.

Weiblicher Eigensinn war oft dann möglich, wenn Frauen einander »die Seele ausfüllen«,[2] wenn sie sich der patriarchalen Spaltungsmaschine entzogen, sich von der männerzentrierten Welt ab- und sich einander zuwandten; Frauenbeziehungen können eine Patriarchats-unterminierende Kraft haben, denn sie ermöglichen, dass Frauen ihre Orientierung an Männern, an einem heterosexistischen System und an einengenden Liebesmodellen lockern. Frauenfreundschaften können Selbstentfaltung auslösen, die Entwicklung eigenständiger Lebensvorstellungen befördern. Und sie können politische Aufstände bewirken.

Ich habe in meinem Schreiben versucht, die Frauenbeziehung vor Profanisierung und Banalisierung zu bewahren. Mein Anliegen ist es, sie aus der »Kalenderblattbetulichkeit« (Silvia Bovenschen)[3] zu befreien und sie zu einem beunruhigenden und aufregenden, ja verheißungsvollen Thema zu machen. Ich halte jedes Gefühl, jedes noch so kleine, das eine Sehnsucht nach einer Frau, nach Frauenbeziehungen enthält, für wichtig. Ich glaube, wir müssen lernen, diese Gefühle aufzuspüren, ihnen nachzugehen und ihnen nachzugeben, sie überhaupt *wahrzunehmen.* Wenn Frauen beziehungsweise FLINTA*-Personen einander als Subjekte ernst nehmen und anerkennen, ist das eine Revolution.

Beziehungen zwischen Frauen wurden in der Philosophiegeschichte als unbedeutsam betrachtet, es waren die Beziehungen unter Männern, denen man nachsagte, dass aus ihnen wichtige Werke hervorgehen.[4] Die Männerfreundschaft wurde als kulturschaffende Potenz gegenüber der als kulturfeindlich und körperlich eingestuften Verlockung der Frauen zelebriert, als eine Beziehung, in der Männer einander spiegeln und dadurch zu Gleichen machen. Die männlichen Freundschaftskonzepte bedienten narzisstische Vorstellungen, in denen Männer sich wechselseitig idealisieren und dadurch ihr eigenes Ich aufwerten. Männer, so war die Meinung, machen sich in Freundschaften gegenseitig größer, wichtiger, mächtiger. Dieses männliche Freundschaftsmodell ist, wie die Psychoanalytikerin Angelika Ebrecht es formuliert, Ausdruck einer »autoritär patriarchalen Moral«, die sich dadurch aufrechterhält, dass sie durch den Ausschluss der Frauen »die symbiotisch-narzisstischen Verschmelzungswünsche der Männer in Männerbünde umlenkt und damit eine in sich geschlossene männliche Kulturgemeinschaft etabliert«.[5]

Wenn wir in die Geschichte zurückschauen, sehen wir eine radikale Separierung der Frauen voneinander. Frauen wurden in Familien vereinzelt, und sie wurden in den großen Mythen oft als Konkurrentinnen und Feindinnen dargestellt. Wenn sie mal als Kollektiv auftreten, etwa im Amazonen-Mythos oder in der Frauenbewegung, wurden sie in den männlichen Sichtweisen meist als gefährlich, als pathologisch, als übertrieben geschildert. Frauenverbündung galt und gilt als Bedrohung, sie musste degradiert werden, während Beziehungen unter Männern ein hoher Stellenwert attestiert wurde. Auf diese Weise entwickelte sich eine insgesamt männerbündlerische Gesellschaftsstruktur.

Frauen wurden daraus nicht nur ausgeschlossen, sondern auch als diejenigen imaginiert, die nichts sehnlicher wollen, als in den Männerbünden aufgenommen zu werden. Aus Sicht der männerbündlerischen Struktur würden Frauen alles dafür tun, um dazuzugehören – etwa sich »hochschlafen«, notfalls einander »die Augen auskratzen«, oder, in der anderen Variante, sich als Bewunderinnen und Kaffeekochende dieser Männerbünde aufopfern und selbstverständlich weitere Söhne für den Männerreigen gebären. In der männlichen Kulturgemeinschaft erhalten Frauen den Status von Konkurrentinnen und Rivalinnen, die um die Gunst der Männer buhlen sollen, anstatt einander zu stärken. Was zur Folge hat, dass diese ständig um den Platz der »besten Mutter«, der »leidenschaftlichsten Geliebten«, der »erfolgreichsten Unternehmerin«, der »Schönsten der Klasse« ringen; und sich dabei gegenseitig mit bewertendem Blick begegnen. Die männerbündlerische Logik teilt Frauen in »gute« und »schlechte« Frauen ein.

Ein Effekt der männerbündlerischen Struktur ist die viel beschworene »Stutenbissigkeit«. Gleichzeitig ist die Idee von der »Stutenbissigkeit« und die Erzählung von der Frauenspaltung selbst ein patriarchaler Topos – die Story, Frauen wären einander die schlimmsten Feindinnen, enthält Wahrheit und ist *gleichzeitig* eine misogyne Ideologie, die beständig in Umlauf gebracht und dadurch real gemacht wird. Wir sollten der Erzählung von der Stutenbissigkeit gegenüber immer misstrauisch bleiben. Das Patriarchat hat ein Interesse daran, dass Frauen glauben, sie könnten keine solidarischen Beziehungen führen. Anders ausgedrückt: Machtausübung unter Frauen ist einerseits real, wir müssen sie ernst nehmen. In die Waagschale legen müssen wir aber auch die zahllosen Beispiele gelingender Beziehungen, leidenschaftlicher Liebe, produktiver Zusammenschlüsse und subversiver Kollektivierung.

Frauen haben ihre Separierung auch oft unterwandert. Zum Beispiel haben sie *eigene* Freundschaftspraxen entwickelt und gegen die Entpolitisierung und die Unsichtbarmachung ihrer Beziehungen rebelliert. Die Schriftstellerin Maximiliane Ackers beschreibt schon 1928 »das Erwachen des Ichs im Sein einer anderen Frau«,[6] in ihrem Schreiben wird das Ich zum Subjekt im Kontext einer weiblichen Beziehung.

Ähnliches lesen wir in den Brieffreundschaften zwischen Frauen des 19. Jahrhunderts, wie jene zwischen Pauline Wiesel und Rahel Levin Varnhagen: In ihren Briefen geht es nicht um eine narzisstische Spiegelung, nicht darum, das eigene großartige Selbst in der anderen zu potenzieren, sondern wir lesen von einer Beziehung, die es zwei Frauen möglich macht, sich als *andere*, als *Verschiedene* zeigen und entwickeln zu können. Wir lernen ein Freundschaftsmodell kennen, in dem es um eine gegenseitige Ermöglichung geht, die »auf der Anerkennung der

Integrität der jeweils anderen Frau aufbaut«.[7] Die »andere« ist nicht Medium zur Bestätigung des eigenen Ichs, sondern sie bringt die Möglichkeit, über das Eigene hinauszugelangen.

Scheitern

Der Titel meines Buches verspricht eine Revolution, eine Verbündung, Beziehung und Solidarität. Aber die Sehnsucht nach Verbundenheit enthält immer schon Traurigkeit. Denn mit der Erfahrung von Beziehung gehen auch Erfahrungen von Trennung, Differenz und Fremdheit einher. Wir bleiben auch in der Verbundenheit Verschiedene, wir sind nie Gleiche. Es gibt kein intaktes, homogenes Wir, auch nicht unter Frauen. Im Gegenteil: Es gibt Risse und Differenzen, wir finden Zerwürfnisse, Entsolidarisierung und weibliche Machtausübung. Es gibt schwerwiegende Verletzungen unter Frauen, es gibt autoritäre und gewalttätige Mütter, gegenseitige Abwertung. In den historischen wie gegenwärtigen feministischen Bewegungen finden wir Rassismus, eugenische Positionen und Antisemitismus. Frauen kollaborieren mit autoritären Regimen, radikalfundamentalistischen Religionsbewegungen und führen rechtsextreme Parteien an. Frauen wenden sich oft gegeneinander. Ich versuche, in meinem Schreiben auch das Scheitern der Verbundenheit durchzuarbeiten. Die Arbeit an einer Revolution der Verbundenheit funktioniert nicht, ohne Trauerarbeit zu leisten über die Verletzungen, die Frauen einander auch antun.

Wir können Frauenbeziehungen nicht idealisieren. Frauen sind nicht von Natur aus »Beziehungsmenschen« oder gar die besseren Menschen,[8] das Ideal einer wohligen Einigkeit ist nicht das, was ich schreibend hier erkunde; ich versuche, eine Utopie der Verbundenheit zu skizzieren und gleichzeitig ihr Misslingen zu verkraften. Weder das Leben noch die Revolution und auch keine Schwesternschaft gibt es ohne Scheitern. Im Anschluss an Ilse Aichingers Aufruf, uns immer selbst zu misstrauen, müssen wir davon ausgehen, dass das Utopische nie einfach gut ist, dafür gibt es zu viele Beispiele, bei denen progressive Bewegungen der Befreiung in autoritäre Systeme, Macht und neue Gewalt umschlugen. Wir müssen uns immer selbst misstrauen, »der Klarheit unserer Absichten, der Tiefe unserer Gedanken, der Güte unserer Taten! Unserer eigenen Wahrhaftigkeit müssen wir misstrauen!« (Ilse Aichinger).[9] Womöglich können wir nur vertrauensvoll sein, wenn wir uns selbst misstrauen.

In meinem Nachdenken über Verbundenheit habe ich fünf Themenbereiche erkundet: Freundschaft, Familie, Liebe und Begehren, beziehungsweise Genealogien, politische Schwesternschaft sowie Separatismus. Ich behandle diese Themenfelder nicht mit einem Anspruch auf Vollständigkeit, auch ist das Thema der Verbundenheit mit diesen fünf Themenfeldern natürlich kaum ausreichend beschrieben. Ich bin meinen persönlichen Interessen, meiner Sehnsucht, aber auch Irritationen gefolgt, habe mich dort hintreiben lassen, wo ich am meisten Dringlichkeit verspüre.

Vieles fehlt. Zum Beispiel das Thema des weiblichen Netzwerkens im Job oder auch konkrete Anleitungen zur politischen Vernetzungsarbeit, zur Bündnispolitik in parlamentarischen Strukturen. Nicht, weil ich diese Themen nicht wichtig finde, sondern weil es dazu bereits hilfreiche feministische Literatur, Ratgeber, Podcasts und strategische Anleitungen gibt.

Meine Texte widmen sich der Frage nach weiblicher Verbundenheit und Solidarität weniger mit einem Fokus auf polit- oder karrierestrategische Überlegungen, sondern als Frage einer subversiven Lebenshaltung und Praxis im Alltag – und als eine philosophisch-politische Utopie.

Jedes Themenfeld beginnt mit einem persönlichen Brief an eine für mich wichtige Frau. Daran anschließend folgt jeweils ein Essay, der das Thema historisch, theoretisch-wissenschaftlich und politisch einkreist. Die Briefform ermöglichte es mir, weibliche Verbundenheit in meiner eigenen politischen, theoretischen und persönlichen Praxis aufzuspüren und konkret werden zu lassen. Ich hoffe, dass ich dem Thema auf diese Weise mehr Tiefe, Dringlichkeit, aber auch mehr Sinnlichkeit und Genuss verleihen kann. Ich möchte allen Frauen danken, denen ich in diesem Buch geschrieben habe. Ich möchte ihnen dafür danken, dass sie mir erlaubten, Aspekte unserer Beziehung öffentlich zu machen.

Die Texte in diesem Buch müssen nicht chronologisch gelesen werden. Manche Menschen möchten vielleicht nur die Briefe lesen, oder sie wollen in der Reihenfolge lesen, die ihren persönlichen Interessen am besten entspricht. Alles ist möglich.

Franziska Schutzbach
Basel, Juni 2024

NEUN GEDANKEN ZU DIESEM BUCH

I.
Ich wünschte, mein Schreiben wäre ein Wärmestrom

Ich wünschte, mein Schreiben wäre ein Wärmestrom,[1] Denkbewegungen aus Nicht-Kälte und Nicht-Härte, die Zuversicht verbreiten. Ich wünschte, wir könnten schreibend Orte erschaffen, an denen wir einander mit prinzipiellem Verständnis begegnen. Wärmeorte, an denen Menschen einander Liebe und Vertrauen zukommen lassen, das Gefühl, dass man gewollt und angenommen ist. Fürchtete ich nicht den Vorwurf, pathetisch zu sein, würde ich sagen: Wir bedürfen der Liebe und der Liebesfähigkeit, damit wir auch weiterhin zur Hoffnung fähig sind.

Die radikale Kritik des Bestehenden allein bewirkt keinen Wärmestrom und keine Hoffnung. Nur zu kritisieren, zu negieren ist deprimierend und niederschmetternd, es wiederholt jene Erfahrungen in unserer Gesellschaft, die ohnehin verbreitet sind: Ohnmacht, Mut- und Ratlosigkeit, Angst und Abscheu. Wenn wir die Welt verändern wollen, müssen wir auch Zeit und Raum für Wärme, Emotionen, Fantasie und Enthusiasmus bereitstellen. Wir können unsere Kraft und Motive für Veränderung nicht nur aus der Einsicht beziehen, dass die Welt falsch ist.

Wir brauchen auch Ideen von einem besseren Leben, von guter Arbeit, von Teilhabe und Selbstbestimmung – und einem Stück Lebensglück. Nicht zuletzt brauchen wir Träume von erfüllenden Beziehungen zu anderen Menschen und Solidarität. Denn es sind auch die Wünsche nach Liebe, Freundschaft und

Austausch, die uns befähigen, aufzustehen und uns gegen Herrschaftsverhältnisse und Spaltung zu wehren.

Ich schreibe, weil ich ins Straucheln geraten bin, nicht weil ich Antworten zu verkünden hätte. Die richtige Form schienen mir Briefe und Essays zu sein, diese Ausdrucksweisen verleihen Freiheit, sie zwingen das Denken nicht entlang von Meinungen und Frontlinien, nicht in Politprogramme und Manifestationen, sondern eröffnen eine Landschaft, durch die wir streifen. Mit Traurigkeit im Herzen und Hoffnung im Gepäck.

II.
Wir müssen bessere Bilder von der Zukunft in Umlauf bringen und die Utopie der Verbundenheit bereits im Jetzt suchen

Laut Karl Marx ist »die Konstruktion der Zukunft nicht unsere Sache«, sondern unsere Sache ist »die rücksichtslose Kritik alles Bestehenden«.[2] Feministische Denker:innen widersprechen Marx in diesem Punkt entschieden: Die Zukunft sollte ganz klar »unsere Sache« sein. Es liegt in unserer Verantwortung zu zeigen, welche Welt wir wollen. Wir müssen verständlich machen, warum eine Gesellschaft der Solidarität und Freundschaft, eine Welt ohne Hass und Gewalt besser ist als eine Welt der Konkurrenz, der Hierarchien, geistigen Abschottung und Grenzabriegelung, eine Welt der rassistischen Reinheitsphantasmen, der Nationalismen und der Kriege.

Die queerfeministische marxistische Theoretikerin Bini Adamczak schreibt, ich paraphrasiere: Es gibt einen Mangel an positiver Bestimmung der Befreiung. Eine zu starke Orientierung an der Negation. Der (stark männlich geprägte) Umsturzfetisch ist nicht nur deshalb ein Problem, weil er Adamczak zufolge in ein blockierendes Alles-oder-nichts-Denken mündet, sondern auch eine Vorstellung von linkem, feministischem usw. »Erfolg« blockiert, das heißt, keine Vorstellung darüber zulässt, was wäre, wenn wir die Welt tatsächlich so gestalten, wie wir sie uns wünschen. Nicht zuletzt steht dies der Entwicklung konkreter utopischer Praxen im Weg.[3]

Es liegt in unserer Verantwortung, bessere und überzeugendere Bilder von Freiheit, Gerechtigkeit und Verbundenheit in Umlauf zu bringen, als die Angebote der faschistischen, reaktionären und religiös-fundamentalistischen Kräfte. Wir dürfen ihnen das Feld nicht überlassen.

Es liegt in unserer Verantwortung, uns auch um eine unperfekte Welt und um unperfekte Menschen – die wir alle sind – zu bemühen. Diese »verrottete Gegenwart« (Thürmer-Rohr) ist das Einzige, was wir haben.[4] Auf sie richtet sich unsere Sehnsucht nach einem vergnüglich-aufregenden, sicher-gelassenen, einem erfüllten und sinnlichen Leben. Wir haben nun mal keine andere Welt als diese. Wir können nicht auf einen Idealzustand und optimale Bedingungen warten. Silvia Federici plädiert für eine »freudvolle Militanz«,[5] die das gute Leben nicht in die Zukunft verlegt. Die sich nicht zu viel vornimmt und auch in einer nichtperfekten Welt transformative Möglichkeiten mobilisiert. Hoffnung ist nichts, was man einfach hat, nichts, von dem man aufgesucht wird, wenn man nur geduldig wartet, sie ist eine Praxis und eine Fähigkeit, die wir uns immer wieder erarbeiten müssen.

Während klassische (männlich geprägte) Utopien die Überwindung des Gegenwärtigen anstreben, setzt ein feministisches Utopieverständnis, mit Eva von Redecker gesprochen, nicht bei der vollständigen Absage gegenüber dem Alten und dem Gegenwärtigen an, weil auch im Gegenwärtigen bereits Gutes geschieht. Gerade Menschen, die Care-Arbeit leisten, wissen das. Die Verbundenheit ist da, sie existiert schon, wir sind ihrer bereits fähig, trotz allem. Wir *sorgen* schon füreinander. Fürsorge, Verbundenheit und Gemeinschaft sind real, sie bilden in der

Gegenwart Enklaven des Utopischen.[6] Auch lesbische beziehungsweise queere Utopiekonzepte zeigen, dass Lebensformen des *Dazwischens*, des *Nicht-Passens* als Ausdruck des Utopischen bereits gelebt werden. Im Anschluss an Michel Foucaults Heterotopie[7] können wir geltend machen, dass es Orte des Andersseins und der Gegenplatzierung schon gibt. Im Gegensatz zum passiven Hoffen, Wünschen und Erwarten geht es aus dieser Perspektive darum, Praktiken sichtbar zu machen, deren utopische »Spuren« oft verkannt bleiben. Wir müssen sie aufspüren und multiplizieren.[8]

III.
Utopie erfordert Trauerarbeit

Wir sind einander keine Engel. Die Verletzungen, die Frauen beziehungsweise FLINTA*-Personen sich gegenseitig zugefügt haben und zufügen, wiegen schwer. Verbündung beinhaltet deshalb immer auch die Verarbeitung ihres Scheiterns, sie kann nicht einfach hinwegsehen über Machtausübung und Diskriminierung unter Frauen, vergangene wie gegenwärtige. Antisemitismus, Rassismus, Transfeindlichkeit, Ableismus, Klassismus – die feministische Revolution ist davon nicht frei. Es gibt die Utopie der Solidarität nur in Zusammenhang mit Enttäuschung und Misslingen. Die Arbeit an einer Revolution der Verbundenheit funktioniert deshalb nicht, ohne Trauerarbeit zu leisten. Trauerarbeit über die Gräuel, die wir einander angetan haben und antun.

»Es gibt heute keinen Traum von einer anderen Welt […], der nicht von Albträumen […] verstellt wäre, wir können unsere Revolution nicht rein halten von den gewesenen Gemetzeln«, schreibt Bini Adamczak.[9] Emanzipatorische Ideen und Revolutionen sind allzu oft selbst in Gewalt, Dogmatismus und Totalitarismus gekippt. Wir müssen durch diese Albträume hindurchgehen, auch die Niederlagen progressiver, linker und feministischer Revolutionen durcharbeiten, ihre Fehlschlüsse und Ausschlüsse konfrontieren.

Für Ernst Bloch und Walter Benjamin ging es um die Einsicht, dass die Zukunft in der Vergangenheit liegt, dass Hoffnung nur als Hoffnung mit Trauerflor zugänglich ist.[10] Eine Revolution der Verbundenheit muss auch Verbundenheit mit den Toten sein. Wir können Utopien nur geltend machen, wenn wir auch die erlittenen Verluste beklagen, das Scheitern betrauern und (Selbst-)Kritik üben,[11] sonst werden unsere Utopien zu abgeschlossen und starr. »Der verlässlichste Widerstand stammt aus der Fähigkeit zu leben – unversöhnt mit den Zurichtungen an uns und unversöhnbar mit unserer Mittäterschaft«, schreibt Thürmer-Rohr.[12] Utopien haben Kraft, wenn sie sich selbst unbehaglich bleiben.

IV.
Das Utopische wurde vom Neoliberalismus verschluckt

Der Kapitalismus stellt sich uns als vermeintlich ideologiefreies System dar. In seiner Selbstinszenierung sind immer nur die anderen ideologisch – Kommunismus, Feminismus, die Klimabewegung. Auf diese Weise erscheint der Kapitalismus neutral und damit alternativlos.

Das Utopische beschränkt sich im Kapitalismus auf den Bereich des persönlichen Glücks, auf den Traum einer romantischen Hochzeit, eines aufregenden Urlaubs, einer erfolgreichen Karriere, erfüllender Sexualität, das Streben nach gesunden und schönen Körpern. Das Utopische wird auf eine Arbeit am Ich reduziert und immer weniger mit Sozialkritik oder dem Ziel nach einer besseren oder anderen Gesellschaft verbunden.[13]

Indem der Kapitalismus das Versprechen der individuellen Freiheit ins Unermessliche pusht, verkehrt er es in sein Gegenteil: Das Versprechen der individuellen Möglichkeiten wird gleichgesetzt mit der Prämisse, alle wären eigenverantwortlich für ihr Glück. Persönliche Freiheitsversprechen werden als Argument benutzt, um Märkte zu deregulieren, Sozialsysteme und Arbeitsrechte abzubauen. Freiheit wird zum Synonym für Entsicherung. Auf diese Weise schlägt die Doktrin der Selbstverwirklichung um in eine Doktrin der Selbst-*Verschuldung:* Wenn du es in diesem System der freien Möglichkeiten nicht schaffst, bist du selbst schuld. Menschen werden dadurch unfreier statt freier: Du darfst dich nicht beklagen und keine Alternativen fordern, denn du bist doch frei und hast alle Möglichkeiten. Der Neoliberalismus ist das Ende des Utopischen.

Auch Feminismus und queere Befreiung werden vom Neoliberalismus als Selbstverwirklichungsprogramm vereinnahmt. Diversity oder Girlboss-Feminismus sind mit dem Selbstverwirklichungsversprechen des Kapitalismus durchaus kompatibel, inszeniert wird eine Ästhetik der Modernisierung, während sich strukturelle Ungleichheit und die Zerstörung der Ökosysteme verschärfen. Auch geschlechtsspezifische Gewalt bleibt weitgehend unverändert, wir sehen kaum Verbesserung in den Zahlen zu Gewalt an Frauen und queerfeindlicher Gewalt. Genauso wenig Verbesserungen sehen wir in Bezug auf (geschlechtliche) Einkommensungleichheit, die Ausbeutung von Care-Arbeit und Armut. Uns werden »Inklusion«, »Empowerment« und »Vielfalt« versprochen, tatsächlich bleiben die meisten Menschen stecken in Begrenzungen durch Klassenverhältnisse, Rassismus, Migration, Geschlecht.

Soziale Ungerechtigkeit ist in der neoliberalen Zurichtung nur als persönliches Versagen erfahrbar: Du schaffst alles, wenn du nur willst, wenn du es nicht schaffst, hast du versagt. Es entstehen Gefühle der Kränkung, der Frustration, der Scham und des Zu-kurz-Kommens. Die Wirklichkeit ist gegenüber dem, was man uns in Aussicht stellt, immer ungenügend. Die postpolitische Selbstverwirklichungserzählung beschämt und neurotisiert uns permanent, weil sie uns zu gescheiterten Subjekten degradiert, die nie das erfüllen, nie das bekommen, was möglich wäre. Kränkung, Scham und Versagensängste machen die Menschen offen für religiösfundamentalistische, esoterische, gesundheitliche, psychologische Prophetien aller Art, die einfache Erklärungen und schnelle Abhilfe versprechen – und noch mehr Arbeit am Ich abverlangen. Viele dieser Angebote verursachen am Ende noch mehr Kränkung, noch mehr Druck, noch mehr Narzissmus und Versagen, weil auch die versprochenen Zaubermittel nur bedingt helfen (und sie mobilisieren Stupidität anstelle von kritischem Denken).

Die andauernde Kränkung ist nicht zuletzt ein Nährboden für autoritären Populismus und Verschwörungserzählungen.[14] Anstatt ein Verständnis für die strukturellen Verhältnisse zu entwickeln, werden wir anfällig für Schuldzuschreibung. Anstatt Sozialkritik zu üben, behaupten wir, andere wären schuld an unserer Misere und an der Misere der Welt: »die Migranten«, »die Pharmaindustrie«, »Amerika«, »Muslime«, »die Medien«, »der Staat«, »trans Menschen«, »Feministinnen«, »der Genderismus«, »Israel«, »die Politik«, »Wokeness«. Kurzum: Gefühle der Angst, Kränkung und Beschämung bedeuten Entsolidarisierung. Wer Angst hat, will auslöschen, bevor er selbst ausgelöscht wird. Es entstehen Wut, Rache- und Vergeltungsphantasmen anstatt Solidarität, Beziehung und Verbundenheit.

Besonders Frauen erleben eine Diskrepanz zwischen den schillernden Versprechungen der Möglichkeiten und ihren realen Erfahrungen. Viele Frauen haben das Gefühl einer permanenten Insuffizienz, nicht gut genug zu sein, nicht schön genug, nicht selbstbewusst, nicht gesund und sportlich genug, nicht die richtige Wahl getroffen zu haben, keine gute Mutter, nicht gut genug im Job zu sein. Das Gefühl, nicht genug zu sein, ist ein Hindernis dafür, tragende Beziehungen aufzubauen. Wer sich defizitär fühlt, geht anderen aus dem Weg, verachtet sich selbst und andere dafür, unzulänglich zu sein.

Eine Revolution der Verbundenheit würde bedeuten, als unzulänglicher Mensch mit anderen unzulänglichen Menschen in Bezug zu treten, wider die Angst, wider die Hassgefühle. Wir müssen versuchen, die neurotisierenden Gefühle der kapitalistischen Moderne zu bekämpfen, uns einander auch als Unzulängliche anzuvertrauen und vor allem: das Utopische wieder hereinzulassen.

V.
Konflikt, Differenz und Distanz (auch zu uns selbst) sind Teil der Revolution der Verbundenheit

Es heißt, man müsste zuerst sich selbst lieben, um auch andere lieben zu können. Sicher steckt darin viel Wahrheit. Aber in der Revolution der Verbundenheit geht es nicht um eine unkritische Prämisse der Verschmelzung, der Akzeptanz und Liebe. Wir müssen Widersprüche in uns selbst und in unserer Beziehung zu anderen nicht auflösen, sondern können lernen, sie auszuhalten.

Ich denke, wir sollten einerseits unsere Fähigkeit ausbauen, uns selbst und anderen Frauen mit Akzeptanz und Wohlwollen zu begegnen. Andererseits muss dieser liebevolle Blick auch kritisch bleiben. Kritisch zu bleiben gegenüber sich selbst und anderen bedeutet, sich und andere als Subjekte wirklich ernst zu nehmen und sich nicht mit einem infantilisierenden Selbstliebe-Projekt zufriedenzugeben.

Wir sind keine Kinder, sondern Subjekte mit einer Geschichte. Subjekte machen und haben Fehler, sie sind unzulänglich, sie haben Einstellungen gelernt, die sie je nachdem lebenslänglich ver-lernen müssen, sie haben sexistische, rassistische, antisemitische, ableistische und viele andere Prägungen. Wir alle sind tief in Machtverhältnisse verstrickt und stehen nie einfach als rundum »Gute« außerhalb der Gesellschaft. Auch unterdrückte Menschen üben Unterdrückung aus. Opfer von bestimmten Diskriminierungen sind an anderer Stelle privilegiert oder sogar Täter:innen.

Weibliche beziehungsweise queere Selbstakzeptanz ist kein Freiticket für das »So sein«, es reicht nicht, das »So bin ich« selbstbewusst in die Welt zu rufen, es ist noch keine Revolution, die eigene Subjektivität auf Instagram oder TikTok zu platzieren und Akzeptanz und Anerkennung zu beanspruchen. Natürlich ist es ein Stück weit emanzipatorisch, nicht normative Existenzweisen sichtbar zu machen und zu feiern. Aber es kann dabei nicht bleiben, Selbstakzeptanz als utopische Prämisse verbindet sich im Kapitalismus oft mit der Ideologie, dass Menschen sich selbstoptimierend und selbstliebend um sich selbst kümmern sollen – und keine Sozialsysteme oder ökonomische Gerechtigkeit benötigen.

Deshalb sollten wir gegenüber der Selbst-Fetischisierung kritisch bleiben; wir können unser Selbst und unser »So sein« nicht sakralisieren, auch das vermeintlich Subversive müssen wir immer wieder kritisch befragen. Es geht in einer Revolution der Verbundenheit, so paradox es klingt, auch um die Fähigkeit, zu sich selbst *Distanz* einzunehmen, es geht darum, dagegen zu revoltieren, dass wir uns unkritisch in uns selbst beheimaten. In der feministischen Revolution müssen wir versuchen, heimatlos zu bleiben im Kapitalismus, im Patriarchat, in vereinheitlichten Volkskonzepten, im »Vaterland«[15] – das heißt, ein Stück weit müssen wir auch heimatlos bleiben in uns selbst.

VI.
Frauen

Die Bezugnahme unter Frauen in einer männlich dominierten Welt ist wichtig, aber auch kompliziert. Weil sie eben nicht einfach nur positiv sein kann. Die Bezugnahme unter Frauen beziehungsweise FLINTA*-Personen entwickelt gerade dann emanzipatorisches Potenzial, wenn sie Kritik und Reibung zulässt, auch durch Konflikte kann ein »Sense of Togetherness«, können Formen von Kollektivität entstehen.[16] Wir kommen Erkenntnissen nur streitend näher, das heißt, wenn wir uns erlauben, gerade *keine* einheitliche Gruppe von Schwestern bilden zu müssen, mit festen Kategorien, wer dazugehört und wer nicht. Denn »die Frauen« gibt es nicht, diese kollektivierende Fehlannahme ist gerade eine Folge patriarchaler Geschichtsschreibung und Ideologie. In der Revolution der Verbundenheit geht es also auch um die Betonung von Differenz und damit um die Ermöglichung, als Subjekte, als Individuen sichtbar und hörbar zu werden.

Mit den Begriffen »Frauen« und »weiblich« lade ich alle ein, sich in ihnen zu verorten, die das wollen – oder teilweise wollen, mit Brüchen und Vorbehalten. Unabhängig von Körpern. Das Spektrum von Frausein ist nicht nur cis, es ist FLINTA*, ist cis, inter, trans, non-binär, ist lesbisch, queer, hetero, bisexuell, asexuell und vieles mehr. Weibliche Verbundenheit und Solidarität sind aus meiner Perspektive nicht von Chromosomensätzen und eindeutigen sexuellen Ausrichtungen abhängig.

Ich verwende den Begriff »Frauen« nicht als eine feste homogene Kategorie, denn es gibt nicht *die Frauen.* »Frau« und »weiblich« verstehe ich als historische, in Verbindung mit sozialen, kulturellen und biologischen Dimensionen entstandene Zuschreibungen und Konstrukte und nicht als feststehende Identität oder »Natur«. Geschlechtsidentitäten sind vielfältig. Nicht alle Menschen verstehen sich ausschließlich und immer als Frau oder als Mann. Nicht alle, die weiblich sozialisiert und zugeordnet wurden, identifizieren sich als »Frau«. Umgekehrt sind viele Menschen Frauen, die bei der Geburt nicht so zugeordnet wurden.

Die Verbundenheit, um die mein Schreiben kreist, definiert nicht, was eine Frau ist oder was man mitbringen muss, um »weiblich« zu sein oder sich dort politisch zu verorten. Ich schreibe mich in die Begriffe ein als politische Kategorien, die ermächtigend wie problematisch zugleich sind.

Problematisch, weil mit der Zuschreibung »Frau« patriarchale Stereotype, (biologistische) Ideen und Diskriminierung verbunden sind und eine binäre Ordnung zementiert wird. Ermächtigend: weil jene, die diese Kategorie bewohnen, sie oft durchaus gern bewohnen, auch deshalb, weil sie sie immer schon auf subversive, widerständige und eigensinnige Weise bewohnen und nie einfach so, wie man ihnen sagt. Nicht zuletzt ist »Frau« deshalb ermächtigend, weil Menschen unter diesem Label wichtige emanzipatorische Kämpfe geführt haben und weltweit immer noch führen.

Weiblich ist genauso wenig systemkonform wie non-binär oder andere Geschlechteridentitäten jenseits von cis Männlichkeit. Da »Weiblichkeit« beziehungsweise »Frau« nach wie vor abgewertet, diskriminiert und unsichtbar gemacht wird, ist es auch immer noch subversiv und emanzipatorisch, »weiblich« zu beanspruchen, es zu proklamieren, sich als »weiblich« zu verorten, darunter emanzipatorische Politik zu machen und Gesellschaftskritik zu üben. Genauso wie es emanzipatorisch ist, Non-Binarität oder andere Geschlechteridentitäten jenseits von cis Männlichkeit zu reklamieren.

Gleichzeitig kann es eine wichtige Strategie sein, »weiblich« zu veruneindeutigen[17], das heißt zum Beispiel, nicht zu definieren, was genau unter »weiblich« gemeint ist, ob cis, trans oder andere. Wir müssen die Widersprüchlichkeit aushalten, dass sowohl die identitätspolitische Reklamierung von »Frau« wie auch deren Dekonstruktion *gleichzeitige* wichtige und legitime politische Strategien sind. Je nachdem ist manchmal das eine oder das andere sinnvoll, und manchmal beides gleichzeitig. Es gibt nicht die eine richtige Politik. Sondern eine lang anhaltende Diskussion darüber, wie wir »Frau«, aber auch »trans«, »cis«, »Non-Binarität« jetzt und in Zukunft benutzen und politisieren. Wir müssen das Spannungsfeld aushalten zwischen der fortdauernden Notwendigkeit, mit Begriffen und Kategorien zu sprechen, und der Skepsis gegenüber normierender Zuordnung.

Vielleicht finden auch jene, die sich nicht in »weiblich« verorten (wollen), sondern non-binär oder männlich identifiziert sind, Anschlüsse in meinen Texten. Vielleicht finden sie sich in manchen Teilen, in anderen nicht. Wir sind nie *ganz* Teil von etwas oder *nicht* Teil von etwas. Auch darum geht es in diesem Buch.

VII.
Raus aus dem Internet

Die digitale Öffentlichkeit hat ermöglicht, Menschen und Anliegen sichtbar zu machen, die vor wenigen Jahren noch kaum sichtbar waren. Das ist großartig. Gleichzeitig sind wir an einem Punkt angekommen, an dem wir uns fragen müssen, inwiefern die sozialen Medien auch zu Spaltung, Entsolidarisierung und polarisierenden Fehlschlüssen führen. Wir müssen uns fragen, inwiefern der digitale Aktivismus unsere Energien und unsere Fähigkeit beschädigt, tragende Bewegungen und Beziehungsstrukturen aufzubauen. Manche Studien kommen mittlerweile zum Schluss, dass die sozialen Medien progressiven Anliegen mehr schaden als dienen.[18]

Das hat verschiedene Gründe, zentral ist vor allem: Zwar ermöglichen es die sozialen Medien, Aufmerksamkeit für Themen zu generieren, aber das verlockt uns zu dem Fehlschluss, dass wir dies bereits für die eigentliche politische Arbeit und Veränderung halten. Aufmerksamkeit und viele Likes allein reichen aber nicht aus, um Veränderungen zu bewirken, es braucht dazu: Bündnisarbeit, Zusammenschlüsse, langfristige Bewegungen, die hartnäckig und kontinuierlich und über Grenzen hinweg zusammenarbeiten, um bestimmte Ziele zu erreichen. Revolution funktioniert nicht – oder nur kurzfristig und nicht nachhaltig –, wenn Einzelne auf Instagram oder Twitter sagen: Jetzt ändern wir was, und dann ändert sich was. Wie der Bewegungsforscher Gal Beckerman in einem Interview formuliert: »Ich fürchte, was wir in den letzten 10 oder 15 Jahren gesehen haben, sind Bewegungen, die sehr hell aufscheinen, aber nicht wirklich konkrete Veränderung erreichen.«[19]

Natürlich ist es wunderbar, Ideen schnell verbreiten zu können, das hat es bisher in der Geschichte nicht gegeben, dass alle, die wollen, ihre Anliegen verbreiten können, ohne auf die großen Medien angewiesen zu sein. Das hat eine enorme Kraft, und es hat, wie bei MeToo, wichtige Debatten ausgelöst. Aber, wie Beckerman anmerkt: »Wenn ich so schnell von null auf hundert gehen kann, wenn ich morgens aufwachen kann und ich bin wütend über eine Sache, und innerhalb eines Tages könnte ein viraler Post einen Protest mit ein paar Tausend Leuten auslösen, dann hat man viele Schritte dazwischen ausgelassen.«

Wie die Soziologin Zeynep Tufekci in ihrem Buch *Twitter and Tear Gas*[20] schreibt, muss eine politische Bewegung eigentlich langsam Muskeln aufbauen. Sie muss einen Sinn für Solidarität und Verbindlichkeit etablieren, unter denen, die mitmachen, eine Bereitschaft, sich zu verpflichten, eine gemeinsame Vorstellung davon, was die Ziele sind. Diese Dinge können nicht passieren, wenn es zu schnell geht. Viral gehen ist das eine, es braucht aber, um Veränderungen herbeizuführen, sehr viele Schritte, die nicht öffentlich sind, die auf den ersten Blick vielleicht gar nicht auf ein Anliegen einzahlen.

Beckerman nennt ein Beispiel, den Busboykott von Birmingham Mitte der Fünfzigerjahre: Von Rosa Parks, die sich weigerte, dem rassistischen Gesetz Folge zu leisten und als Schwarze Person hinten im Bus zu sitzen, haben die meisten gehört.

Aber was viele nicht wissen: Daran schloss sich ein Jahr lang ein organisierter Boykott an. Die Aktivist:innen schafften es, ein ganzes Jahr lang von den Bussen wegzubleiben, und zwangen damit die Stadt dazu, eine Veränderung dieses Gesetzes zu verhandeln. Was in diesem Jahr passierte, war viel mehr als ein Tweet, es steckte viel Arbeit dahinter, zu ermöglichen, dass die Menschen ohne Bus zur Arbeit kommen: Es wurden Fahrgemeinschaften, Kinderbetreuung und vieles mehr organisiert. Die Dynamiken und Hyperlautstärke sozialer Medien lassen uns oft fälschlicherweise annehmen, wir wären bereits weiter, als wir eigentlich sind, das verhindert eine Revolution der Verbundenheit, die dringend nötig wäre im Sinne eines Aufbaus von tragenden Organisierungen und verbindlicher langfristiger Zusammenarbeit.

Die sozialen Medien sind aber auch in anderer Hinsicht verbundenheitsschädigend: Am meisten Aufmerksamkeit erhalten polarisierende, nicht differenzierende Meinungen. Das Versprechen der Aufmerksamkeit verleitet auch besonnene Menschen zu schnellen Statements und polemischen Äußerungen, das führt insgesamt nicht zu Verständigungsprozessen, sondern geschürt werden negative Reaktionen, Ablehnung, Rachegefühle, Spaltung statt Verständnis und Solidarität.

Das Öffentlichwerden von allem und allen hat in den vergangenen Jahren eine Art abstrahierende Positionierungsschlacht verursacht, die zu schnellen gegenseitigen Bewertungen und Absolutismus verlockt. Ohne ein lebendiges reales Gegenüber können wir austeilen, uns positionieren, ohne die Wirkung von unserem Handeln in einem Gegenüber wirklich wahrzunehmen. Wir sehen die Verletzung, die Kränkung von anderen nicht, die Nuancen und Körperpraktiken von realen Gesprächen gehen verloren, das Brechen einer Stimme, die Angst oder

Beklemmung in den Augen meines Gegenübers – all das sehen wir nicht. Das führt zu schnellen Meinungen, zu hartem Gemetzel, wir benehmen uns, wie wir uns in Gesprächen mit realen Menschen niemals benehmen würden.

Netzaktivismus besteht heute in großen Teilen darin anzuklagen, anzuprangern, die Verfehlungen von anderen zu thematisieren. Das kann in konkreten Fällen und Themen durchaus eine sinnvolle politische Strategie sein, aber sie reicht nicht aus. Sie reicht nicht aus, wenn es darum geht, politische Strukturen und solidarische Verbindungen aufzubauen, mittels denen wir längerfristig an Themen dranbleiben können und die auch selbstkritische Lernprozesse ermöglichen. Dazu brauchen wir Diskursräume jenseits von Angst und Beschämung, in denen auch über Grenzen hinweg an politischen Differenzen genauso wie an Schnittmengen und gemeinsamen Zielen gearbeitet werden kann.

Wenn wir tragende Bewegungen aufbauen wollen, braucht es Räume, in denen wir angstfrei sprechen können, ohne dass dieses Sprechen sofort von bestimmten Interessen und medialen Logiken instrumentalisiert wird. Wir brauchen wieder mehr Räume, in denen gesprochen wird, nicht um Öffentlichkeit und Aufmerksamkeit zu generieren, sondern um Verständigungsprozesse und Verbundenheit zu ermöglichen.

VIII.
Reformarbeit innerhalb bestehender Politsysteme oder separatistische Revolution? Beides ist nicht zu haben, ohne sich die Hände schmutzig zu machen.

Wann immer man mich fragt: Aber wie holen wir die Männer ins Boot?, ist meine Antwort: Holt Frauen ins Boot. Das hat Priorität, das hat Wirkung. Feministische Politik muss nicht Männer und den Mainstream überzeugen, sondern Frauen beziehungsweise FLINTA*-Personen. Bisherige feministische Bewegungen waren dann erfolgreich, wenn Frauen sich vernetzten, verbündeten. Es war nicht die Überzeugung der Männer, es war die Verbindung der Frauen beziehungsweise FLINTA*-Personen, die Gesetze kippte, politische Fortschritte und Reformen ermöglichte. Es sind Bündnisse und Koalitionen unter Frauen, auch über große Unterschiede, über politische und nationale Grenzen hinweg, die Veränderung ermöglicht haben und ermöglichen.

Das bedeutet nicht, dass diese Beziehungen harmonisch oder un-hierarchisch waren, im Gegenteil, sie waren nicht selten durchzogen von Machtansprüchen und Ausschlüssen.[21] Trotzdem sind die Schritte, die die Frauenbewegungen erkämpften, das Ergebnis hartnäckiger Beziehungsarbeit. Dieses Beziehungshandeln ist aber unsichtbar gemacht worden, weil die männliche Geschichtsschreibung sich auf singuläre Helden und Heldinnen fixiert, die männliche Geschichtsschreibung will mutige Ausnahmeerscheinungen und Triumphgeheul, wie die Historikerin Heike Specht herausstellt:

> »Vielleicht wird der Einfluss, den Frauen auf unsere Gesellschaften in den letzten hundert Jahren nahmen und nehmen, in der Geschichtsschreibung und politischen Berichterstattung so oft übersehen, weil ihr Kampf so gänzlich unmartialisch ausgefochten wurde und wird, weil so wenig Triumphgeheul im Spiel ist, so wenig brennende Barrikaden. Unser Fokus auf Revolutionen, die stets als etwas durch und durch Männliches wahrgenommen wurden, verstellen uns den Blick auf die große, aber langwierige und meist wenig glamouröse Reformarbeit der Frauen, die vor allem durch hartnäckige Beziehungsarbeit möglich war. Die größte Revolution der Geschichte hat unbemerkt stattgefunden, schleichend. Es gab zwar auch einzelne Protagonistinnen, aber nicht Hel-

dinnen im männlichen Sinne. Hinzu kommt, dass die Themen und Anliegen der Frauen über Jahrzehnte kleingeredet und marginalisiert wurden. ›Frauenpolitik‹, das galt vielen als ein kleiner Garten ganz am Rande der großen, wichtigen Politik, den ein paar emsige Damen beackern durften.«[22]

Dabei sind nicht nur Reformarbeiten und Veränderungen innerhalb der bestehenden Systeme wirksam, es gibt auch eine lange Geschichte separatistischer Zusammenschlüsse, die sich aus dem System verabschiedeten und *eigene* Strukturen, Orte und Organisationen etablierten (Frauenbuchläden, Frauenhäuser, Frauengesundheitszentren, Frauenverlage usw.). Die Frauenhaus-Bewegung formulierte das Motto »Frauen helfen Frauen«. Andere Beispiele der separatistischen Organisierung sind die lesbischen Gruppierungen in den 1970ern, die eigene Häuser, Genossenschaften, Kampfsportausbildungen praktizierten und dazu aufriefen, sich von Männern und der Männerwelt vollständig abzuwenden.

Für manche Anliegen lassen sich keine oder viel zu langsam parlamentarische Mehrheiten erringen, Frauen haben deshalb oft Dinge selbst umgesetzt und autonome Strukturen mit eigenen Geldflüssen und Organisationsformen aufgebaut. Die kurdische Frauenrevolution in Rojava ist wohl weltweit eines der beeindruckendsten Beispiele einer autonomen Frauen-Organisierung (allerdings auch eine der bedrohtesten).

Reform oder separatistische Revolution? Für beide Strategien gibt es gute Argumente, und manchmal müssen wir verschiedene, sich scheinbar widersprechende Strategien gleichzeitig anwenden. Wir können reformieren und *trotzdem* die Utopie anstreben. Wir können reformistisch vorgehen und gleichzeitig autonome Strukturen bilden.

Was auch immer wir tun, wir müssen uns bewusst sein, dass Reformen oft Kompromisse mit Gewaltsystemen bedeuten und dadurch Mittäterschaft produzieren. Und wir müssen uns darüber im Klaren sein, dass auch der separatistische Zusammenschluss Täter:innenschaft nicht ausschließt: Keine Revolution ist unschuldig. Es gibt kein herrschaftsfreies Außen. Was immer wir tun, wir werden uns die Hände schmutzig machen. Wir müssen die Revolution der Verbundenheit trotzdem versuchen.

IX.
Der Wärmestrom meiner Mutter

Lange Zeit dachte ich, es wäre mein Vater gewesen, der mir, mit seinem Interesse für Politik und Philosophie, ein politisches Bewusstsein weitergegeben hat. Heute weiß ich, dass meine Mutter einen mindestens so großen Anteil trägt.

Der Einfluss von Frauen ist oft nicht sofort klar, wir sind es gewohnt, den männlichen Einfluss zu betonen und wahrzunehmen. Meine Eltern haben uns als Kinder viel vorgesungen. Geprägt haben mich vor allem die Lieder, die meine Mutter uns vor dem Schlafen sang. Erst im Nachhinein wurde mir klar, dass das nicht nur einfach Lieder waren, sondern vielmehr die Vermittlung eines Lebensgefühls und einer Lebenshaltung. Diese Lieder waren meine erste politische Erfahrung, durch sie entwickelte ich zunächst auf der affektiven Ebene Empathie für Lebenslagen, die sich von meiner eigenen unterschieden.

In Mutters Liedern ging es oft um Schwächere, um gesellschaftlich marginalisierte Menschen. Um Ausgestoßene, aber auch um Verfolgte und Diskriminierte. Eine Liedgeschichte handelte von einer kleinen Krähe aus Wolle, die ein zu kurzes Bein hatte. Im Spielzeugladen wollte deshalb niemand das Plüschtier kaufen. Die Krähe war sehr traurig und einsam. Bis eines Tages ein kleiner Junge in den Laden kommt und – entgegen der Meinung der Erwachsenen – unbedingt diese versehrte, diese unperfekte Krähe haben will.

Das Lied, das mich am meisten beeindruckt hat – vielleicht, weil es kein Happy End hat –, war ein jüdisches Schlaflied aus dem Krakauer Getto. Es heißt »Hungerik, dajn Kezele«. Es ist die todtraurige Geschichte einer Mutter, deren Kind Hunger leidet und das deshalb nicht einschlafen kann. Die Mutter versucht, das Kind mit Versprechungen und Beschwichtigungen zum Schlafen zu bringen: Morgen gibt es wieder Brot, deine Katze (Kezele) ist auch hungrig, deine Puppe auch. Mama ist auch hungrig. Schau, mach es wie Mama, schlaf, das lindert die Not.

Schlof schojn, majn orem klejn mejdele/
wajl der schlof lindert di nojt.

Vor wenigen Jahren erst erfuhr ich, woher das Lied kam. Es wurde von Mordechai Gebirtig in den 1930er-Jahren komponiert. Der Möbelarbeiter wurde 1877 in Krakau geboren, er war einer der größten polnisch-jiddischen Volksdichter und Sänger. Überall, wo Juden und Jüdinnen aus Osteuropa zusammenkamen, kannte man die Lieder des Tischlers aus Krakau. Am 4. Juni 1942 wurde Gebirtig im Krakauer Getto von einem deutschen Soldaten erschossen. Auch seine Familie, Frau und Kinder wurden ermordet.

Meine Mutter hatte durch ihre polnischen Wurzeln Zugang zu diesen Liedern. Ich selbst hatte damals weder eine Vorstellung von einem Getto noch von der Judenverfolgung. Aber ich spürte, dass es hier um etwas ging, das größer und gravierender war als mein eigenes, unmittelbares und einigermaßen sicheres Leben. Ich spürte Abgründe und Verzweiflung, Gefahr auch. Vor allem aber erschütterte und bestärkte das Lied vom hungrigen Kind meinen kindlichen Gerechtigkeitswunsch, es möge doch allen, wirklich allen gut gehen.

Ich bin meiner Mutter dankbar, dass sie mir nicht nur »Alle Vögel sind schon da« oder »Schlaf, Kindlein, schlaf« vorsang.

Mit ihren existenzielleren Liedern vermittelte sie mir früh einen Sinn auch für das »Böse« und Ungerechte. Die Lieder erlaubten mir, Beklommenheit und Schwermut zuzulassen, vor allem lehrten sie mich, über meine persönliche Lebenslage hinauszufühlen. Ich glaube, ihre Lieder waren meine erste politische Erfahrung. Denn es war klar, dass diese Lieder nicht direkt von mir handelten. Ich war ja nicht im Getto und nicht jüdisch.

Ich habe diese Lieder auch meinen eigenen Kindern vorgesungen. Vor dem Schlafen, oder auch einfach so. Lange Zeit habe ich sie mehr oder weniger unreflektiert gesungen, aber mit viel Leidenschaft – so, wie man eben Traditionen oder Rituale weitergibt.

Irgendwann aber begann ich, mich mit der Frage zu beschäftigen, was Frauen an Frauen weitergeben, Großmütter an Mütter, Mütter an Töchter. Ich fragte mich, was ich von meiner Mutter bekommen und übernommen habe. Aus meinen Fragen wurden grundsätzlichere Recherchen, Erkundungen, eine Suche. Ich stellte fest, dass die Frage, was Frauen einander, aber auch überhaupt weitergeben, nicht nur eine persönliche, sondern eine politische ist, eine grundsätzliche Frage: Was geben Frauen weiter in einer Gesellschaft und einer Menschheitsgeschichte, in der die sogenannten Hebel der Macht in Politik, Kultur, Wirtschaft und auch in der Geschichtsschreibung bis heute mehrheitlich von Männern besetzt sind?

Wo sind die Ritzen und ungeahnten Zwischenräume, in denen Frauen und andere minorisierte Menschen – oft jenseits großer Bühnen – etwas weitergeben? Zum Beispiel eine Politisierung mit einem jüdischen Wiegenlied?

Es ist eine persönliche Anekdote, aber in ihr enthalten ist einiges von dem, was ich in diesem Buch niedergeschrieben habe, eine persönliche wie politische Auseinandersetzung mit weiblichen Beziehungen. Die Lieder meiner Mutter sind eine persönliche Geschichte, aber sie verweisen exemplarisch auf etwas, das verallgemeinerbar ist, nämlich dass Frauen in ihren Wirkweisen oft nicht wahrgenommen werden, auch für Töchter sind die Wirkweisen der Mütter, Großmütter oder anderen weiblichen Familienmitgliedern oder auch von Frauen außerhalb der Familie, etwa Lehrerinnen, oft nicht auf Anhieb wahrnehmbar, weil die Bedeutung der Väter und Großväter, der Brüder und Söhne in Familien und in der Gesellschaft höher bewertet wird. Wir lernen, Männer zu beachten und zu lieben.

Die Geschichte verweist weiter in einem ganz konkreten Sinne auf eine Politisierung durch Frauenbeziehungen, darauf, wie durch Verbundenheit zwischen Frauen ein politisches Bewusstsein entstehen kann, auch dies ist exemplarisch, wenn wir uns die Geschichte der Frauenbewegungen anschauen: Die Politisierung durch Beziehungen.

Die Lieder meiner Mutter waren ein Wärmestrom, es waren Gefühle, die mich politisierten. Ich habe versucht, in diesen Texten weiterzuspinnen, was meine Mutter mir mitgab.

1
FREUNDSCHAFT

»Ich kan nie ganz unglücklich seyn,
da Du meine Freundinn bist.«

(Caroline Schlegel)[1]

Liebe Freundin,

wir waren früher, als junge Frauen, befreundet. Dann haben wir uns voneinander entfernt. Und nun haben wir uns nach vielen Jahren wiedergefunden. Die genauen Umstände und Gründe der damaligen Trennung sind vielfältig. Auch unsere Wiederbefreundung ist eine komplexe Geschichte. Wir sprachen einige Male darüber; in manchen Punkten haben wir unterschiedliche Wahrnehmungen und Erinnerungen. Wichtig aber war – ich denke, hier sind wir uns einig –, dass ich ein weiteres Kind bekam. Du wolltest keine Kinder. Meine starke Orientierung an der Familie, meine Verpflichtungen, die fehlende Zeit und die Erschöpfung trieben uns auseinander. Uns beiden fehlte das Verständnis für die Situation und die Bedürfnisse der anderen.

Viele Frauenfreundschaften geraten ins Wanken, wenn eine von beiden in diesen Kinder-Orbit eintritt. In meinem Leben gab es spätestens mit der Geburt des zweiten Kindes kaum mehr Zeit und Raum für Freundschaften. Mir wird das erst jetzt bewusst. Die Prioritäten verschoben sich schleichend, der zehrende Alltag zwischen Erwerbstätigkeit und Familie zerrieb mich. Vieles blieb auf der Strecke. Freundschaften, aber auch die Sorge für mich selbst, der Lebensgenuss, Kultur. Wäre ich weiter mit dir befreundet geblieben, hätte ich all das vermutlich noch bewusster und schmerzhafter wahrgenommen, vermutlich hättest du mir den Spiegel vorgehalten. Vermutlich wollte ich genau das verhindern. Und bin dir auch deshalb zunehmend ausgewichen.

Es waren Zeiten, in denen es in der Schweiz keine bezahlbaren Kitaplätze gab (gibt es immer noch kaum) und es überhaupt als falsch galt, Kinder mehr als zwei Tage pro Woche in eine Krippe zu geben. Ich musste täglich mit meinem schlechten Gewissen hadern, weil ich eine Doktorarbeit schreiben wollte (das bringt doch kein Geld!), ich musste mich rechtfertigen vor anderen Müttern, dass unsere Kinder fremdbetreut waren, ich musste mit dem schlechten Gefühl umgehen, vermeintlich keine gute Mutter zu sein, wenn ich nicht jede Sekunde mit meinen Kindern »genoss«. Ich rang damit, dass ich zwar meine Kinder liebte, aber auch noch andere Projekte hatte, mit denen ich genauso leidenschaftlich identifiziert war. Und ich musste mich dafür verteidigen, dass ich der Meinung war, mein Partner könnte das zwei Monate alte Baby genauso gut betreuen wie ich.

Es war ein Kampf, ein innerer und ein äußerer. Es war ein Kampf, eine gleichberechtigte Aufteilung der Familien- und Hausarbeit umzusetzen in einer Gesellschaft, die genau das boykottiert. Es schien mir fast unmöglich, für mich eine Rolle als Mutter und gleichzeitig als Wissenschaftlerin zu finden in einer Gesellschaft, die diese Gleichzeitigkeit nicht vorsieht. Mehr, als diesen Kampf zu kämpfen, war damals für mich nicht drin. Mir Zeit für mich selbst oder für Freundschaften zu nehmen, schien geradezu frivol. In einem Mentoringprogramm für »Frauen in der Wissenschaft« sagte man uns: Du machst Wissenschaft und Familie – und sonst nichts. Eine Professorin sagte uns, sie habe kaum Freundschaften, eigentlich gar keine Beziehungen außerhalb ihres Berufes oder ihrer Familie. Wir schluckten.

Ich kam kaum je zum Verschnaufen, fühlte mich zugleich tief einsam und vollkommen über-bezogen. Mit kleinen Kindern zu leben bedeutet, ständig zu kommunizieren – mit den Kindern, aber auch mit allen, die an der Kinderbetreuung beteiligt sind. Man hat also einerseits mit vielen Menschen zu tun, mit anderen Eltern, Lehrkräften, Kitabetreuer:innen oder Großeltern – aber es sind oft nicht selbst gewählte Bezüge. Man hat ein gleichzeitiges »zu viel« und »zu wenig« an Kontakt.

Wir beide jedenfalls verloren uns aus den Augen, es gab einen Bruch, und danach war über lange Jahre Stille. Ich kann mich erinnern, wie du mir sagtest, es würde dir nicht ausreichen, dauernd nur über den Alltag zu sprechen und über Kinder. Ich war schockiert. So weit war ich also gekommen, dass ich nichts Interessantes mehr zu bieten hatte?

Die Soziologin Erika Alleweldt hat untersucht,[2] wie heutige Frauen Freundschaften leben. Es sind ernüchternde Erkenntnisse, denn sie zeigen, dass die meisten Frauen zu wenig Zeit für Freundschaften haben. Zudem stellt Alleweldt eine »Profanisierung«[3] der Freundschaft fest, das heißt, Frauen haben heute zwar durch ihre zunehmende Erwerbsarbeit mehr und vielfältigere Beziehungen auch außerhalb der Familie. Aber diese Beziehungen gestalten sie immer nutzenorientierter, richten sie an beruflichem Fortkommen aus, daran, ob sie im beruflichen Alltag nützlich, hilfreich, entlastend sind.

Ich denke, dass ich als junge Mutter und Wissenschaftlerin ein Stück weit in dieser Nützlichkeitsfalle steckte. Meine Beziehungen verengten sich auf Menschen, die unmittelbar in meinem beruflichen Umfeld unterwegs waren. Auch kann ich mich an unzählige Ratschläge erinnern, die wir in besagtem Mentoringprogramm für »Frauen in der Wissenschaft« erhielten: Ihr müsst euch vernetzen! Ein andauerndes Credo. Natürlich ist das ein guter Rat. Aber es ist auch eine tragische Folge spätmoderner Lebensweisen, in denen fast alles, auch die Freundschaft, an der Optimierung beruflicher Möglichkeiten ausgerichtet wird.

Frauen, besonders Mütter, gestalten auch ihre privaten Beziehungen oft nutzenorientiert. Um Beruf, Familie, Freizeit und Lie-

be unter einen Hut zu bekommen, müssen sie meist auf die Unterstützung von Frauen aus ihrem Umfeld und ihrer Familie zurückgreifen. Diese Frauenunterstützungssysteme aus Freundinnen, Großmüttern, Nachbarinnen und anderen Müttern sind einerseits wertvoll, andererseits handelt es sich aber auch, wie die Soziologin Ursula Nötzoldt-Linden es formuliert, um »verpflichtende Beziehungen«,[4] die Frauen wieder traditionalisieren.

Wie lief das bei dir? Da du dich gegen eigene Kinder entschieden hast: Hattest du mehr Kapazitäten für erfüllende, nicht nützlichkeitsorientierte, selbst gewählte Freundschaften? Du hast dich über viele Jahre um Kinder mit gekümmert, die als Pflegekinder bei Freundinnen von dir lebten. Und hast so eine andere Form des Elternseins praktiziert. Ich weiß, dass du dich trotzdem manchmal gefragt hast, ob du nicht etwas verpasst ohne eigene Kinder. Jede Entscheidung enthält Fragen und Zweifel, auch wenn es beim Thema Mutterschaft kaum erlaubt ist, sie zuzulassen. Frauen, die sich gegen eigene Kinder entscheiden, dürfen das nie beklagen, nie hinterfragen oder bedauern, es heißt dann sofort: Selbst schuld! Frauen wiederum, die Kinder haben, ist es kaum erlaubt zu fragen, ob sie diese Entscheidung manchmal bereuen. Es ist ein Tabu, offen darüber zu reden, inwiefern Frauen mit der Entscheidung, Mutter zu sein, auch manchmal hadern. Diese Gefühle sind verboten, moralisch nicht zulässig.

Deine Entscheidung, keine eigenen Kinder zu bekommen, kann ich nachvollziehen. Ich selber hatte zwar früh Kinder, aber ich war keineswegs der Meinung, dies wäre ein Modell, das alle Frauen glücklich macht. Denn ich war im Verlauf meiner Mutterschaft durchaus nicht immer sicher, ob es eigentlich mich *glücklich macht. Ich habe mir immer wieder vorgestellt, wie mein Leben verlaufen wäre, wenn ich mich anders entschieden hätte. Zum Beispiel hätte ich vielleicht nicht erst mit weit über vierzig die Bedeutung der Freundschaft entdeckt.*

Viele Frauenfreundschaften laufen, wie Alleweldt in ihrer Studie zeigt, folgendermaßen ab: Man trifft sich, erzählt von den

Hürden des Alltags. Vielleicht tauscht man den einen oder anderen Rat aus, und wenn die Umstände es zulassen, unterstützt man sich gegenseitig. In der Maximalvariante lassen es sich die untersuchten Frauen in ihren Freundschaften auch manchmal zusammen gut gehen, sie wellnessen oder gehen ins Kino. Für manche Ohren mag das bereits nach viel klingen. Auch ich denke: Das ist doch immerhin etwas! Aber dann erinnere ich mich an deinen damals formulierten Anspruch an unsere Freundschaft, als du sagtest, dass dir das nicht ausreicht. Und denke heute: Ja, du hast recht, warum geben wir uns so schnell zufrieden? Wo doch gerade die Freundschaft so viel mehr zu bieten hätte?

Alleweldt beschreibt, dass in den von ihr untersuchten Frauenbeziehungen die Freundschaft **selbst** *kaum einen Eigenwert hat. Die Freundschaft* **selbst** *ist selten Gegenstand des Austauschs, es sei denn, es gibt Probleme, Streit, Eifersucht. Die Freundschaft wird nicht als eine Praxis, nicht als ein Ort beschrieben, wo die befragten Frauen zum Beispiel einen Persönlichkeitsprozess durchlaufen, ihre Individualität oder Ansichten über die Welt entwickeln. Die Freundschaft scheint vielmehr dazu da, um von jenem Leben zu sprechen, das eigentlich* **anderswo** *stattfindet. Und sie scheint dazu da, den Alltag besser zu bewältigen.*

Mich hat die Lektüre von Alleweldts Studie und ihre Beobachtung einer »Profanisierung der Freundschaft« nachdenklich gemacht: Die häufig funktionalistische Engführung, aber auch die mangelnde Zeit für wirklich intensive Freundschaften hat besonders für Frauen gravierende Folgen. Wenn es für Freundschaft so wenig Raum gibt, wenn ihre Bedeutung so marginalisiert ist, heißt dies, dass heterosexuell orientierte Frauen ihre Bedürfnisse nach emotionaler Nähe, Liebe, Intensität, aber auch nach intellektuellem Austausch und gemeinsamer Entfaltung stark auf eine exklusive Liebesbeziehung beschränken.

Etwas zugespitzt formuliert: Die Vernachlässigung der Freundschaft bewirkt unter anderem, dass die Kleinfamilie und die heterosexuelle Paarbeziehung zu **dem** *Dreh- und Angelpunkt intel-*

lektueller wie emotionaler Lebenswelt werden. Wenn Freundschaft keine wirklich sinnstiftende Bedeutung hat, wirft das Frauen zurück auf die Vorstellung, das »ganze Glück« möge in einer einzigen, alles erfüllenden Liebe zu einem Mann und in der Familie zu finden sein.

Da wir etwa gleich alt sind, erinnerst du dich sicher an die Serie »Sex and the City« – wobei ich mir auch gut vorstellen kann, dass du die Serie damals verachtet und vielleicht nie geschaut hast. Ich war auch kein Fan von diesen immerzu makellos gestylten, ***weißen*** *und natürlich normschönen New Yorkerinnen, bei denen Emanzipation darin bestand, Geld zu verdienen und ihre sexuellen und modischen Interessen selbstbestimmt zu verfolgen. Trotzdem würdest du mir vermutlich darin zustimmen, dass »Sex and the City« trotz fürchterlicher Klischees eine popkulturelle Ausnahme bleibt – und zwar bis heute.*

Denn bis heute gibt es wenig Serien, in denen Frauen intensive Beziehungen ***untereinander*** *haben.*

»Sex and the City« handelt von der engen Freundschaft zwischen den vier Hauptcharakteren Carrie, Miranda, Charlotte und Samantha. Diese Frauen sind erfolgreich in ihren Karrieren, finanziell unabhängig und führen ein modernes Leben, das zwischen Singledasein und wechselnden sexuellen Beziehungen pendelt. Am häufigsten tauschen sich die Freundinnen über Männer und Sex aus.

Die Kernthemen der Serie sind einerseits die Freundschaft zwischen den Frauen, andererseits ist ihre Beziehung vor allem dazu da, mit den Herausforderungen in ihren Liebesleben umzugehen, das heißt, über Männer zu sprechen, Männerfrust zu verdauen und über Männer hinwegzukommen. Sehr oft wird die Frauenfreundschaft nur als Mittel zur Kompensation von fehlender männlicher Liebe dargestellt. Diese Frauenfreundschaften, so beobachtet es Alleweldt, scheinen keinen Wert an sich zu haben, sie sind nur deshalb »besser«, weil die Männer nichts taugen, weil »Mr Right« noch nicht gefunden wurde.[5]

Die Serie produziert auch eine infantilisierende Perspektive auf Frauenfreundschaften. »Die Freundinnen in ›Sex and the City‹ sind jederzeit füreinander da, gehen gemeinsam durch dick und dünn und sind bereit, für die andere alles stehen und liegen zu lassen, ohne Rücksicht auf berufliche oder andere Verpflichtungen.« Es handelt sich, mit Alleweldt gesprochen, um eine Darstellung, die der Wirklichkeit kaum entspricht. Diese Art Freundschaft können Frauen höchstens als Teenager leben.[6]

Wenn ich zurückschaue in meine Kindheit und Jugend, fallen mir zahlreiche popkulturelle Beispiele ein, die Mädchenfreundschaften infantilisieren, sie als Tuschel-Kuschel-Krisen-Auffang-Beziehungen darstellen, in denen junge Frauen auf den Prinzen warten oder trauern, wenn der Prinz sie verlassen hat. Die Freundschaften junger Frauen werden oft als unreife Vorstufe zur »echten« erwachsenen heterosexuellen Liebe dargestellt, zur bevorstehenden Ehe mit einem Mann, als kleiner Schritt in Richtung Hauptziel, nämlich, eine Familie zu gründen. Die **eigentliche** *Sehnsucht bleibt für Mädchen und Frauen die Beziehung zu Männern. Auch die Serie »Friends« zeigt genau dies: Die Serie endet, als alle heiraten und Kinder bekommen. Freundschaft erscheint damit als etwas, das* **vor** *der Familiengründung Bedeutung hat, das eigentliche Beziehungsziel aber sind Kinder und ein Mann bzw. eine Frau.*

Ich weiß, dass du die Orientierung an der traditionellen Ehe und an der Kleinfamilie schon früh und bewusst hinterfragt hast. Viel früher als ich. Ich habe dich für deine nicht-konventionelle, freiheitsliebende Art, Beziehungen zu leben, immer bewundert.

Die Autorin Emilia Roig plädiert in ihrem Buch »Das Ende der Ehe«[7] *für eine Enthierarchisierung von Beziehungen. In unserem Leben können verschiedene Formen der Liebe nebeneinander bestehen. Ich finde es eine inspirierende Vorstellung, andere Beziehungen auf die gleiche Stufe zu stellen wie Liebesbeziehungen, und damit ein tieferes und reicheres Beziehungsleben zu entwickeln, das nicht an einer einzigen Person hängt, sondern sich auf mehre-*

re Personen erstreckt. Der Liebesbegriff kann auf die Freundschaft ausgedehnt werden.

Es ist eigentlich unsinnig, dass die Idee der Liebe einer einzigen Person in einer Paarbeziehung vorbehalten sein soll. Warum gehen wir davon aus, dass alle unsere Bedürfnisse in romantischen Paarbeziehungen erfüllt werden? Dies hat häufig zur Folge, dass nicht nur Paarbeziehungen überlastet werden, sondern dass Menschen, die nicht in einer solchen sind, als mangelhaft angesehen werden, als Suchende, als unvollständig.

Liebe ist keine begrenzte Ressource. Wie Roig ausführt,[8] ist die Erweiterung der Liebe auf mehrere Personen eigentlich kein Problem, das können Eltern von mehreren Kindern bestätigen. Eltern können problemlos mehrere Kinder intensiv und innig lieben. Menschen sind dazu in der Lage, Liebe zu verteilen, und sie tun es ständig.

In ihrem Artikel »What If Friendship, Not Marriage, Was at the Center of Life?«[9] beschreibt die Autorin Rhaina Cohen sogenannte queerplatonische Freundschaften, die sich auf Bereiche ausdehnen, die normalerweise romantischen Partnerschaften vorbehalten werden. Freund:innen leben in gemeinsam gekauften Häusern, ziehen Kinder miteinander groß, benutzen gemeinsame Kreditkarten und erteilen sich medizinische Vollmachten. Diese Freundschaften haben viele Ähnlichkeiten mit romantischen Beziehungen, sie haben das Potenzial, unsere Vorstellungen von Intimität und Fürsorge zu erweitern. Wenn wir den Liebesbegriff erweitern, stellen wir, wie Roig resümiert, vielleicht auch fest, dass die ersehnte »große Liebe« längst in unserem Leben ist.

Ich würde sagen, dass ich in meinem Leben tatsächlich mehrere Liebesfreundschaften führe und geführt habe. Warum sie nicht ebenfalls als Liebesgeschichten bezeichnen? Wir beide könnten dann über unsere Freundschaft berichten: Wir waren mal »verlobt«, wir haben uns eine gemeinsame Zukunft vorgestellt, dann kam es zu einer Trennung, aber nach mehreren getrennten Jahren haben wir uns erneut verbunden.

Mit dir zusammen zu sein bedeutet, »einander die Seele auszufüllen« (Karoline von Günderrode),[10] neue Ansichten über mich selbst und die Welt zu entwickeln. Die Freundschaft mit dir eröffnet ein Tor zur Welt, eröffnet neue Wahrnehmungen und ermutigt zum Selbstdenken. Es ist tatsächlich wie in einer Liebesbeziehung, so, wie Liebesbeziehungen am Anfang oft sind, und im besten Fall darüber hinaus: Man bemüht sich umeinander, versucht, füreinander interessant zu sein. Nicht in einem narzisstischen Sinne, sondern in dem Sinne, dass man sich in die andere Person hineinversetzt, versucht zu erfahren, was die andere bewegt, wofür sie sich interessiert, und daran anknüpft. Was kann ich einbringen, damit es für dich anregend bleibt? Es liegt mir etwas dran, dass du dich mit mir nicht langweilst, dass du auf deine Kosten kommst in unserer Freundschaft.

Als ich dir zum ersten Mal von meinem Vorhaben erzählte, ein Buch zum Thema »Frauenbeziehungen« zu schreiben, stieß die Idee bei dir auf Resonanz. Du hast mich seither mit klugen Anregungen versorgt, dein Wissen über alte Sprachen und die Antike haben mich auf unbekannte Pfade gelenkt. Aber sie haben mich, muss ich gestehen, auch immer wieder mit der Sorge erfüllt, deinem Anspruch und deinem immer so kritischen Geist nicht gerecht zu werden.

Mich treibt der Wunsch an, ein Buch zu schreiben, das **dir** *gefällt, das* **du** *interessant findest. Mittlerweile genieße ich es, unter dem kritischen Blick meiner Freundin zu schreiben. Oder vielmehr: Dem kritischen Blick meiner Freund:innen. Denn du bist nicht die Einzige. In meiner Vorstellung tummelt sich ein ganzer Chor an Freund:innen und Wegbegleiter:innen, an die ich denke, wenn ich diese Briefe und dieses Buch schreibe. Ich höre deine und ihre Zwischenrufe. Manchmal höre ich lautes Lachen oder wissendes Kichern. Es sind verschiedene Zwischenrufe, denn es sind verschiedene Freundschaften. Diese Frauenfreundschaften sind für mich emanzipatorisch, weil sie für mich eine Befreiung von verinnerlichten Männermaßstäben bedeuten, weil sie meine anerzoge-*

ne und oft unausweichliche Orientierung an der Männerwelt lockern. Meine inneren Autoritäten haben sich durch meine Freundschaften verschoben.

Ich denke oft daran, dass du mir mal gesagt hast, der römische Philosoph Marcus Tillius Cicero habe in »Laelius de amicitia«[11] *geschrieben: Freundschaft lässt »die schöne Hoffnung auf die Zukunft« zu, sie sei von Hoffnung und Zukunftswillen geprägt. Denn die Freundschaft ermöglicht – mehr als andere Beziehungen –, den Glauben an das Gute in den Menschen aufrechtzuerhalten. In der Freundschaft verweilen Menschen mit anderen Menschen nicht aus gesellschaftlichen Zwängen heraus, sondern weil sie es* **wollen**.

Mir wird jetzt bewusst, dass ich damals, als wir uns trennten, noch nicht verstand, welche Bedeutung Freundschaft hat oder haben kann. Aus heutiger Sicht würde ich sagen, dass es fahrlässig war, dich ziehen zu lassen. Ich hätte mehr um dich kämpfen müssen. Denn dass ich dich wiedergefunden habe, ist ein glücklicher Zufall, es hätte auch anders kommen können.

Deine Freundin

* * *

Einander die Seele ausfüllen

Ich stelle mir vor, wie Rahel Levin Varnhagen (1771–1833) in Berlin zum Postamt eilt, in der Hoffnung, endlich einen Brief von ihrer Freundin Pauline Wiesel zu erhalten. Es ist vielleicht Winter, sagen wir, das Jahr 1800. Sie muss mindestens eine Stunde zu Fuß gehen. Varnhagen macht sich auf aus ihrer Wohnung in der Jägerstraße 54 in Berlin-Mitte, sie war in den vergangenen Wochen unzählige Male bei der Post, und jedes Mal wurde sie enttäuscht. Ich stelle mir vor, wie sie erneut nachfragt und wie ihr der Beamte mitteilt: Nichts. Sie sackt ein wenig in sich zusammen, bleibt verloren stehen inmitten einer chaotischen Menge von wartenden, rufenden Menschen. Ich stelle mir vor, dass sie sich einsam fühlt. Ohne die Briefe ihrer Freundin fühlt es sich für sie an, als verlöre sie auch die Verbindung zu sich selbst.

Es ist aus heutiger Sicht schwer vorstellbar, wie hürdenvoll die damaligen Kommunikationswege waren, es gab noch keine Telefone, für Briefkorrespondenzen musste man hohe Postgebühren bezahlen, Papier war kostbar und knapp und die Post nicht verlässlich. Es konnte Wochen und Monate dauern, bis ein Brief ankam, nicht selten gingen Briefe unterwegs verloren. Sie wurden von Reitern und Kutschen transportiert. Auch das Reisen war nicht selbstverständlich, es gab keine Autos, kein Eisenbahnnetz – gerade deshalb hatten Briefe eine große Bedeutung.

Rahel Levin Varnhagen war eine leidenschaftliche Briefeschreiberin, die mit unterschiedlichen Menschen korrespondierte. Ihrer besten Freundin Pauline Wiesel schrieb sie über einen Zeitraum von 30 Jahren quer durch Europa. Der Briefwechsel wurde 1997 unter dem Titel »Rahel Levin Varnhagen. Briefwechsel mit Pauline Wiesel« von Barbara Hahn[12] publiziert und ist das Zeugnis eines lebenslänglichen Frauengesprächs. Bis heute wird dieser Briefwechsel als eine der umfangreichsten erhaltenen Korrespondenzen zwischen Frauen angesehen. Die Briefe zeugen nicht nur von einer tiefen Freundschaft, sondern auch von einem starken Verlangen nach intellektuellem Austausch zu einer Zeit, in der Frauen, insbesondere jüdische Frauen, nur wenige Rechte und Möglichkeiten hatten. Varnhagen und Wiesel boten einander in ihren Briefen einerseits praktische Unterstützung, vor allem aber strebten sie nach geistiger Weiterentwicklung, indem sie, wie Varnhagen es ausdrückt, über die »höchsten Gedanken« diskutierten.[13]

Wer waren diese beiden Frauen? Varnhagen wird als älteste Tochter der Levins am 19. Mai 1771 in wohlhabende Verhältnisse hineingeboren. Die Familie gehört zur jüdischen Oberschicht Berlins, der Vater Markus Levin ist Bankier, in der Familie verkehren Gelehrte, Schauspieler:innen, Diplomaten. Aber auch die privilegierte Situation kann nicht darüber hinwegtäuschen, dass die christliche Mehrheitsgesellschaft Juden und Jüdinnen Anerkennung und gleiche Rechte weiterhin verweigert – Jüdinnen werden gleich doppelt benachteiligt.

Die kluge, bildungshungrige Varnhagen will sich allerdings mit der zugewiesenen Rolle nicht abfinden, sie will kein »ohnmächtiges Wesen« sein, wie sie schreibt,[14] beschäftigt sich mit Philosophie und Literatur und beansprucht auch als Frau und Jüdin, ein Subjekt zu sein. Varnhagen liebt die Gesellschaft, wie sie über sich selbst sagt. Als ihr Vater 1790 stirbt, übernimmt sie in der Familie die Rolle der Gastgeberin – sie baut sie aus, macht sie zur Rolle ihres Lebens und wird zu einer bekannten Salonière. Regelmäßig veranstaltet sie in ihrer elterlichen Wohnung, wo sie damals noch lebt, Zusammenkünfte, bei denen Gespräche über Literatur, Theater, Philosophie, mitunter auch über Politik oder Wissenschaften geführt werden. Viele Menschen verkehren in ihren Salons, trotz des weitverbreiteten und zunehmenden Antisemitismus.

Als Salonière erarbeitet sich Varnhagen in der deutschen Gesellschaft eine gewisse Position, ohne allerdings je wirklich in der Standesgesellschaft aufgenommen zu werden. 1814 lässt sich die 43-Jährige taufen und heiratet Karl August Varnhagen. Varnhagen sieht darin einen Weg, das Jüdischsein abzulegen, genauer: die Zugehörigkeit zu einer benachteiligten Minderheit.

Hannah Arendt konstatiert in ihrer Biografie, dass sich Rahel Levin Varnhagen ihre eigene innere Welt errichtete.[15] Da die Wirklichkeit als Frau und Jüdin für sie so enttäuschende Möglichkeiten bietet, versucht sie, in diese innere Welt auszuweichen und sich, wie Arendt schreibt, ein »unbegrenztes Innen« aufzubauen. Das tut sie unter anderem mittels Briefkorrespondenzen.

1794 lernt Varnhagen Pauline Wiesel in Paris kennen. Wiesel (1778–1848), geb. Cesar, ist ganz anders als Varnhagen, weniger intellektuell, sie wird bekannt als Geliebte berühmter Männer, etwa von Prinz Louis Ferdinand von Preußen. Wiesel lebt in Berlin, Wien, Paris und in der Schweiz und führt ein für damalige Verhältnisse freiheitliches und unkonventionelles Leben. Bekannt wird sie für ihren Lebensgenuss und ihre Selbstverwirklichung, auch nach ihrem Tod repräsentiert sie das Bild der schönen Lebedame.

Dieses Bild hält sich lange, bis mit der Veröffentlichung der Briefe auch andere, schwierige und traurige Aspekte ihres Lebens sichtbar werden: Wiesel befindet sich tatsächlich oft am Rande der bürgerlichen Gesellschaft, über viele Jahre hinweg ringt sie um das Leben ihrer todkranken Tochter, allein. Auch wird deutlich, dass sie sehr darunter litt, dass ihr Ehemann, Wilhelm Wiesel, sich von ihr distanzierte.[16]

In ihren Briefen planen die beiden Frauen unzählige Reisen, um sich zu sehen, doch nur die wenigsten kommen zustande, die Sehnsucht bleibt meist unerfüllt. Umso intensiver schreiben sie sich Briefe, sie werden zu dem Ort, an dem sie ihre Freundschaft leben. Lange versucht Wiesel, Varnhagen in die Schweiz zu locken – »es giebt nichts grünes mehr in der Weld als die Schweiz«.[17] Aber oft vergehen Jahre, bis die beiden sich wieder sehen. Silvia Henke schreibt über den Briefwechsel, dass erst die

Getrenntheit Platz für Träume schuf. Diese Träume brauchen nicht unbedingt erfüllt zu werden – »die Briefe selber sind die Erfüllung«.[18]

Aber was macht diesen Briefwechsel so besonders? Die Briefe sind ein Zeugnis davon, wie zwei Frauen im Rahmen einer (Brief-)Freundschaft sich selbst und einander als Subjekte erschaffen. Und zwar in einer Zeit, in der Individualität für Frauen alles andere als selbstverständlich war.[19] In der Gesellschaft, in der Varnhagen und Wiesel leben, sind sie als Frauen – Varnhagen auch als Jüdin – Außenseiterinnen. Wenn sie in der Gesellschaft vorkommen wollen, müssen sie sich ihre Position erkämpfen, immer wieder neu. Ihr Platz ist nie sicher, sie sind als selbstbestimmte Subjekte nicht vorgesehen, ihre Erfahrungen und Perspektiven haben keinen Stellenwert, wie Varnhagen schreibt: »[…] wir sind […] *neben* der menschlichen Gesellschaft. Für uns ist kein Platz, kein Amt, kein eitler Titel da!«[20] Und gerade *weil* es für sie kein Amt und keinen Platz gibt, machen sie sich in ihren Briefen auf, dieser Gesellschaft ihre eigene Individualität, ihre eigene Wahrheit entgegenzuhalten.

Ähnlich beschreibt übrigens Christa Wolf die Freundschaft zwischen Karoline von Günderrode und Bettina von Arnim: Als deren beider Bedürfnis nach einem »ganzen Werden«.[21] Es geht also darum, als Person an der Freundschaft zu wachsen und sich gegen die an sie als Frauen gerichteten Erwartungen zu wehren, gegen die Anforderungen, anderen zur Verfügung zu stehen und dabei ihre eigene Individualität zu verlieren. Für diese Frauen war die Briefbeziehung ein Ort, an dem sie etwas Neues in sich und der anderen entstehen ließen.[22]

Rahel Levin Varnhagen und Pauline Wiesel malen sich in den Briefen immer wieder eine gemeinsame Existenz jenseits der damals vorgesehenen traditionellen Frauenrollen aus. Sie stellen sich vor, gemeinsam zu leben, unabhängig von Männern. »Weh, dass unser Leben wegrinnt, ohne dass wir zusammen leben!«, schreibt Wiesel. Ein anderes Mal: »Wir suchen uns also zu finden.«[23] Es ist faszinierend, wie sich die beiden Frauen mithilfe ihrer Korrespondenz ein Stück weit ein selbstbestimmtes Leben ermöglichen, wie sie sich intellektuell bereichern, sich freie Gedanken erlauben, aber auch emotionale Nähe. Ihre Beziehung erschöpft sich nicht darin, sich über Themen und Probleme auszutauschen, sie wollen mehr, als sich gegenseitig auf den neusten Stand in Bezug auf die eigene Lebensführung zu bringen. Vielmehr tauschen sie sich auch über die Freundschaft *selbst* aus, darüber, dass sie diese als Quelle für ihr Leben empfinden, die es ihnen ermöglicht, ihre Persönlichkeiten zu fördern.

Ich habe festgestellt, dass diese Briefe bei mir eine Art Sehnsucht nach Welt auslösen. Denn in dem schriftlichen Austausch geht es nicht nur um diese beiden Frauen, wir können auch mitverfolgen, wie zwei Menschen im Schreiben gemeinsam die Welt entdecken. Varnhagen und Wiesel suchen in ihren Briefen nach Möglichkeiten, sich die Welt zu erschließen und auf das Leben zu blicken.

Es erinnert mich an Situationen mit manchen Freundinnen, mit denen ich zuweilen im Café sitze: Oft sitzen wir uns nicht gegenüber, sondern Seite an Seite. Beim Sprechen blicken wir auf das Leben um uns herum, wir stehen in einem engen Bezug zueinander und sind dabei gleichzeitig dem Außen zugewandt. Es sind Momente, die von Intimität geprägt sind, von einer Nähe zueinander im Jetzt, die aber auch ein Streben woandershin beinhalten.

Ich würde sagen, dass in der Freundschaft zwischen Varnhagen und Wiesel eine Art weltorientierte Verbundenheit zum Ausdruck kommt. Ihre Verbindung strebt nicht das ineinander Aufgehen an, ihr Ziel ist nicht, eins zu werden, wie es oft in heterosexuellen Liebesbeziehungen idealisiert wird. Der Wunsch, eins zu werden in einer Beziehung, ist eine Idee, die für Frauen in heterosexuellen Beziehungen eigentlich vor allem bedeutet, ihre Ressourcen ständig zur Verfügung zu stellen. Die romantische Vorstellung, ineinander aufzugehen, meint in der Wirklichkeit, dass die Wünsche von Frauen hinter denen eines Ehemannes, hinter Kindern und familialen Kollektiven aufgelöst werden. In Varnhagens und Wiesels Beziehung geht es gerade nicht darum, das Ich aufzulösen in ihrer Beziehung, sondern *durch* die Bezogenheit zu einer anderen Frau ein eigenständiges Subjekt, ein Individuum zu werden. Mittels ihrer Freundschaft entwickeln sie Wünsche, Sehnsüchte und Lebenssinn.

Varnhagen und Wiesel begegnen sich als Ebenbürtige, und sie nutzen dabei den emanzipatorischen Charakter von Freundschaft: Die Freundschaft ist eine besonders freie und egalitäre Beziehungsform, sie ist nicht so sehr von festen Erwartungen, Normen, Interessen oder Hierarchien geprägt wie etwa Verwandtschaftsbeziehungen, Ehe, romantische Liebes- und Exklusivitätsideale oder geschäftliche Beziehungen. Die Freundschaft ist – wie kaum eine andere Beziehungsform – von Freiwilligkeit und Freiheit geprägt, sie ermöglicht eine Verbindung unter Gleichwertigen, sie ist eine Beziehung, in der Ebenbürtigkeit möglich ist, gerade auch unter Verschiedenen.[24]

Allerdings kam eine Freundschaft zwischen Frauen in der damaligen Zeit einer kleinen Revolution gleich, denn Freundschaft war »Männersache«. Freundschaft zwischen Frauen (auch zwischen Frauen und Männern) wurde in den historischen Freundschaftstheorien in aller Regel kategorisch ausgeschlossen. Freundschaft als Wert und gewichtige Verbindung konnte es, so die Überzeugung seit Aristoteles, nur zwischen Gleichen, also zwischen (wichtigen) Männern geben. Ungleiche, zum Beispiel Frauen, Sklavinnen und Sklaven, waren diesen Theorien zufolge weder in der Lage, sich gegenseitig noch den Männern als ebenbürtige Subjekte zu begegnen.

Der französische Philosoph Michel de Montaigne (1533–1592) etwa formuliert in seinen Schriften über die Freundschaft die Meinung,[25] dass zwischen Eheleuten keine Freundschaft möglich sei, weil die Verbindung zwischen Mann und Frau zum einen auf das Körperliche fokussiert wäre und weil ferner Frauen nicht genug Gesprächsstoff und intelligente Ideen zu bieten hätten. Er war der Ansicht, dass die weibliche Seele nicht »fest« genug sei, um Freundschaften einzugehen. Freundschaft ist Montaigne zufolge ein »geistiger Genuss« – und genau dazu seien Frauen nicht in der Lage.

Die männlichen Freundschaftsideale, wie sie unter anderen Montaigne formuliert, beschreiben Freundschaft als eine »Verschmelzung«, als ein Ineinanderfließen der Wünsche. Montaigne schreibt über seinen Freund Étienne de La Boétie, er habe sich in ihm verlieren und versenken wollen, es fühle sich in dieser Freundschaft so an, als bewohne eine Seele zwei Körper.

Das ist so ziemlich das Gegenteil von dem, was Rahel Levin Varnhagen und Pauline Wiesel anstreben: Die beiden Frauen wollen mittels ihrer Freundschaft nicht ihr Ich auflösen, sondern ein eigenes Ich *werden*. Dass die Männerfreundschaft demgegenüber immer wieder pathetisch als »ineinander aufgehen«[26] zelebriert wird, ist wohl auch darauf zurückzuführen, dass Männer in der Geschichte eher als Individuen betrachtet und anerkannt wurden – obwohl dieser Status längst nicht allen Männern zukam. Für den adeligen und später bürgerlichen Mann jedenfalls stellt das »Ineinander aufgehen« keine Bedrohung seiner Subjektposition dar, das Kollektiv eines Wir – ob nun in einer Freundschaft, einer Familie oder einer Ehe – frisst nicht seine Persönlichkeit auf. Varnhagen und Wiesel stellen mit ihrer weiblichen Freundschaft eine Provokation dar, weil sie erstens überhaupt Freundschaft beanspruchen, und weil sie diese zweitens nicht männlich praktizieren, das heißt, dass sie auch ihre Differenz, ihr unterschiedliches Person-Sein darin entwickeln und gerade nicht ineinander aufgehen.

Ich habe mich gefragt, inwiefern die von den männlichen Freundschafts-Denkern thematisierte Auflösung des eigenen Ichs auch eine verkappte narzisstische Komponente enthält: Das ineinander Aufgehen scheint auf den ersten Blick selbstlos, bei genauer Betrachtung ist es aber auch eine Metapher für eine gegenseitige Bespiegelung: Wir werden eins, weil wir gleich großartig sind. Anders ausgedrückt enthält die Metapher der Selbstauflösung die Vorstellung, dass Männer sich gegenseitig die eigene Großartigkeit spiegeln und darin eins werden. Das ineinander Aufgehen ist gewissermaßen Ausdruck einer Verlängerung und einer Bestätigung des eigenen Ich, der andere ist nur so großartig, so geistig und erhaben, weil *ich* es bin.

Aus meiner Sicht unterscheidet sich Varnhagens und Wiesels Freundschaftspraxis von den männlichen Freundschaftsideen also auch insofern, als dass sie weniger narzisstisch getrieben ist. Varnhagen definiert Freundschaft sozialer und relationaler. So heißt es in einem Tagebucheintrag von ihr, dass nur »der unser Freund sein kann, dem wir uns ganz zeigen dürfen…«.[27] Ich würde diese Stelle so interpretieren, dass gerade die Freundschaft es möglich machen soll, uns einander als *andere,* als *Verschiedene* und auch als Unperfekte zeigen zu können. In Varnhagens und Wiesels Briefen wird spürbar, dass sich die beiden Frauen im Zuge ihrer Beziehung immer wieder verändern, und zwar gerade deshalb, weil die Freundin nicht einfach »genau wie sie« ist, sondern eine *andere.*

Für Frauen muss es in dieser Zeit ein besonderes Wagnis gewesen sein, sich auf Veränderungen einzulassen, eine eigene Identität zu suchen und keine starren Rollen und Identitäten zu verkörpern. Man ahnt in den Briefen, dass Varnhagens und Wiesels Schreiben und ihre Sehnsüchte keine selbstverständliche Berechtigung in der Welt haben. Ihnen fehlt die männliche Gewissheit, eine Position zu besitzen, die es in einer Freundschaft lediglich zu bestätigen gilt. Aber vielleicht, denke ich, können wir diese unsichere weibliche Position auch positiv betrachten – und zwar damals wie heute: Die unsichere, weniger selbstgewisse weibliche Subjektposition enthält auch eine antinarzisstische Chance, in einem Gegenüber nicht einfach die Spiegelung des *Eigenen* zu suchen. Wenn man vom eigenen *Ich* nicht so sehr überzeugt, die eigene Position nicht so selbstverständlich ist, wenn das eigene Wollen und Fühlen immer wieder hinterfragt wird, entstehen Begegnungsmöglichkeiten, die tatsächlich relational sind. Es entwickeln sich Begegnungen, in denen wir fähig sind, die Besonderheit und Eigenheit von anderen wirklich zu sehen und zu schätzen. Andere sind dann nicht einfach dazu da, uns zu bestätigen.

Vielleicht ermöglicht also eine fragile Subjektposition, erfüllendere und interessantere Beziehungen zu führen? Silvia Henke stellt fest, und das finde ich eine sehr wichtige Beobachtung, dass die Briefe zwischen Varnhagen und Wiesel von Unbeständigkeit und Diskontinuität geprägt sind.[28] Ihre Freundschaft und ihre Sehnsüchte folgen keinen festen Bahnen, denn sie sind nie einfach selbstverständlich. Die beiden sind sich bewusst, dass es sich bei ihrem Traum von einem anderen, selbstbestimmteren Leben um eine ganz und gar unsichere Utopie handelt, um traumhafte, nicht fixierte Gebilde, die immer noch einmal bestätigt, vergewissert, neu begonnen werden müssen. Varnhagen schreibt: »Und träumen den Lebenstraum mit Bewusstseyn, dass wir zusammen träumen. noch Einmal.«[29] Henke zufolge ist in den Briefen diese Unsicherheit spürbar; die beiden Frauen vergewissern sich immer wieder von Neuem, dass es diese Beziehung gibt, dass sie eine Berechtigung hat. Diese Ungewissheit ist gleichzeitig eine Möglichkeit, einander *wirklich* zu sehen.

Frauenfreundschaft vor der Profanisierung bewahren

Welche Rolle spielt Freundschaft für uns heute? Welche Rolle spielt Freundschaft für Frauen? Wie leben wir in der heutigen Zeit Freundschaften zu anderen Frauen? Die Soziologin Erika Alleweldt hat sich mit diesen Fragen beschäftigt und dafür die Einschätzungen von Frauen aus drei verschiedenen Berufsgruppen in Deutschland untersucht: Journalistinnen, Sozialarbeiterinnen und Verkäuferinnen. Sie fand heraus, dass die Frauen in *allen* untersuchten Gruppen stark mehrfachbelastet sind und wenig Zeit für Freundschaften haben. Am wenigsten Freundschaften führen jene Frauen, deren Mobilität am meisten eingeschränkt ist: die Verkäuferinnen. Die befragten Verkäuferinnen bewegen sich in einem sehr engen Radius, ihre finanzielle, aber auch die familiäre Situation machen es kaum möglich, Freundschaften zu pflegen, sie können aus ihrem Alltag noch seltener aussteigen als die Journalistinnen oder Sozialarbeiterinnen. Ob und wie Frauen Freundschaften unterhalten, hängt maßgeblich von Zeit und Ressourcen ab, je prekärer sie leben, desto schwieriger ist auch die Pflege von Freundschaften.

Ein entscheidender Grund, warum es heutige Menschen schwer haben, Freundschaften zu leben, ist Alleweldt zufolge die »spätkapitalistische Entgrenzung der Erwerbsarbeit«.[30] Damit ist gemeint, dass Berufs- und Privatleben sich immer schwerer zeitlich, räumlich, inhaltlich und sozial voneinander trennen lassen. Insgesamt beobachtet die Soziologie seit den 1980er-Jahren eine Relevanzverschiebung hin zur Erwerbsarbeit, das heißt, Menschen richten mehr oder weniger ihre gesamte Lebensplanung an der Erwerbsarbeit aus. Der Beruf wird von den anderen Lebensbereichen immer weniger klar abgetrennt und wirkt überall hinein. Diese Ausdehnung der Erwerbsarbeit geht gleichzeitig einher mit einer zunehmend individualisierten Lebensgestaltung, das heißt, standardisierte Lebensverläufe, klare Rollenzuschreibungen, verbindliche Werte und Normen nehmen insgesamt ab (natürlich haben dabei nicht alle Menschen gleich viele Wahlmöglichkeiten).

Das klingt einerseits nach mehr Freiheit und Möglichkeiten, andererseits bewirken diese Flexibilisierungen aber auch Prozesse der Desintegration. Menschen ziehen öfter um als früher, etwa wegen eines Jobs. Alleweldt beobachtet im Alltag der von ihr untersuchten Frauen eine Zunahme von Multitasking und eine wachsende Fragmentierung von Tätigkeiten, es tun sich Entscheidungsprozesse in der Alltagspraxis auf, die immer komplexer werden und dadurch mehr Zeit verschlingen.

Die modernen Anforderungsstrukturen und die häufig wechselnden Lebens- und Arbeitsumstände bewirken, dass wir Freundschaften eher temporär eingehen. In den immer wieder neu geknüpften Beziehungen lässt sich nicht mehr so leicht auf gemeinsame Erfahrungen zurückgreifen (gemeinsame Schulzeit, Studium, Ausbildung usw.). Menschen sind durch Neuanfänge immer wieder auf sich allein gestellt und dazu angehalten, den eigenen Lebensweg aus sich selbst heraus zu entwickeln. Das kann einerseits Gestaltungsspielräume beinhalten, wenn die beruflichen und privaten Rahmenbedingungen günstig sind und auf genügend Ressourcen zurückgegriffen werden kann. Es können sich aber auch ein permanenter Zustand des Getriebenseins und große Zeitnot einstellen, wie Alleweldt schreibt:

> »Im Extremfall ist man gleichzeitig damit beschäftigt zu arbeiten, sich weiter zu qualifizieren, sich nach einem neuen Job umzusehen, seine Freizeitaktivitäten zu koordinieren und soziale Kontakte zu pflegen, die gleich auch dem für das berufliche Fortkommen immer wichtiger werdenden Networking dienen.«[31]

Die zunehmenden Planungs- und Synchronisationsleistungen lassen den Horizont des Lebens Alleweldt zufolge auf den einer permanent überfordernden, ständig prekären Gegenwart schrumpfen. »Keine Zeit zu haben« wird zum Grundgefühl dieser Gegenwart. Luc Boltanski und Ève Chiapello weisen in ihrer Analyse eines »neuen Geistes des Kapitalismus« darauf hin, dass der sogenannte »Netzwerkkapitalismus« von uns verlangt, gute Beziehungen zu haben.[32] Die Individuen sind ständig besorgt, dass sie entweder nicht genug neue Beziehungen knüpfen oder nicht die richtigen. Oder dass sie ihre alten Beziehungen vernachlässigen oder die falschen pflegen könnten. Ein Mangel an Kontakten wird im Kontext des Netzwerkkapitalismus als sozialer Tod betrachtet. Sowohl im persönlichen als auch im beruflichen Leben scheint es eine Verpflichtung zu geben, ein aktives Netzwerk zu pflegen. Freundschaften werden so zu einem Mittel, um Vorteile zu maximieren, sie unterliegen zunehmend der Prämisse zeitlicher und ökonomischer Effizienzüberlegungen.

Das hat zur Folge, dass die Unterscheidung von Arbeitsbeziehungen und persönlichen Freundschaften sich zunehmend auflöst und sich auch im Privaten ein von Nutzenkalkül geprägtes Beziehungsverhalten breitmacht. Alleweldt beobachtet eine paradoxe Gleichzeitigkeit von Kontaktüberdosis und sozialer Isolation: Menschen haben einerseits ein Übermaß an Beziehungen – Alleweldt spricht von »Kontaktinfarkt«.[33] Andererseits erleben viele Menschen Einsamkeit, weil es sich bei vielen Beziehungen oft nicht wirklich um nährende oder verbindliche Kontakte handelt.

Diese Entwicklungen haben auch geschlechtsspezifische Effekte. Heutige Frauen gestalten ihre Freundschaften zunehmend nutzenorientiert. Zwar haben sie insgesamt mehr Handlungsspielräume als früher, ihre Bildungs- und Berufsmöglichkeiten haben sich erweitert. Aber die neuen Möglichkeiten können auch eine Zunahme von Belastungen bedeuten. Die Soziologin Ursula Nötzoldt-Linden kommt zum Schluss, dass Frauen in der Gegenwart durch ihr Vordringen in Beruf, Politik, Forschung und Kultur einerseits mehr und vielfältigere Beziehungen haben. Andererseits ist jedoch ihr Pensum bei der Familienarbeit gleich geblieben. Frauen tragen tendenziell noch immer eine Art »vormoderne Bürde«, weil sie zur alltäglichen Lebensführung auf die Mithilfe anderer Frauen bzw. Freundinnen zurückgreifen (müssen) und damit implizit traditionelle Welten erhalten, auch wenn sie diese gerade zu überwinden versuchen.[34]

Anders ausgedrückt: Um alles unter einen Hut zu bekommen, müssen Frauen meist auf die Unterstützung von Frauen aus ihrem Umfeld und ihrer Familie zurückgreifen. Diese Frauenunterstützungs-Systeme durch Freund:innen, Großmütter, Nachbarinnen, andere Mütter sind einerseits wertvoll, andererseits handelt es sich aber auch um stark verpflichtende Beziehungen, die mit neuen Zwängen und Pflichten einhergehen. Diese Art Beziehungen sind doch etwas anderes als Freundschaften, die aus anderen Motiven geführt werden – aus Interesse, Liebe, Freude oder gegenseitiger intellektueller Inspiration. Letztlich verweisen die zahlreichen Rückverpflichtungsbeziehungen, die Frauen, besonders Mütter, führen, auch auf einen eklatanten Mangel an öffentlicher oder männlicher Unterstützung bei der Bewältigung komplizierter Lebensbedingungen und der Durchsetzung neuer Lebenskonzepte.[35]

Am ehesten haben Frauen vielfältige Beziehungen, wenn sie älter sind. Aber auch hier spielen räumliche Distanz und Nähe eine entscheidende Rolle: Frauen mit mehr Bewegungsmöglichkeiten (also mehr Geld), haben mehr Freund:innen. Frauen, die stark isoliert sind, etwa in ländlichen Regionen mit wenig Mobilitätsmöglichkeiten, haben weniger Freund:innen und Mühe, Freundschaften aufrechtzuerhalten, wenn sie schlecht erreichbar sind (etwa nicht per ÖV). Erreichbarkeit trägt maßgeblich zur Aufrechterhaltung von Freundschaften bei.

Ich habe im Brief an meine Freundin ausgeführt, warum die Freundschaft für Frauen auch heute emanzipatorische Kraft haben kann: Zum einen, weil sie es ermöglicht, die eigene Persönlichkeit weiterzuentwickeln, die eigenen Wünsche und Sehnsüchte zu formulieren, ein Verhältnis zur Welt einzunehmen und sich die »Seele auszufüllen«.[36]

Freundschaft ist aber auch deshalb emanzipatorisch, weil sie die zwanghafte Orientierung an der romantischen Liebesbeziehung lockert. Wenn wir den Liebesbegriff ausdehnen und der Freundschaft einen ähnlichen Stellenwert wie unseren romantischen Liebesbeziehungen einräumen, wenn wir unsere Sehnsüchte in verschiedenen »Liebesfreundschaften« ausleben, werden romantische Paarbeziehungen weniger überfrachtet. Die Liebesfreundschaft entlässt uns aus dem Zwang, »den Richtigen« zu finden oder die »eine große Liebe«. Frauenfreundschaften haben demnach eine Patriarchats-unterminierende Kraft, denn sie ermöglichen, dass Frauen ihre Orientierung an Männern und an einengenden, einseitigen Liebesmodellen lockern. Ich denke, es ist tatsächlich ein Kernelement feministischer Praxis, die Frauenfreundschaft vor der Profanisierung zu bewahren. Frauenfreundschaften ermöglichen es, freier zu sein, sie können Liebesvariationen sein und die Selbstverwirklichung befördern. Silvia Bovenschen plädierte dafür, dass wir die Freundschaft aus der »Kalenderblattbetulichkeit« befreien[37] und sie zu einem beunruhigenden und aufregenden, ja verheißungsvollen Thema machen.

Freundschaft als politische Verheißung

Ich stelle mir manchmal vor, wie historische Frauen wie Rahel Levin Varnhagen wohl heute wären. Was täten sie? Wäre Varnhagen Autorin? Mit Hunderttausenden Followern auf Instagram? Wäre sie Aktivistin? Varnhagen hat ihre Schriften sorgfältig für die Veröffentlichung kuratiert, sie hatte ein Sendungsbewusstsein und einen gesellschaftspolitischen Anspruch, sie wollte, dass ihre Gedanken und ihre Freundschaften öffentlich werden. Indem sie die Freundschaft aus ihrer Beschränkung auf das Private löste und mit der Öffentlichkeit teilte, machte sie das Private zum Politischen.[38]

Bei Varnhagen ist Freundschaft mehr als eine private Realisierung von Glück, Freundschaft enthält bei ihr auch eine gesellschaftspolitische Verheißung, das Versprechen, Beziehungen ohne Hierarchien zu führen und ein Subjekt zu werden. Freundschaft ermöglicht Beziehungen, in denen Menschen sich auf

Augenhöhe begeben und beanspruchen, ernst genommen zu werden – all das waren Dinge, die Frauen zur damaligen Zeit nicht selbstverständlich zugestanden wurden. Die Freundschaft war also auch ein Mittel, sich selbst und andere zu Gleichwertigen zu machen in einer tief hierarchisch geprägten Gesellschaft.

Nicht nur Pauline Wiesel gegenüber, sondern auch in zahlreichen anderen Korrespondenzen und nicht zuletzt in ihren Salons versuchte Varnhagen, enthierarchisierte Formen von Beziehungen zu praktizieren. Indem sie sich gegenüber Männern wie Frauen als Freundin positionierte, beanspruchte und verfolgte sie Gleichwertigkeit. Das zeigt sich auch an ihrem Spiel mit männlichen und weiblichen Wortformen. Heidi Thomann Tewarson analysiert,[39] dass Varnhagen sich in vielen Briefen in der maskulinen Form als »Freund« bezeichnet. Mit dieser Selbstbezeichnung macht sie Thomann Tewarson zufolge einerseits klar, dass ihr bewusst ist, dass »große Freundschaft« eigentlich Männern vorbehalten ist – andererseits sortiert sie sich damit quasi widerständig in etwas ein, das Frauen nicht gebührt. Auch von ihren Liebhabern forderte Varnhagen eine freundschaftliche Gesinnung und strebte damit nach einer egalitären Beziehung. Sie bestand auf einem Freundschaftsverhältnis, auch zu ihrem späteren Mann Karl August Varnhagen.

Das Spiel mit Geschlechterrollen betreibt sie, wie Thomann Tewarson zeigt, auch an anderer Stelle, wenn sie etwa ihre Schwägerin Henriette immer wieder »Hans« nennt, ihre Freundin Friederike Liman als »Franz« bezeichnet und ihren zukünftigen Ehegatten Karl August Varnhagen mit »liebe Guste« adressiert. In einem Brief von Friedrich Gentz schreibt dieser an Varnhagen: »Sie sind ein grosser Mann.« Thomann Tewarson zufolge zeigen diese Wortspiele, dass sowohl Varnhagen als auch ihren Freund:innen klar gewesen sein muss, dass sie nicht in die vorgeschriebenen Geschlechterrollen passt, wie Varnhagen an einer Stelle selbst schreibt: »Für den ersten Blick haben auch meine Blätter nicht das Ansehen, von einer Frau herzurühren: aber will man sie, bei einem zweiten, einem Manne zuschreiben, so geht das noch weniger.«[40]

Varnhagen zufolge ist die Freundschaft, ist der »Geselligkeitstrieb« die höchste »Menschenaufgabe«.[41] Dabei ist die Freundschaft nicht nur dazu da, private Probleme zu besprechen, Emotionen, Bedürfnisse nach Anerkennung, Nähe und Unterhaltung zu stillen, sondern darüber hinaus setzt Varnhagen auch politische Hoffnung in die Freundschaft. Denn die Freundschaft enthält, wie Thomann Tewarson feststellt, die Möglichkeit, zwischenmenschliche Beziehungen zu demokratisieren.[42] Freundschaft spiegelt die Hoffnung auf ein besseres Leben, in dem Menschen sich als Gleichwertige begegnen. Varnhagen hat dieses bessere Leben in ihren Salons erprobt, dort wurden weniger normative und vor allem weniger hierarchisierte Umgangsformen jenseits von Rang und Stand ausprobiert. Praktiziert wurden Beziehungen, die ihrer Zeit voraus waren, die freier, egalitärer und gemischter waren. In den Salons versucht Varnhagen, offene Häuser zu gestalten, in denen sich Adlige und Bürgerliche, Christen und Juden, Männer und Frauen, Beamte und Künstler:innen ebenso wie Besucher:innen aus verschiedenen Ländern treffen.

Freundschaft ist bei Varnhagen eine Praxis, die die Hoffnung auf ein besseres, ein gerechteres und demokratischeres Leben beinhaltet. Sie schließt die Möglichkeit ein, trotz allem, trotz Machtstrukturen, trotz gesellschaftlicher Krisen und Katastrophen an einer positiven und hoffnungsvollen Idee eines gemeinsamen Zusammenseins von Menschen festzuhalten. Die Freundschaft kann Menschen vor der dystopischen Weltuntergangsstimmung bewahren, sie ist in der Lage, uns den Willen und die Kraft zu bewahren, uns, wie Thürmer-Rohr formuliert,[43] in einer zerstörbaren Welt zu bewähren und einen »Weltbezug« aufrechtzuerhalten. Die Freundschaft hilft uns, der Indifferenz und der Unhoffnung zu entgehen.

Aus meiner Sicht ist das ein wichtiger Gedanke, dass die Freundschaft in ihrer Grundstruktur eine Beziehung der Hoffnung ist – auch in einem politischen Sinne. Bovenschen zufolge wohnt der Freundschaft ein im Kern positives Verhältnis zu den Menschen inne, eine »positive Betrachtung des Lebens«,[44] anders ausgedrückt: Wer Freundschaften pflegt, entscheidet sich ein Stück weit für eine positive Haltung dem Leben und den Menschen gegenüber. Freundschaften zu leben bedeutet, dass wir daran glauben, dass andere gut sind und es gut mit uns meinen.

Solange wir Freundschaften leben, haben wir Hoffnung, dass es eine Welt geben kann, in der Menschen einander wohlgesonnen sind und miteinander leben wollen.

Freundschaft beinhaltet die Freiheit, verschieden zu sein

Ich möchte die hoffnungsvollen und wärmenden Gedanken über die Freundschaft zum Schluss noch etwas vertiefen. Dazu greife ich auf die Freundschaftstheorie von Christina Thürmer-Rohr zurück, die sie in ihrem Essayband »Fremdheiten und Freundschaften« entwickelt.[45] Ausgang von Thürmer-Rohrs Überlegungen ist im Anschluss an Hannah Arendt, dass wir in diese Welt als Neuankömmlinge und Fremdlinge hineingeboren werden, wir alle leben dieses Leben zum ersten Mal, wir wissen nicht, wie es geht, wir werden ohne Gebrauchsanweisung hineingeworfen. Und zwar als *Verschiedene.* Alle Menschen sind anders, wir sind keine Einheit von Gleichen, sondern plural, einander immer fremd. Wir sind nie wie jemand anderes, wir weilen immer unter Menschen, von denen »keiner je einem anderen gleicht, der einmal gelebt hat oder lebt oder leben wird« (Arendt).[46]

Dieses (einander) Fremdsein versuchen wir nun andauernd zu eliminieren, zum Beispiel mit Konstrukten wie Volk, Familie, Verwandtschaft, »Kultur« oder Nation. Indem wir diesen Gebilden eine vereinheitlichende Kraft, Bedeutung und Natürlichkeit zuschreiben, versuchen wir, unser ursprüngliches Fremdsein und Alleinsein zu überwinden. Dabei handelt es sich auch um toxische Konstrukte, die Ausschlüsse, Homogenisierungsdruck und Einheitszwang enthalten. Demgegenüber ist, wie Thürmer-Rohr ausführt, die Freundschaft ein anderes Gemeinschaftsmodell, denn sie basiert auf der Idee, sich auf antihierarchische Weise unter Menschen zu begeben. Und zwar freiwillig und selbst gewählt.

Ganz ähnlich klingt dieses demokratische Potenzial von Freundschaft schon bei Rahel Levin Varnhagen an. Thürmer-Rohr hat es noch mal deutlicher ausbuchstabiert: Freundschaft ist eine Beziehung, in der man nicht qua verwandtschaftlicher Bindung oder nationaler Zugehörigkeit in einer Pflicht steht, auch nicht in einer hierarchischen Anordnung (Ehefrau gegenüber Ehemann, Kind gegenüber Eltern usw.). Freundschaft bedeutet vielmehr, sich aus eigener Entscheidung und aus Interesse unter andere, verschiedene Menschen zu begeben. Thürmer-Rohr schreibt:

> »Während Familien bleiben, auch wenn die Mitglieder sich zerstreiten, müssen Freundschaften aktiv gesucht, gepflegt und erhalten werden. Sie können aufgekündigt werden, können sich auflösen, sich verändern oder neu finden. Sie beruhen auf der freien Wahl *anderer* Menschen und bleiben unabhängig von mitgebrachten Ausstattungen durch Blutsbande, Geburt, Abstammung oder verwandtschaftliche Tradition.«[47]

In der Freundschaft können und dürfen wir uns, auch das ist Teil ihrer Freiheit, ein Stück weit Fremde bleiben, es gibt weniger Zwangsvereinheitlichung und Kollektivhaft. Sie ist als Gemeinschaftsmodell freier, weil sie die Unterschiedlichkeit zwischen Menschen nicht aufzulösen trachtet. Die Freundschaft kann das Anderssein, die Mehrdimensionalität von Sichtweisen, Erfahrungen und Perspektiven besser zulassen. Wir können also, wenn ich Thürmer-Rohr und ihre Ausführungen zu Arendt richtig verstehe, in der Freundschaft authentischer das sein – das heißt, wir können zulassen –, was wir als Menschen in dieser Welt ohnehin sind: Fremde, anders als andere. Es gibt keine Gemeinschaft, keine Nation, keine Familie, die diese Erfahrung des Getrenntseins wirklich aufheben könnte, auch wenn wir es noch so sehr versuchen oder beschwören. Es kann niemals ein umfassendes »Ich kenne Dich« oder ein innigliches »Du bist wie ich« geben, wir verschmelzen nie und stimmen nie überein, weil wir immer Verschiedene sind.

Und doch, wenn wir uns verbinden, können wir das am freiesten in Freundschaften tun. Die Freundschaft ermöglicht es, wie Thürmer-Rohr im Anschluss an Arendt ausführt, mehr als andere Beziehungsmodelle, Verbindungen einzugehen, ohne die Andersheit von uns selbst und von anderen zu eliminieren, ohne Einheit herstellen zu müssen. Hannah Arendt benutzt die Freundschaftsmetaphorik als Ausgangspunkt für ihre Ideen über das Politische und über den politischen Raum. Aus dem Freundschaftsgedanken heraus entwickelt sie ihre Vorstellung, was Demokratie, was ein Gemeinwesen idealerweise ist. Natürlich gibt und gab es an Arendts Ideen auch Kritik, aber mir geht es hier nicht um eine Auseinandersetzung mit ihrem Politikverständnis, sondern darum, das emanzipatorische Potenzial der Freundschaft auszuloten. Wenn ich Thürmer-Rohr richtig verstehe, sieht sie im Freundschaftsmodell eine spezifische Qualität der Begegnung, die das unaufhebbar Verschiedene zwischen Menschen nicht aufzuheben trachtet, sondern diese Verschiedenheit und Fremdheit sogar braucht.

In der Freundschaft können Menschen einander die Andersheit erlauben, ja, mehr noch: *ermöglichen.* Sie können sich gegenseitig zu Subjekten machen und nicht zu Zugehörigen einer homogenen Gruppe. Kurzum: Wenn wir Fremdheit nicht aufheben müssen, können wir uns wirklich als Verschiedene begegnen, und das macht frei.[48]

Vielleicht könnte man sagen: Es geht in der Freundschaft auch um die Kunst des Abstands, darum, der kindlich homogenisierenden Sehnsucht nach vollkommener Identifikation, Verschmelzung und Zugehörigkeit zu widerstehen und stattdessen den »Abstand zu verehren zwischen einem selbst und dem, was man liebt« (Simone Weil).[49]

Thürmer-Rohr will ihr Plädoyer für die Verschiedenheit jedoch nicht als naiven Pluralismus missverstanden wissen, es geht ihr nicht um die simple Botschaft: Wir sind alle so schön verschieden, »ich bin so«, und »du bist so«, aber »hey, am Ende sind wir doch alle Menschen, ich bin ein Mensch wie du! Und du bist ein Mensch wie ich!«. Der naive Pluralismus enthält in der gemeinsamen Identifikation als »Menschen« oft *doch* eine homogenisierende Geste und will Fremdheit überwinden. Thürmer-Rohr zufolge liegt diesem Pluralismusgedanken oft ein aneignender Gestus zugrunde: »Du bist ein Mensch wie ich« macht die anderen letztlich zum Teil meiner selbst. Thürmer-Rohr kritisiert diesen Gestus als narzisstische Selbstausdehnung, als eine grenzenlose Verallgemeinerung und Verabsolutierung des Ich. Zu sagen: »Du bist ein Mensch wie ich« bedeutet dann, dass wir andere uns gleich machen – diesen Gestus habe ich weiter oben auch in Montaignes Freundschaftsidealen herausgearbeitet.

Anders ausgedrückt nimmt sich das »Ich« in einem solchen Pluralismus selbst zum Maßstab, das »Ich« wird zum Ausdruck des allgemeinen Menschseins. Das raubt den anderen ihre Eigenständigkeit. Die Referenz auf das gemeinsame Menschsein kann uns nicht von der Arbeit entbinden, uns auf den immer bleibenden Rest an Fremdheit und Verschiedenheit einzulassen.[50]

Wir müssen einem naiven Diversitätsgedanken gegenüber kritisch bleiben, weil die Gefahr besteht, erneut zu vereinheitlichen. Das politische Versprechen der Freundschaft ist radikaler: In der Freundschaft können *Verschiedene* aufeinander bezogen sein und einander zum Gegenüber werden lassen, damit hält die Freundschaft die wichtige positive Hoffnung aufrecht, dass wir uns in der Welt ansiedeln und in ihr heimisch sein können – und zwar als Fremde.

Das Verheißungsvolle der Freundschaft besteht also darin, dass wir unser Gefühl, uns fremd zu fühlen, gar nicht loswerden oder überwinden müssen. Menschen tun oft gewaltvolle Dinge, wenn sie versuchen, ihr Gefühl der Fremdheit und der Einsamkeit auszulöschen, indem sie Gemeinschaftsideen von Nation, Volk, Ethnie oder andere Zugehörigkeiten konstruieren.

Natürlich kann Zugehörigkeit auch in einem emanzipatorischen Sinne gegen Unterdrückung genutzt werden, aber die Gefahr der erneuten Ausschlüsse und Grenzziehungen besteht allemal. Das Modell der Freundschaft beinhaltet nun gerade die Möglichkeit, uns in der Welt verbinden zu können, ohne eine Einheit werden zu müssen. Wir können unter Menschen weilen und doch frei bleiben. Wir können eine Verbindung zu Menschen eingehen, ohne den Rest an Unüberbrückbarkeit auflösen zu müssen, wir können andere sein und uns trotzdem anvertrauen.

Der sokratische Anspruch an die Freundschaft ist es, dass sie einen gemeinsamen Bezug zur Welt ermöglicht. Wenn wir als Fremde und Verschiedene Interesse *aneinander* haben, haben wir auch Interesse an der Welt. Wenn wir uns anderen als Verschiedene wirklich zuwenden können, ist das immer auch eine Hinwendung zur Welt. Oder um es etwas einfacher zu sagen: In der Freundschaft wird im Kern die Freude an anderen möglich. Und damit auch die Freude an einer gemeinsam geteilten Welt. Freundschaft zu leben bedeutet, auf die Welt bezogen zu sein.

Ich denke, dass Freundschaft also die Verheißung in sich trägt, uns eine nicht gleichgültige, hoffnungsvolle Lebenshaltung zu bewahren, bei der uns an der Welt und an den Menschen, an einer Gesellschaft der vielen etwas liegt.

2 FRAUENBEZIEHUNGEN IN FAMILIEN

»Es gibt in unserer Familie eine genealogische Linie der Frauen: Wir haben eine Mutter, eine mütterliche Großmutter und Urgroßmutter und Töchter. [...] Wir sollten versuchen, unsere Position so zu bestimmen, dass wir unsere Identität in dieser weiblichen Genealogie wiederfinden und bewahren. Entsprechend sollten wir nicht vergessen, dass wir bereits eine Geschichte haben, dass Frauen in der Geschichte – selbst wenn es auf kultureller Ebene schwierig war – Spuren hinterlassen haben, und dass wir sie allzu häufig nicht kennen.«[1]

(Luce Irigaray 1998)

Liebe Tante,

verzeih mir, dass ich dich so altbacken »Tante« nenne, es wird dir vermutlich nicht gefallen. Denn du bist tatsächlich nicht, was man sich traditionellerweise unter einer »Tante« vorstellt. Aber verwandtschaftlich gesehen bist du meine Tante. Und so wurdest du auch in meiner Familie genannt: »Tante R.« Du warst »die Tante aus Berlin« mit der roten Lederjacke und den großen expressionistischen Postern an den Wänden. Unsere Begegnungen spielten sich zunächst in einem bestimmten Rahmen von Familienanlässen und Familienabläufen ab. In all den Jahren hat sich das gewandelt, unsere Beziehung wurde eine eigenständige.

Ich erinnere mich an unser letztes großes Familienfest bei dir im Garten. Es war ein warmer Tag im Sommer, viele von uns hatten sich Jahre, Jahrzehnte nicht gesehen. Es war keine leichte Sache gewesen, diese Zusammenkunft zu planen. Unsere Familie ist kompliziert. Aber alle Familien sind das. Mein Vater filmte das Fest mit einer Kamera. Als du später die Aufnahmen sahst, warst du empört, weil die Männer im Zentrum standen, deine Brüder. Du selbst kamst kein einziges Mal vor, obwohl du doch die Gastgeberin warst an diesem Tag. Im Film gaben die Männer großspurig philosophische Gedanken und pathetische Erinnerungen von sich, auch dem früh verstorbenen Großvater wurde gehuldigt.

Du bist 1946 geboren, ich 1978. Unsere Familie ist nicht besonders traditionell oder patriarchal. Ihr wart Teil der 1968er-Bewegungen, alle irgendwie links, marxistisch, New Age, künstlerisch veranlagt. Ich empfand dich und deinen Mann immer als gleichberechtigtes Paar, beide berufstätig, beide habt ihr euch um den Sohn gekümmert. Dein Mann war aktiv im »Kinderladen«, das war in den 1970er- und 1980er-Jahren in Deutschland eine von Eltern selbst organisierte, antiautoritäre Struktur für die Betreuung von Kindern. Das Modell »bürgerliche Hausfrau« war bei euch out, bei eurer Hochzeit hast du selbstverständlich deinen Mädchennamen behalten.

Und doch werden in unserer Familie Filme gedreht, in denen die Frauen kaum vorkommen. Auch bei uns werden Familienereignisse eher aus der Sichtweise von Männern erzählt. Natürlich erzählen auch die Frauen viel, sie wissen oft sogar mehr über die Vergangenheit, aber die »Großerzählungen«, die sich alle merken, sind oft jene, in denen die Männer im Mittelpunkt stehen. Der Vatername markierte eine Generation und dann die nächste. Auch bei uns ist das so. Die Familie erhielt ihren Status und ihr Ansehen über Großväter und Väter. Es sind die Aufzeichnungen, Tagebücher und Gedichte des Großvaters und des Vaters, die erhalten sind, von denen Abdrucke an alle verteilt wurden. Insgesamt ist mehr über die väterlichen Linien bekannt, man weiß Dinge über die Männer. Den Männern gegenüber ist man, wie mir scheint, wohlgesonnen, sie wurden mehr geachtet, mehr beachtet *– auch in der Familie meiner Mutter ist das so. Bei der mütter-*

lichen Linie tappen wir im Dunkeln. Die Frauen sind blasser, auch konfliktbeladener. Allerdings sind die Konflikte und Schwierigkeiten nicht ausgesprochen, die weiblichen Geschichten spürt man mehr durch ihre Auslassung.

Es gibt also eine Art Männerliebe in unserer Familie. Man muss das natürlich im gesellschaftlichen Kontext sehen: Männer sind nicht nur innerhalb der Familie, sondern insgesamt beliebter. Wir leben auch heute in einer Gesellschaft, in der wir unsere Gefühle, unsere Begeisterung und Aufmerksamkeit stark auf das Männliche hin ausrichten, sowohl Männer wie auch Frauen lernen, Männer zu bewundern. Wir alle lernen, die Dinge, die Männer tun, für wichtiger, lustiger, interessanter zu halten.

Wusstest du, dass Männer einen wohlwollenderen Blick auf andere Männer haben als Frauen auf andere Frauen? Dieser Umstand wurde in mehreren Studien belegt. Männern wird beigebracht, andere Männer zu verehren, sich mit ihnen zu identifizieren und zu verbinden. Die Begeisterung, die Männer anderen Männern entgegenbringen, beim Fußball, in der Politik, der Kunst, wird eine Frau kaum je erhalten. Männer lernen, Männer zu bewundern, zu ehren, sich auf sie zu beziehen. Männer lernen: Die wichtigen Dinge kommen von Männern: Status, Macht, Geld, Einfluss – aber auch der Kanon der Kunst, Philosophie und Musik ist (immer noch) männlich.

Auch wir Frauen übernehmen oft die Begeisterung für Männer, indem wir zum Beispiel unsere Söhne anhimmeln oder gar bevorteilen. Oder unsere Ehemänner, Väter, Großväter. Was erhoffen wir uns davon? Dass sie uns besser behandeln? Ich glaube, es geht mehr darum, dass wir uns unbewusst erhoffen, dass ein wenig Glanz und Status von ihnen auf uns abfärbt.

Natürlich waren und sind Frauen oft ökonomisch von Männern abhängig, bis vor nicht allzu langer Zeit durften Frauen noch nicht mal ein eigenes Konto haben, und sie durften ohne die Erlaubnis des Mannes nicht berufstätig sein. Ihnen blieb also gar nichts anderes übrig, als sich in die Gunst der Männer zu stellen.

Wie viele starke, selbstbewusste Frauen dulden Machoverhalten von ihren eigenen Söhnen! Du hast mir berichtet, wie die mütterliche Sohnverehrung bei euch zu Hause ablief. Besonders dem ältesten Sohn gegenüber, deinem Bruder, der das größere Stück Fleisch erhielt und ein eigenes Zimmer hatte, während alle anderen sich engen Raum teilen mussten. Und dass die Mutter ständig seine Meinung einholte, als ob sie selbst sich nicht zutraute, eine eigene zu entwickeln. Und dass sie ständig davon redete, was ihr Sohn gerade machte, dachte, was er wohl sagen würde, was er plante. Okay, es waren die 1950er- und 1960er-Jahre, in diesen bürgerlichen Nachkriegsfamilien waren die Söhne oft auch einem unheimlichen Druck ausgesetzt. Trotzdem: Deine Schwester und du konntet in eurer Familie nicht auf dieselbe Art mütterliche Toleranz, Bestätigung und Zuspruch hoffen.

Ich erinnere mich daran, wie auch ich mich als kleines Mädchen der Männerverherrlichung anschloss. Als Lehrer unterrichtete mein Vater Jugendliche zwischen 16 und 20 Jahren. Wir kannten seine Schüler:innen und hatten oft mit ihnen zu tun. Aber mein kleiner Bruder und ich waren nur auf die Jungs fixiert. Wir liebten sie, wir wollten mit ihnen zu tun haben, sie waren aus unserer Sicht cool, interessant, lustig. Zwar haben uns vor allem Mädchen gehütet, aber an sie habe ich kaum Erinnerungen. Diese Mädchen sind vollständig verblasst. Wenn aber einer der jungen Männer da war und mit uns spielte, waren wir außer uns, aufgedreht, beseelt. Sie waren Stars. Meine Gefühle waren warm und voller Begeisterung, die jungen Männer versprachen Abenteuer und Schabernack, während die jungen Frauen brav das von meinen Eltern angewiesene Babysitterprogramm mit Vorlesen und rechtzeitig ins Bett bringen befolgten.

Diese größere Beliebtheit von Männern treibt mich auch heute noch um. Denn wie mir scheint, hat sich seit meiner Kindheit nicht viel verändert. Auch die Kinder von heute sind oft Fans von jugendlichen Jungs. Meine Tochter beschwerte sich vor Kurzem darüber, dass ihre kleinen Cousins und Cousinen in Entzücken verfallen, sobald ihr großer Bruder oder ihr Freund auftauchen. Spielen sie vorher noch begeistert mit meiner Tochter, verlieren sie das Interesse, sobald ein junger Mann auftaucht.

Warum ist das so? Was hat der junge Mann im Unterschied zur jungen Frau zu bieten? Ich vermute, dass der junge Mann – überhaupt: der Mann – das Privileg ausstrahlt, »frei« zu sein, jedenfalls freier als Frauen. Er muss sich zum Beispiel nicht so genau an Familienregeln oder andere Regeln halten – er ist halt ein (junger) Mann! Er kann ein wenig über die Stränge schlagen, zu spät kommen, laute Witze machen, auf dem Sofa lümmeln, das Geburtstagsgeschenk für die Großmutter vergessen. Der junge Mann spielt mit Kindern Verstecken und wirft sie hoch in die Luft – obwohl das doch gefährlich ist! Der junge Mann kann den Kindern Pommes und ungesunde Süßigkeiten kaufen und mit ihnen zu laut durch den Flur toben. Es wird nicht negativ auf ihn zurückfallen. Denn es ist doch so toll, so toll (!), dass er sich überhaupt mit den Kleinen beschäftigt!

Mädchen und Frauen strahlen dieses Freiheitsversprechen nicht aus, sie sind in ihrem Pflicht- und Verantwortungsauftrag gefangen. Unordnung, Unpünktlichkeit, Unzuverlässigkeit fällt auf Frauen und Mädchen negativer zurück als auf Männer. Mädchen setzen viel aufs Spiel, wenn sie die Babysitterregeln nicht befolgen. Sie wissen: Wenn sie über die Stränge schlagen, wird es ihnen übel genommen, wenn sie Sachen nicht wegräumen, nicht mithelfen, sich nicht um das Wohlergehen anderer kümmern oder die Rituale stützen, die Gemeinschaft strukturieren, machen sie etwas falsch. Mädchen lernen früh: Eine Frau, die nachlässig ist, ist eine schlechte Frau.

Du, liebe Tante, warst als junge Frau keine radikale Feministin, aber du hast feministisch gehandelt. Mit deinen Freundinnen hast du in den 1960er-Jahren einen Film gedreht, in dem ihr euch als Männer verkleidet habt. Es handelte sich um eine Art Drag-Performance, auch wenn ihr es nicht so nanntet. Mit viel Liebe fürs Detail habt ihr euch Kostüme übergestreift, Bärte geschminkt und seid losgezogen. Den Film gibt es noch, wir haben ihn vor ein paar Jahren zusammen angeschaut, und dich überkam auch als heute über 70-jährige Frau immer noch diese erschütternde Erkenntnis, wie radikal anders es sich anfühlt, als Mann wahrgenommen zu werden. An einer Stelle im Film sitzt ihr in euren Männerkostümen um einen Tisch, es wirkt wirklich sehr echt, als ob da tatsächlich vier junge studentische Männer sitzen. Vor euch Bier, einige von euch mit Zigarette im Mundwinkel, alle lässig und breitbeinig (den Begriff »Manspreading« gab es damals noch nicht). Die Szene dehnt sich, es war ja vor dem Instagram-Schnelligkeitszeitalter, langsame Kameraeinstellungen, nichts geschieht, die Vögel zwitschern, ihr redet nicht, raucht nur, trinkt. Ihr tut nichts, außer euren Körpern Raum zu geben, euch langsam, aber merklich auszudehnen, ein Selbstverständnis und eine Selbstgenügsamkeit der Welt gegenüber auszustrahlen. Du hast mir später erzählt, wie sich das anfühlte damals, wie euch klar wurde, dass ihr als Männer nicht um eure Stellung, eure Daseinsberechtigung, eure Beliebtheit und Wichtigkeit in dieser Gesellschaft ringen müsstet, weil diese einfach gegeben war.

Männer genießen Vorschusslorbeeren, man ist ihren Fehlern gegenüber toleranter, man hat eine höhere Meinung von ihnen. Dazu fällt mir eine Anekdote aus unserer Familie ein: Es gibt eine Kopie von einem schriftlich aufgezeichneten Sketch, die seit einigen Jahrzehnten in unserer Familie zirkuliert, ich erhielt sie von meinem Vater. Der Sketch behandelt ein Abendessen der Familie Ende der 1950er-Jahre, es ist ein Tischgespräch zwischen den vier damals jugendlichen Geschwistern (du, mein Vater und eure beiden älteren Geschwister) und den Eltern. Das Gespräch wird wie in einem Loriot-Sketch humoristisch wiedergegeben, es ist wirklich lustig.

Der Sketch soll, so die Erzählung, von meinem Großvater stammen, also von deinem Vater. Tatsächlich aber hast du ihn geschrieben. Und du hast in den vergangenen Jahren mehrfach und nachdrücklich richtiggestellt, dass der Sketch eigentlich von dir verfasst wurde, wie man in der Originalversion auch unschwer erkennen kann, und dass es ein Missverständnis wäre, dass der Vater, und nicht du *das Tischgespräch aufgeschrieben hätte. Trotzdem hält sich die Legende, dass es vom Großvater stammt, hartnäckig. Wann immer jemand das Tischgespräch erwähnt, heißt es, ach, der Großvater konnte so lustig schreiben, er war überhaupt so lustig! Und wann immer du dabei bist, korrigierst du erbost die erneute Falschbehauptung und beanspruchst die Urheberschaft. Alle geben sich dann erneut überrascht und ein wenig enttäuscht: Ach ja, stimmt, das hast ja du geschrieben. Im nächsten Jahr hat man es dann wieder vergessen. Man will so gerne, dass dieser lustige, tolle Text vom Großvater stammt, es würde so gut passen. Er war doch so lustig, künstlerisch und frei.*

Männer heben ihre männlichen Ahnen oft auf Podeste, sie fertigen Stammbäume an, betreiben »Ahnenforschung«. Dabei glauben sie, dass ihre Beziehungen zu anderen Männern neutraler Natur sind, sachbezogen. Sie verstehen nicht, dass ihr starkes Interesse an Männern im Grunde eine herrschaftssichernde Technik ist, die nicht zuletzt auch in einem profunden Nicht-Interesse an Frauen und deren Lebenswelt gründet. Sie verstehen nicht, dass ihre Identifikation mit Männern auf der fragilen und abgewerteten gesellschaftlichen Stellung der Frauen und allem, was mit »Weiblichkeit« verknüpft ist, beruht.

Als ich eine sehr junge Frau war, hast du mir von deiner Abtreibung erzählt. Es ist eine schmerzhafte Geschichte. Abtreibung war damals offiziell nicht möglich. Du hast viel gelitten, hast Chinin geschluckt, ein Medikament gegen Malaria, das auch abtreibend wirkt und auf das damals viele junge Frauen in ihrer Verzweiflung zurückgriffen. Einige sind daran gestorben. Drei Tage lang konntest du vor Übelkeit kaum aufstehen. Als das Chinin nicht wirkte, bist du zu einem Arzt, der für unermessliche Geldbeträge heimlich Abtreibungen durchführte. Er hat dich sexuell belästigt. Du warst ihm ausgeliefert, konntest dich nicht wehren, denn dann hätten andere ja erfahren, dass du abgetrieben hast. Die Abtrei-

bung verursachte unglaubliche Schmerzen und tagelange Blutungen, der Arzt stocherte in dir herum. Du hast das alles allein durchgestanden, du konntest damals mit niemandem darüber sprechen. Du warst 17 Jahre alt.

Als ich das hörte, hatte ich zum ersten Mal das Gefühl, in die bisher unsichtbare weibliche Familiennarration einzutreten. Ich hatte noch keine feministische Sprache für dieses Gefühl, aber ich spürte, dass dies eine der anderen Geschichten ist, neben den großväterlichen Tagebüchern, Anekdoten und Stammbäumen. Ich spürte, dass das eine der inoffiziellen, der weiblichen Varianten unserer Familienerzählung ist. Ich fühlte mich dir in diesem Moment sehr nahe.

Die Geschichten von Familien, aber auch die Geschichte der Menschheit, wurden bis heute überwiegend als Männergeschichte *erzählt. Du hast das verstanden, denke ich. Deine laute Empörung darüber, dass du nicht in dem Familienfilm vorkamst, dass niemand sich erinnert, dass du den Familiensketch geschrieben hast, hat mir vermittelt, dass wir es selbst in die Hand nehmen müssen. Wir müssen in Familien einander Frauengeschichten erzählen. Die schönen, die großen, aber auch die schlimmen, die unbequemen. Geschichten über Frauen werden vor allem dann erzählt, wenn sie Herzlichkeit und Fürsorge beinhalten, Güte und Aufopferung. Über Frauen spricht man, wenn sie entsprechend der patriarchalen Rollenerwartungen antraten, um Generationen zu trösten, zu versorgen, zu lieben.*

Waren Frauen schwierig, wütend oder destruktiv, werden sie kaum in Familiennarrative eingebunden. Es sind keine Geschichten, die man gern weitergeben will, sie eignen sich nicht oder kaum für warme Gefühle und positive Verbindungen zurück in die Vergangenheit. Ich denke aber, wir sollten einander auch von diesen »schlechten« Frauen und Müttern erzählen. Es ist wichtig zu verstehen, dass diese Frauen trotz allem Teil unserer Geschichte sind, dass auch sie über die Stränge schlagen, sich frei fühlen oder zu Recht wütend auf bestehende Ordnungen sein wollten.

Wir können nicht akzeptieren, dass nur über jene Frauen gesprochen wird, die adrett in die patriarchalen Anforderungen passten. Wir können nicht akzeptieren, dass es nur bestimmte, bis heute eng gefasste Narrationen über Frauen gibt.

Meine Mutter hat mich nie geschont mit Erzählungen über meine alkoholkranke, verzweifelte und destruktive Großmutter. Es waren Schauergeschichten, einerseits. Andererseits waren es aber auch Geschichten über eine urbane, modisch interessierte Frau, die berufstätig gewesen war, die gern feierte, die erste in ihrem Milieu, die Hosen trug. Nach der Heirat mit meinem polnischen Großvater landete sie auf dem Land, sie fühlte sich schrecklich allein. Sie war nicht gemacht für die Rolle als Hausfrau. Sie begann zu trinken.

Als Kind empfand ich die Erzählung trotz des Elends meiner Großmutter auch als befreiend. Ich schloss daraus: Es ist erlaubt, keine Hausfrau zu sein! Meine Mutter hat meine Großmutter dafür nie verurteilt. Für anderes ja, aber nicht dafür, eine »schlechte Hausfrau« gewesen zu sein. Meine Mutter sagte, als ich ein Kind war: »Bei uns gab es keine selbst gebackenen Kuchen, wenig strukturierte Abläufe, an Weihnachten kippte der Baum um, der Braten verbrannte, meine Haare schor man kurz, weil meine Mutter keine Zöpfe flechten mochte.« Meine Mutter sagte: »Ich habe nicht gelernt, wie man backt, kocht, näht, Kleider bügelt. Ich kann das alles nicht wirklich, meine Mutter hat es mir nicht beigebracht.«

Ich hatte früh den Verdacht, dass meine Mutter, die Schlaue, sich ein wenig hinter diesem Argument versteckte. Es nicht gelernt zu haben, entband sie davon, selbst dem Ideal entsprechen zu müssen. Ha, Mutter! Ich habe das von dir übernommen! Ich habe von dir gelernt, zeit meines Lebens zu behaupten, dass es in unserer mütterlichen Genealogie keine »Hausfrauen« gab und ich nichts dafür könnte, nicht gut darin zu sein.

Es gibt ein paar Rezepte, die meine Großmutter meiner Mutter weitergegeben hat. Aber vor allem gibt es eine ziemlich große Lücke in Bezug auf Hausarbeitleidenschaften und Kompetenzen, wir wissen nicht, wie man Wäsche richtig faltet, wie man eine Nähmaschine bedient, Marmelade einmacht oder wie oft genau die Daunendecken eigentlich gereinigt werden sollten. In dieser Hinsicht wurde nichts weitergegeben. Es herrscht eine Art Desinteresse, von dem ich aber gelernt habe, dass es okay ist. Meine Mutter und ich führen heute beide eher improvisierte Haushalte. Aber mit viel Sinn für Gemütlichkeit.

Als Kind war meine Mutter oft auf sich alleine gestellt oder mit dem Vater unterwegs, begleitete ihn in die Firma, denn zu Hause konnte sie nicht sein. Meine Mutter hat mir beigebracht, dass das zwar eine schwierige und schmerzhafte, aber auch akzeptable Erzählung ist. Meine Großmutter muss sich in dem engen katholischen Dorf damals so danebenverhalten haben, dass meine Mutter irgendwann eine Art Fatalismus entwickelte. Als Kind litt sie darunter, keine »normale Mutter« zu haben, noch heute berichtet sie von diesem Stigma und ihrem Versuch, die mütterliche Dysfunktionalität mit besonders gutem Betragen auszugleichen. Aber später, als erwachsene Frau, war ihre Perspektive auch: Es kann gründlich schiefgehen im Leben, Menschen können scheitern. So ist das einfach. Damit müssen wir rechnen. Ich habe von meiner Mutter kaum Druck erlebt, etwas Bestimmtes sein zu müssen. Für sie war es bereits großartig genug, wenn gerade niemand in der Familie sich prügelte, sich betrank, sich das Leben nahm.

Ich glaube, dass wir uns mit unserer eigenen Geschichte verbinden, wenn wir uns mit den Frauenleben, die in den üblichen Familienstammbäumen oft nicht aufgezeichnet werden, auseinandersetzen. Wie würde sich meine Sicht auf unsere Familie und auf mich selbst verändern, wenn ich mehr wüsste über die Biografien und Lebenswelten meiner Ahninnen? Ich übe mich fürs Erste darin, die Frauen in meiner Familie genauer zu betrachten, die gegenwärtig leben. Welche Eigenschaften haben sie?

Wenn ich zum Beispiel an dich denke, liebe Tante, dann fällt mir auf, dass du nicht gefallsüchtig bist und auch kaum nach Bestätigung oder Anerkennung heischst. Ich finde das bemerkens-

wert und beinahe irritierend, wie unabhängig du scheinbar vom Urteil, von der Bestätigung oder Anerkennung durch andere bist. Du hast dich nie übermäßig bemüht zu gefallen. Es ist gar nicht so leicht, dir zu begegnen, du wirkst oft unnahbar, weil du nicht die üblichen (anerzogen »weiblichen«) Floskeln praktizierst, weil du Dinge, Menschen, Ereignisse nicht aus Höflichkeit oder Nettigkeit lobst, sondern nur dann, wenn du sie wirklich gut findest (und selbst dann lobst du eher ungern). Auch stellst du dich selbst nicht in den Vordergrund, verweist nie auf deine Leistungen, trotzdem bist du nicht exzessiv bescheiden. Es gibt ja solche Menschen, die immer betonen, dass sie nichts brauchen und nichts wollen, nur das Beste für alle anderen, die aber letztlich eine ähnliche Egozentrik ausstrahlen wie jene Menschen, die ganz offensichtlich andauernd Bestätigung wollen. Du gehörst nicht zu dieser Sorte, man nimmt es dir wirklich ab, dass du nicht den Drang hast, durch Bescheidenheit zu gefallen.

Kürzlich habe ich dich gefragt, ob dein Leben lebenswert war. Du hast kurz überlegt, dann sagtest du: »Ja.« Mehr nicht.

Du neigst nicht zu Eitelkeit, es liegt dir nicht, anderen zu erzählen, wie dein Leben war, wie du bist, was du alles geschafft hast. Du brauchst keine Bestätigung. Deshalb hast du nur »Ja« gesagt. Es reicht dir, wenn du *das findest. Das meine ich, wenn ich sage, dass du nicht gefallsüchtig bist. Du musst nicht irgendwen überzeugen, dein Leben muss nicht von anderen gutgeheißen, für wichtig befunden werden, es reicht, wenn du es für lebenswert hältst.*

Gleichzeitig bist du von strengen Urteilen über andere Frauen nicht frei. Ich kann mich erinnern, wie du über Frauen gesprochen hast, die in deinen Augen »spießig« waren. Oder spießig aussahen. Bei deiner Beurteilung von anderen Frauen warst du gnadenlos; eine Frau, die spießig aussah, ging gar nicht. Ich habe den Eindruck, dass du hier rigide warst, eine Frau konnte in ihren Ansichten und Lebensweisen aufgeschlossen und progressiv sein, wenn sie aber spießig aussah, war sie bei dir unten durch.

Warum hast du diese Art Urteile gefällt? Hat es mehr mit deiner bürgerlichen Herkunft zu tun, als dir lieb ist? Sich in der Position wähnen, andere beurteilen zu können, das ist etwas, das man auch irgendwie lernt in einer Familie, oder?

Meine Mutter ist da anders. Sie kommt nicht aus einer Familie, aus der heraus man sich anmaßen könnte, irgendwen zu beurteilen. Kann es sein, dass die Zugehörigkeit zu einer sozial niedrigeren Schicht vielleicht bessere Voraussetzungen bietet für solidarische Frauenbeziehungen? Aus meiner persönlichen Erfahrung jedenfalls kann ich sagen, dass ich von meiner Mutter gelernt habe, dass die Lebensweise anderer nicht beurteilt und nicht verurteilt wird. Dünkel ist meiner Mutter fremd. Und dabei ist sie keineswegs eine Heilige, lästern geht auch mit ihr. Aber ich meine die Bewertung von anderen, jene tiefe Überzeugung, es gebe bessere Lebensweisen, die hat sie nicht. Meine Mutter hat erlebt, wie es ist, verurteilt zu werden. Vielleicht ist ihr Blick deshalb etwas weniger streng. Das Scheitern ihrer Familie und ihrer eigenen Mutter war kein heimliches Scheitern, es war ein öffentliches, für alle im Dorf sichtbar. Vermutlich war es so beschämend, dass sie sich nie angemaßt hat, andere zu verurteilen oder sich selber über andere zu stellen.

Es wäre gut, wenn wir ohne solche schmerzhaften Erfahrungen lernen könnten, einander weniger streng zu bewerten, oder?

Von dir, liebe Tante, habe ich gelernt, dass man sich als Frau erlauben kann, anderen nicht zu gefallen. Ich muss es immer noch üben. Und werde wohl nie so gut darin sein wie du. Bei meinem nächsten Besuch werde ich dich noch etwas genauer fragen, wie du das eigentlich machst. Ich habe nämlich eine Tochter, der ich gern davon berichten würde.

In Verbundenheit
deine Nichte

* * *

Warum Frauen im Familiengedächtnis nicht vorkommen

Die evangelische Pfarrerin Clarissa Breu aus Wien beobachtete während Trauergesprächen, dass die Hinterbliebenen oft auffallend wenig über verstorbene Frauen zu berichten hatten. »Er [der Witwer] sitzt mir gegenüber und sagt nichts. Ich frage, ob er nicht doch noch etwas erzählen möchte über seine verstorbene Frau: ›Hatte sie markante Eigenschaften? Gibt es irgendwelche typischen Sprüche oder Anekdoten? Was hat sie denn gerne gemacht?‹ – ›Nein, keine Eigenschaften. Eine gute Hausfrau war sie; kein Alkohol, keine Gewalt. Alles gut.‹« [2]

So verlaufen Breu zufolge zahlreiche Trauergespräche. Die Pfarrerin bemerkt mit der wachsenden Zahl an Trauergesprächen, dass es eine ganze Generation von angeblich eigenschaftslosen Frauen zu geben scheint. Die Frauen, die derzeit im hohen Alter sterben, werden zu einem erstaunlich hohen Prozentsatz mit denselben Attributen und Lebensläufen bedacht: *Die Mama hat zwar eine bestimmte Ausbildung, manchmal sogar ein Studium, aber dann kamen die Kinder. Und sie hat halt so gern gekocht! Sie war immer für uns da, hatte stets ein offenes Ohr und hat uns sogar in der Nacht noch belegte Brötchen hingestellt. Und ihren Garten hat sie so geliebt.* Je mehr Gespräche die Pfarrerin führt, desto mehr verfestigt sich ihr Eindruck, dass es sich um eine Generation von Frauen handelt, die wenige Hobbys, wenige Interessen, wenige markante Eigenschaften zu haben schienen, weil sie ihr ganzes Tun und Wirken der Familie widmeten. Die persönliche Verwirklichung fand in der Arbeit für andere statt. Denn es gab ja schon einen, der Hobbys hatte, Freunde traf und außer Haus aktiv war: den Vater. Der hat gearbeitet, war im Wirtshaus, war unterwegs.

Aber nicht nur die Beschreibungen der verstorbenen Frauen ähneln sich, es ist auch die Szenerie der Trauergespräche. Meist ist es derselbe, »der spricht, der organisiert, mit der Mappe und dem Autoschlüssel in der Hand auftritt: der Mann in der Rolle des Partners, Sohnes oder Ehemanns der Tochter«.[3] Während die anwesenden Frauen wenig sagen. Die Männer übernehmen das Zepter, sie halten damit ihre Gefühle in Schach, aber behalten so auch die Deutungshoheit. Etwa damals, wie Breu schreibt, als die Schwiegertochter der Verstorbenen ein wenig später dazukommt. Sie entschuldigt sich, sie habe noch in der Küche etwas vorbereiten müssen. Dann schweigt sie wieder, während der Mann über sie spricht: »Die beiden haben schon so ihre Probleme gehabt. Na ja, Sie wissen ja, wie Frauen so sind.«[4] – Nein, das weiß ich nicht, denkt Clarissa Breu, das kann sie jedoch nicht sagen. Stattdessen sagt sie: »Es wird schon Gründe gegeben haben.«

Über die Gründe, warum es Schwierigkeiten zwischen Schwiegertochter und Schwiegermutter gab, wird nicht geredet, genauer: Sie sind nicht der Rede wert, denn es sind ja nur »Frauenangelegenheiten«. Und so erfährt die Pfarrerin nicht viel über die Persönlichkeit der verstorbenen Frau, über deren Ecken und Kanten, deren Verzweiflung, Aggressionen oder andere Gefühle – und sie erfährt auch nichts über die Beziehungen, die sie zu anderen Frauen in der Familie hatte, und über die Schwierigkeiten dieser Beziehungen. Sie erfährt nicht, warum es schwer ist, mit der eigenen Schwiegermutter auszukommen, besonders, wenn man im selben Haushalt lebt. Es gibt in den Familien keine Sprache dafür. Es gibt keine Sprache für Frauenbeziehungen.

Auch in der vorherrschenden Forschung wird das Beziehungshandeln unter Frauen bis heute kaum untersucht.[5] Ich möchte die These aufstellen, dass sich das auch auf unser alltägliches und gesellschaftliches Bewusstsein auswirkt: Frauen messen diesem weiblichen Beziehungshandeln und den Beziehungen selbst kaum Bedeutung bei. Sie beschäftigen sich selten mit der Frage, auf welche Weise diese Beziehungen sie als Individuen prägen, sie stärken, aber auch schwächen – sie auf jeden Fall zu bestimmten Persönlichkeiten machen. Zwar finden wir in der Therapie-Kultur einen starken Fokus auf die Rolle der Mutter, besonders zur Frage, welche »Fehler« sie in der Zeit der Kindheit gemacht hat. Viel weiter reicht allerdings die Auseinandersetzung mit Frauenbeziehungen oft nicht. Vor diesem Hintergrund entsteht eine, wie ich es nennen möchte, genealogische Amnesie. Damit meine ich, dass weibliche Beziehungs- und Abstammungsverhältnisse immer wieder in Vergessenheit geraten und für kommende Generationen unsichtbar, aber auch für die eigene Persönlichkeitsentwicklung unbedeutend gemacht werden.

Loyalität mit Söhnen und Vätern

Ich werde versuchen, das Problem der weiblichen Genealogie-Amnesie ein wenig einzukreisen: Wie kommt es, dass Frauenbeziehungen in Familien so wenig Beachtung finden? Und zwar sowohl in der Forschung, in der Gesellschaft als auch in der Wahrnehmung vieler Frauen selbst? In der traditionellen bürgerlichen Geschlechterordnung erhielt eine Frau durch ihre Beziehung zu Männern Bedeutung und Status – ihr Leben wurde abgesichert über einen Vater, einen Ehemann, einen Sohn. Ihr Status als Mensch wurde daran bemessen, in welchem Bezug sie zu einem Mann stand. Frauen waren bedeutsam als Mütter von Söhnen, als Ehefrauen von Männern, als Töchter von Vätern – ihre Position entstand erst in einem untergeordneten, auch ökonomisch abhängigen Verhältnis zu Männern. Männern wurden lange Zeit auch per Gesetz bestimmte Besitzansprüche über Frauen attestiert: Bis 1957 verfügten Männer in Deutschland etwa über die Arbeitskraft ihrer Frauen, diese durften bis zu diesem Zeitpunkt nicht ohne sein Einverständnis außer Haus arbeiten. Frauen konnten straffrei von ihrem Ehemann vergewaltigt werden, und eine Scheidung war nur möglich mit einem

Schuldspruch. Anders ausgedrückt wurde weibliche Reproduktionsarbeit, der Körper der Frau, ihre Sexualität als Eigentum des Mannes betrachtet.

Diese Situation ist gesetzlich zwar überwunden, nicht aber gesellschaftlich. Deshalb spricht die Philosophin Eva von Redecker von einem »Phantombesitz« – das Recht wurde zwar abgeschafft, aber der Anspruch wird noch immer geltend gemacht.[6] Das heißt, auch im modernen Geschlechterverhältnis ist eine Kultur der Verdinglichung und Aneignung wirksam – das zeigen nicht nur die fortbestehend hohen Vergewaltigungs- und Gewaltzahlen, sondern auch die Ausbeutung oder schlechte Bezahlung der überwiegend von Frauen geleisteten Care-Arbeit. Dass Frauen von Männern ökonomisch abhängig sind, ist auch heute verbreitet, etwa weil sie sich um Kinder kümmern, in Teilzeit arbeiten oder in schlechter bezahlten Jobs. Prinzipiell können Frauen heute zwar ein unabhängigeres Leben führen, auch gibt es soziale Absicherungssysteme und Unterstützungen. Gleichwohl sind Frauen im Alter ärmer, haben viel weniger Lebenseinkommen und Vermögen. Auch der Zugang zu wichtigen beruflichen Positionen oder politischem Einfluss wird weiterhin häufig von Männern verwaltet.

Viele Frauen sind also auch heute darauf angewiesen, sich mit Männern gut zu stellen, sich an ihnen zu orientieren, ihr Leben an ihnen auszurichten. Die fortbestehende Geschlechterungleichheit sozialisiert und zwingt Frauen in eine grundsätzliche Loyalität mit Männern und führt oft dazu, dass sie Männer höher bewerten, wichtiger nehmen, idealisieren. Umgekehrt bedeutet das, dass Frauen die Beziehungen zu anderen Frauen eher weniger ernst oder wichtig nehmen, sie weniger bewusst gestalten.

Die (meist unbewusste) Orientierung am Männlichen zeigt sich auch im Verhalten von manchen Müttern, das jedenfalls zeigt eine Umfrage der Website »Netmums«. Dort gaben Mütter an, ihre Söhne mehr zu verwöhnen und sich insgesamt zu deren

Erziehung mehr Gedanken zu machen.[7] Die Umfrage zeigt auch, dass Mütter gegenüber Töchtern kritischer eingestellt sind und ihren Söhnen mehr durchgehen lassen. Mehr als eine von fünf befragten Müttern bestätigt, dass sie bei Verhaltensweisen von Jungen, für die sie ihre Mädchen tadeln würden, ein Auge zudrücken. Mütter sprechen gemäß der Umfrage in einer schwärmerischen Sprache über ihre Söhne und verwenden für sie häufiger positive Ausdrücke wie »charmant«, »lustig«, »verspielt«, »zielgerichtet«, während sie bei ihren Töchtern eher Begriffe wie »stur«, »pampig«, »streitsüchtig« benutzen.[8] Eine von vier Müttern sagte weiter, dass sie ihre Jungen anders liebe als ihre Mädchen. Die Hälfte der befragten Mütter gibt an, sie habe eine engere Verbindung zu den Söhnen als zu den Töchtern (auch Väter haben übrigens durchschnittlich mehr Interesse an Söhnen, sie verbringen mehr Zeit mit ihnen[9]).

Fast die Hälfte der befragten Mütter sagt über ihre Söhne, sie seien »Muttersöhnchen« und bräuchten besondere Aufmerksamkeit und Fürsorge. Jungs gelten im Baby- und Kleinkindalter oft als »empfindlicher«, weiblichen Kindern trauen Mütter schneller Selbstständigkeit zu und betonen diese auch häufiger. Über Söhne wird dies seltener gesagt, sie werden länger als nestbedürftig und unselbstständig angesehen. Gleichzeitig, das zeigt eine wissenschaftliche Studie, trauen Mütter ihren Söhnen mehr zu und haben generell eine höhere Meinung von ihnen: Als man Mütter über die Krabbelfähigkeit ihrer Babys befragte, bevor diese objektiv gemessen wurde, glaubten die Mütter von Töchtern, ihr Baby könne eine Neigung von 14 Grad hinaufkrabbeln, während die Mütter von Söhnen glaubten, ihr Baby könne eine Neigung von 20 Grad meistern.[10]

Weitere Untersuchungen zeigen, dass Jungen und Mädchen insgesamt gleich viel Lob von ihren Eltern erhalten, dass aber die Art des Lobes unterschiedlich ist: Prozessbezogenes Lob – also Lob für die Bemühungen und Strategien des Kindes – macht 24,4 Prozent des Lobes aus, das Jungen erhalten. Während diese

Art von Lob bei Mädchen nur 10,3 Prozent ausmacht.[11] Anders ausgedrückt: Jungs bekommen als Kleinkinder bereits dann Lob, wenn sie etwas *versuchen*, auch dann, wenn noch keine Erfolge oder Resultate vorliegen. Man glaubt mehr an sie und lobt sie schon allein für die Bemühung. Mit der Folge, wie die Studie zeigt, dass Jungen im Alter von sieben bis acht Jahren mit deutlich höherer Wahrscheinlichkeit eine sogenannte »Wachstumsmentalität« (engl. *growth mentality*) entwickelt haben, das heißt, sie sind eher darauf eingestellt, Dinge einfach auszuprobieren und zu *machen* und sich nicht von eventuellen Rückschlägen abschrecken zu lassen.

Adrienne Rich beobachtete bereits in den 1970er-Jahren, dass die mütterliche Höherbewertung von Söhnen ausgenutzt wird, um die männliche Vormacht und Sonderstellung in der Gesellschaft zu festigen.[12] Aufrechterhalten werde ein Mutter-Sohn-Beziehungsschema und damit ein Geschlechterschema insgesamt, das die Höherbewertung des Männlichen festige. Das Ideal der bedingungslosen Mutterliebe verlange, dass Frauen ihren Söhnen und Männern insgesamt auch dann Loyalität schulden, wenn sich diese wie Machos verhalten, wenn sie toxisch, abwertend oder sexistisch sind. Die Idee von der bedingungslosen Liebe der Mutter führe zu einer insgesamt toleranteren Haltung von Frauen gegenüber Männern. Durch die bedingungslose Mutterliebe gewöhnen sich Männer daran, wie Rich weiter ausführt, dass toxisches Verhalten akzeptabel ist, dass Nachlässigkeit und Egoismus normal sind, dass man für minimalen Einsatz bejubelt wird.

Viele Söhne wachsen – im Unterschied zu Töchtern – mit dem oft unbewussten Selbstverständnis auf, sie könnten sich alles herausnehmen, sich zum Beispiel bei Familienangehörigen selten melden, zu spät kommen, Geburtstage vergessen. Und wenn sie dann wider Erwarten doch daran denken, werden sie dafür gelobt. Wer kennt nicht die geröteten Wangen und die merklich steigende Aufregung von Müttern, wenn ihre Söhne auftauchen?

Christliche Sohn-Verehrung

Wenn wir uns die Kulturgeschichte anschauen, ist diese mütterliche Sohn-Verehrung etwas, das seit Tausenden Jahren zelebriert wird. Prominent sind in dieser Hinsicht zum Beispiel die Darstellungen der Jungfrau Maria, die oft ein hingebungsvolles, dienendes und aufopferndes Verhältnis der Mutter zu ihrem Sohn zeigen.

Natürlich gibt es mittlerweile feministische Interpretationen, die die Maria-Figur aufwerten und sie zum Beispiel als »Prophetin der Armen und Unterdrückten«, als weibliche, den Menschen zugewandte Seite Gottes oder sogar als »geheime Göttin des Christentums« deuten.[13] Die vorherrschende Lesart ist allerdings, sie als sohnverehrende Mutter darzustellen.

Viele Künstler haben ihre Schaffenskraft in die Darstellung der Madonna gelegt und dabei vielleicht ein Stück weit auch die eigene patriarchale Fantasie von einer hingebungsvollen, einzig ihrem Sohn zugewandten Mutter ausgelebt. Der Kulturtheoretiker Klaus Theweleit schreibt in seinem Buch »Männerphantasien«,[14] dass sich der junge Mann im Marienkult ein Weiblichkeits- und Mutterideal herbeisehnt, das es nicht gibt, denn »so eine Mutter ist nirgendwo zu finden«, sie sei eine »Männerphantasie«.

Es ist ein Männerwunsch, auf diese Weise von Frauen verehrt zu werden, von einer solchen Frauenfigur muss der Mann keinerlei Anforderungen erwarten, auch keine Kritik. Diese Frau liebt ihn bedingungslos, sie ist sogar ausschließlich da, weil es *ihn* gibt, denn: Maria gibt es wegen Jesus und nicht umgekehrt. Ihre Existenzberechtigung basiert darauf, ihn geboren zu haben und für ihn da zu sein.[15] Maria musste in der Bibel miterzählt werden, einzig weil es den Sohn gibt. Sie ist da, um seine Geschichte zu ermöglichen und ihre Hoffnung in diesen kleinen nackten Jungen zu legen. Die vorherrschende Lesart Marias, die sich in der Kirche durchgesetzt hat, verbindet sich mit Sexualitätsfeindlichkeit, mit einer Reduktion der Frau auf die Mutterschaft, mit Demut und Unterordnung als weibliche Tugenden. Sie erzählt von einer Frau und Mutter, die nicht aus sich selbst heraus Dinge tut, sondern deren Existenz darin begründet ist, eine Gebende zu sein.

Eine der berühmtesten Marien-Ikonen trägt den Titel »Mutter von der immerwährenden Hilfe«. Das Original befindet sich in der Kirche Sant'Alfonso in Rom. Es handelt sich um ein Bild, das vermutlich im ausgehenden 14. Jahrhundert auf der Insel Kreta entstand und später nach Rom überführt und Papst Pius IX. anvertraut wurde. Heute finden sich Kopien dieses Bildes an vielen Orten der Welt. Das Bild zeigt Jesus nicht als Baby, sondern als kleinen Erwachsenen im Schoße Marias. Das Motiv des Bildes signalisiert eine »immerwährende Hilfe«, eine bis ins Erwachsenenalter andauernde mütterliche Hingabe an den Sohn. Der klein-große Jesus legt auf dem Bild seine Hände in Marias Hand.

Aus meiner Sicht bringt die Darstellung einerseits mütterlichen Schutz zum Ausdruck – eine Mutter, die ihr Kind hält. Andererseits zeigen die Hände bei genauer Betrachtung auch ein Gefälle: Es ist nicht Maria, die ihr Kind an der Hand nimmt und beschützt, es ist Jesus, der seine Hände in ihre legt, als würde er sie segnen. Maria ist passiv, die Aktivität kommt von seiner Seite: Er, dem sie ihre ganze mütterliche Fürsorge schenkt, *gewährt* ihr seinen Segen und seine Gnade. Die mütterliche Fürsorge wird belohnt mit göttlicher Gnade, die Mutter wird belohnt mit der Aufmerksamkeit und der Anerkennung durch den Sohn. Raffaels sixtinische Madonna vermittelt eine ähnliche Mutter-Sohn-Beziehung: Hier ist der Sohn wirklich ein Baby, eines, das in die Hände Marias platziert ist, als säße es auf einem Thron.

Die Religionswissenschaftlerin Angelika Meirhofer stellt in ihrer Analyse der Marienbilder in den Evangelien ein weiteres interessantes Detail heraus, das die mütterliche Alleinausrichtung auf einen Sohn unterstreicht: Gemäß dem Markusevangelium hatte Jesus Geschwister, einen älteren Bruder und auch Schwestern; diese kommen aber in den Mariendarstellungen nie vor, Jesus ist immer der einzige Sohn.[16] Ob es sich bei den Erwähnungen von »Geschwistern« um leibliche Geschwister oder nahe Verwandte von Jesus handelt, ist innerhalb der christlichen Auslegungen umstritten und wird je nach Konfession unterschiedlich ausgelegt.

Die katholische Kirche hat seit dem 19. Jahrhundert das Dogma bezüglich der immerwährenden Jungfräulichkeit Marias entwickelt. Mit der Ausblendung der Geschwister wird zum einen also die Jungfräulichkeit der Mutter, zum anderen die Einmaligkeit des einen göttlichen Sohnes unterstrichen. Tatsächlich müssen wir uns fragen: Würde es nicht einen großen Unterschied machen, wenn in den Darstellungen von Maria und Jesus immer noch andere Kinder Marias abgebildet wären? Was wäre es für ein Signal, wenn die Aufmerksamkeit dieser Vorbild-Mutter nicht so bedingungslos dem einen Göttlichen zustünde, sondern sie daneben auch noch anderes zu tun hätte, sie beschäftigt wäre mit einer Horde weltlicher Kinder?

Mir geht es weniger um eine theologische Analyse als um die Frage, wie die verbreiteten Bilder von Maria und Jesus als dem einzigen Sohn sich in unsere real gelebten Familienbezüge eingraben, welche Wirkweisen sie erzeugen. Biblische Narrative haben immer auch über die Religion hinaus Bedeutung, sie wirken sich in der christlich geprägten Gesellschaft auch auf nichtreligiöse Menschen aus, sie prägen unsere Lebensweisen und Normvorstellungen. Und sie geben uns Auskunft darüber, von welchen historischen Geschlechternormen wir geprägt wurden. Die Figur der aufopferungsvollen Mutter, die ihre Verehrung auf den Sohn ausrichtet, ist uns bekannt, auch wenn wir nie in einer Kirche waren. Denn solche Figurationen lösen sich von ihren ursprünglichen Kontexten und verbreiten sich in Elternratgebern, in der Popkultur, Literatur, in Märchen und Mythen.

Sie geistern herum in unseren Beziehungen und Wertevorstellungen, sie prägen uns, ob wir das wollen oder nicht.

Es lohnt sich deshalb, noch ein wenig bei Maria zu verweilen. Gemäß Luther ist es die Hauptaufgabe Marias, uns zu lehren, untergebene Gläubige zu sein. In Luthers Auslegung des Magnificat stellt er Maria als Lehrerin vor – dass sie »… [uns] lehret die Werke, Art, Natur und den Willen Gottes recht erkennen«.[17] Sie gilt ihm als die reinste Verehrerin und Dienerin Gottes, weil sie ihre eigene Niedrigkeit erkennt. Luther zeigt Maria als *das* Vorbild einer Gläubigen, womit er sie aller weiteren Funktionen entledigt.[18] Nach der Geburtsgeschichte verschwindet Maria nämlich weitgehend von der Bildfläche, im Wirken Jesus spielt sie kaum mehr eine Rolle. Auch hier lassen sich patriarchale Grundmuster ausmachen: Der Einfluss der Mutter, der Einfluss von Frauen generell, wird kleingehalten, verleugnet, unsichtbar gemacht.

An einzelnen Stellen in den Evangelien kommt Maria aber doch vor, im Johannesevangelium zum Beispiel wird »das Wunder von Kana« beschrieben: Auf einer Hochzeit verwandelt Jesus Wasser in Wein. Meirhofers Lesart zufolge vollbringt Jesus das Wunder auf Anregung der Mutter Maria hin, denn sie ist diejenige, die feststellt und ihm mitteilt, dass es keinen Wein mehr gibt. Wir sehen hier einerseits eine selbstständig handelnde Maria, die den Anstoß für das Wunder gibt, das Jesus dann vollbringt. Andererseits geschieht laut dem Johannesevangelium aber auch Folgendes: Als Maria zu Jesus tritt, um ihm zu berichten, dass der Wein zur Neige geht, weist er sie schroff ab und sagt: »Was habe ich mit Dir zu schaffen, Frau?«[19] Maria zieht sich zurück. Dennoch beauftragt sie anschließend die Diener, sich bereitzuhalten. Sie sorgt also im Hintergrund dafür, dass der Sohn seine Göttlichkeit entfalten und das Wunder vollbringen kann. Nach einer Weile gibt Jesus tatsächlich die Anweisung, die Krüge zu füllen. Gleichwohl will der Erzähler, Johannes, darauf hinweisen, dass »sich der Gesandte des Vaters nicht vorschreiben lässt, wann und wie er aktiv werden soll«.[20] Im Vordergrund steht im Johannesevangelium letztlich die Lehre – und sie wird oft wiederholt: »Der Sohn tut den Willen dessen, der ihn gesandt hat, seines Vaters.«[21] Daher kann er keine Befehle von Menschen annehmen, auch nicht von seiner Mutter.

In einer konservativen Interpretation wird mit der Maria-Szene ein Exempel statuiert, dass ein Mann sich von einer Frau nichts sagen lässt, dass Gottes Sohn seinen eigenen Willen hat und nicht auf Frauen hört. Es ist der Vater, die väterliche Genealogie und Ordnung, die als wichtig hervorgehoben wird, die Mutter soll sich nicht einmischen, sie soll ihn vergöttern, aber keinen Einfluss haben. Sie soll darauf vertrauen, dass ihr Sohn das Richtige tun wird.[22] Trotzdem berichtet das Evangelium an dieser Stelle vom Einfluss der Mutter, feministisch interpretiert kann man also sagen, dass ihr Einfluss immerhin vorkommt. Allerdings besteht ihre Bedeutung am Ende darin, den Sohn zum Gott zu machen, seinem göttlichen Werk zur Geltung zu verhelfen.[23]

Auch zur Geschichte von Marias Rolle unter dem Kreuz gibt es zahlreiche Interpretationen. Progressiv gedeutet sehen wir hier, dass Frauen als legitime Jüngerinnen gezeigt werden. Andererseits erzählt das Johannesevangelium die Kreuzigung als Rückkehr Jesu zum Vater. Johannes bringt die Mutter am Ende von Jesu Leben noch mal ins Spiel, um zu zeigen, dass es eben um die Vaterbeziehung geht:[24] Indem er Maria mit γύναι (Frau) anspricht und nicht mit »Mutter«, betont er, dass er gerade dabei ist, zu seinem Vater zurückzukehren, und somit nicht länger seine Verbindung mit dieser Welt und damit auch nicht mit seiner Mutter aufrechterhalten wird. Jesus beauftragt seinen Lieblingsjünger, Maria zu sich zu nehmen. In seiner Todesstunde setzt der Sohn eine neue Familie ein, die nach der Trennung Maria versorgen soll, während er in die himmlische Welt des Vaters zurückkehrt.

Damit wird eine Trennung zwischen der biologischen, irdischen, profanen Mutterwelt und der geistig-überirdischen Vaterwelt vollzogen. Am Ende ist Jesus nicht mehr der Sohn Marias, sondern tritt in die Genealogie des Vaters ein, Maria wird einer neuen Familie zugewiesen und erhält die Rolle der Jüngerin. Sie wird im Johannesevangelium am Ende noch einmal erwähnt, sie dient dazu, Jesus dem Vater zuzuordnen: »Jesus selbst bleibt frei von familiären Bindungen und von jeder Festlegung durch seine Geburtsumstände.«[25] Darin kann einerseits, wie Meirhofer vorschlägt, die Auflösung der Spannung zwischen göttlicher und menschlicher Abstammung gesehen werden. Unschwer zu erkennen ist aber auch, dass hier eben auch die Auflösung der Abstammung von Frauen vollzogen wird. Zugespitzt formuliert könnte man sagen: Göttlichkeit bedeutet die Überwindung des Mütterlichen.[26]

Die Entwertung der Geburt

Die biblischen Erzählungen knüpfen teilweise an Denktraditionen an, die bereits früher in der antiken Welt entwickelt wurden. Es sind Narrative, die uns bis heute prägen, wie etwa die Unterscheidung von Körper und Geist und dass Letzteres in der abendländischen Kultur höher gewertet und mit Männlichkeit verknüpft wurde, während Körper, Sexualität und Gefühle mit Weiblichkeit und Mütterlichkeit gleichgesetzt und damit abgewertet wurden.

Die Philosophin Adriana Cavarero und die Theologin Ina Praetorius erwähnen in diesem Zusammenhang Platons »Phaidon«.[27] Dort berichtet dieser über die Hinrichtung des Philosophen Sokrates durch den Giftbecher. Sokrates wird beschuldigt, die Menschen von Athen zum Aufruhr verführt zu haben, und wartet im Gefängnis auf die Vollstreckung des Todesurteils. Seine Frau Xanthippe besucht mit einem der Kinder ihren Ehemann, um sich von ihm zu verabschieden. Platon berichtet, dass sie weint und Gefühle der Zuneigung zeigt. Bald kommen Männer zur Tür herein, es sind Philosophenfreunde von Sokrates, die ein letztes Gespräch mit ihrem Meister führen wollen.

Phaidon, einer der Männer, beschreibt, dass Xanthippe klagt: »O Sokrates, jetzt reden deine Freunde zum allerletzten Male mit dir, und du mit ihnen!«[28] Sokrates wendet sich daraufhin an einen der Männer und beauftragt ihn, Frau und Kind nach Hause zu bringen. Der Mann gehorcht und führt die beiden weg.

Als Xanthippe mit dem Kind gegangen ist, erklärt der Meister seinen Schülern die Bedeutung von Leben und Tod: Der Tod sei kein Grund zur Trauer, denn mit dem Tod fange das Leben erst richtig an. Sinngemäß sagt Sokrates, dass das Leben im Körper, zwischen Geburt und Tod eigentlich mühsam und profan sei – mit all den Bedürfnissen und Begierden, mit den Erfahrungen von Hunger, Durst, Krankheit und Angst. Die Seele fange erst richtig an zu leben, wenn sie sich endlich vom Körper trennen kann. Seine Freunde bemühen sich, tapfer zu bleiben. Es gelingt ihnen nicht, sie weinen. Da sagt Sokrates: »Was macht ihr doch, ihr wunderbaren Leute! Ich habe vorzüglich deswegen die Weiber weggeschickt, daß sie dergleichen nicht begehen möchten; denn ich habe immer gehört, man müsse stille sein, wenn einer stirbt. Also haltet euch ruhig und seid stark!« Die Männer schämen sich und hören auf zu weinen. Dann stirbt der Philosoph.[29]

Ina Praetorius zufolge wird hier die Überlegenheit des Geistes gegenüber dem Körper und den Gefühlen erzählt. Für Sokrates bedeutet der Tod den Eintritt der unsterblichen Seele in ihre *wahre Heimat,* in das körper- und bedürfnislose Reich des reinen Geistes. Es zeigt sich beinahe eine Art Todesobsession: Im Tod soll sich der Geist emporschwingen und Unsterblichkeit erreichen. Xanthippe, die Frau, stört dabei, sie steht für das banale Reich des körperlichen Leidens, der Wehleidigkeit, der Weiblichkeit.[30] Sie trauert um Sokrates' bevorstehenden Tod und versteht nicht, dass er im Sterben unsterblich wird. Sokrates selbst fürchtet den Tod des Körpers nicht, da seine Gedanken sich über den Körper erheben werden. Sein Tod ist der Triumph des Geistes über den Körper, des Männlichen über das Weibliche.

Wir lernen in der Xanthippe-Geschichte: Die *wichtigen,* weil geistigen Beziehungen sind jene unter Männern, die Weitergabe des geistigen Erbes wird zwischen ihnen vollzogen. Xanthippe muss mit ihren Gefühlen das Gefängnis verlassen und die Männer philosophieren lassen.

Die Höherbewertung des Geistes zeigt sich auch in der naserümpfenden Haltung der antiken Philosophen gegenüber dem Thema der Geburt. In Platons Gastmahl vergleicht Sokrates die Geburt von »geistigen Kindern«, also philosophische Gedanken, Ideen, Kunst, mit der Geburt von Kindern aus Fleisch und Blut, er sagt: Die geistigen Kinder sind den fleischlichen vorzuziehen, denn sie bringen die wahre Unsterblichkeit mit sich. Auch spricht Sokrates davon, dass Männer durch geistige Kinder – also Ideen – miteinander verbunden sind. Als Vorbild nennt er Homer und Hesiod, die Dichter, die geistige Kinder hinterließen, »die ihnen unsterblichen Ruhm und ein ewig dauerndes Andenken erhalten […]«. Denn Männer, die Gesetze und »Geisteswerke« erzeugen anstatt »leibliche Kinder«, sind für die Gesellschaft besonders wichtig. In Platons Ode an den politischen Mann heißt es: »Auf Ehe und Kinderzeugung lenken diese Männer nicht von Natur den Sinn.«[31]

Anders gesagt: Die *wahren* Männer des Staatslebens müssen sich nicht mit der Trivialität des Familienlebens befassen, denn in einem idealen griechischen Staat leben Frauen, Kinder und Sklaven in einem abseitigen Bereich. Die Rolle der Mütter wird auf ihre Funktion als Futterstation reduziert. Vor allem in Bezug auf ihre Rolle bei der Erziehung von Knaben: Weil Knaben später einmal Staatsmänner werden und *geistige* Geburten hervorbringen werden, sollen sie möglichst von ihren Müttern und von Frauen ferngehalten werden – damit die Dimension des Körperlichen und Alltäglichen sie nicht zu stark tangiert. Konkret bedeutet das: Mütter sollen in abgetrennten Bereichen in die Kinderhorte gehen und dort alle Kinder beliebig stillen, jedoch keine tiefe individuelle Beziehung zu ihnen aufbauen.

In Platons Philosophenstaat wird der Einfluss der Mütter auf die körperliche Versorgung reduziert und durch den intellektuellen Einfluss der Männer abgewertet. [32] Wie die Kulturwissenschaftlerin Anja Hänsch aufzeigt, geht der philosophische Ausschluss von Geburt, Weiblichkeit und Mutterschaft aus dem öffentlichen Raum, der Polis, auch mit dem Ausschluss und der Inferiorisierung anderer Reproduktionstätigkeiten einher. Das Aufziehen von Kindern, die Versorgung von kranken und alten Menschen, Hausarbeit, kochen und putzen – all diese Tätigkeiten erhalten historisch einen abgewerteten Status,[33] was sich bis heute gravierend auswirkt auf all jene, die diese Tätigkeiten ausüben (müssen).

Für das Thema der weiblichen Genealogie-Amnesie ist die historische Abwertung der Geburt entscheidend, weil dadurch die Abstammung vom Väterlichen, die Vatergenealogie, ins Zentrum rückte. Später feierte das Christentum zwar die Geburt Jesu, aber der eigentliche Vorgang des Gebärens blieb abstrakt, wie Ina Praetorius ausarbeitet: Von einer Geburt kann in der Weihnachtsgeschichte nicht wirklich die Rede sein, die Darstellungen zeigen meist eine aufrecht sitzende, sauber gekleidete Maria mit dem frisch gewickelten Kind im Arm.[34] Christ:innen bekennen sich zwar zur Geburt Christi, aber die Geburt wird nicht als Geburt dargestellt. So wie Maria unbefleckt empfangen hat, gebiert sie in der christlichen Darstellung auch unbefleckt, unbemerkt, schmerz- und blutlos. Das Sterben Jesu am Kreuz hingegen wird konkret, fast obsessiv detailliert dargestellt, hier wird die Rückkehr zum geistigen Vater vollzogen, Jesus wird unsterblich, so wie Sokrates' Geist unsterblich wird.

Die bürgerliche Moderne knüpfte an die Körper-Geist-Hierarchie und die damit verbundene Entwertung des Weiblichen und Mütterlichen an: Die Psychoanalyse argumentierte, hier sehr verkürzt dargestellt, dass die Mutter die Ur-Instanz der Ernährung und Biologie sei.

In dieser Funktion ist die Mutter für das männliche Kind gemäß der Triebtheorie doppeldeutig, weil sie zugleich Verführerin, Objekt des sexuellen Begehrens und liebende Versorgerin ist. Um das Inzesttabu nicht zu verletzen, muss das männliche Kind diese sexuelle Symbiose auflösen. Dies geschieht, indem die Mutter abgelehnt wird; um ein autonomer Mann werden zu können, muss das Kind sich dem Vater, dem väterlichen Prinzip als Repräsentanten der »wahren Welt« zuwenden. Die Ich-Werdung des Menschen ist in der abendländischen Philosophiegeschichte darüber definiert, ein geistiges Bewusstsein zu entwickeln – die menschliche Identität ist geistig bestimmt, nicht körperlich.[35] In dieser Denktradition stehen wir auch Tausende Jahre nach der Antike, wenn moderne Philosophen und Künstler sich desinteressiert von Geburt, Weiblichkeit, von Körpern abwenden.

Ina Praetorius hat gesammelt, was berühmte Männer über das Thema Schwangerschaft und Geburt gesagt haben, Rainer Maria Rilke zum Beispiel bezeichnete in seinem Gedicht »Requiem für eine Freundin« die Schwangerschaft seiner Künstlerkollegin Paula Modersohn-Becker als einen Rückschritt, weil sie dadurch in die Welt der körperlichen materiellen Situation eintrete, Rilke spricht gar vom Tod der Künstlerin.[36] Kunst erschaffen und Kinder gebären widersprechen sich.

Ich habe versucht, einige Hintergründe der sogenannten westlichen Kulturgeschichte zu skizzieren, die zeigen, warum Frauengenealogien vergessen werden, und aus denen auch hervorgeht, vor welchen Herausforderungen die Beziehungen zwischen Frauen stehen. Die Sohn-Verehrung, die Abwertung des Geborenwerdens und der Mutter enthalten die Botschaft, dass es Männer sind, die etwas weitergeben, denen das Göttliche, der

Geist und die Unsterblichkeit innewohnen – und die in der realen Welt tatsächlich Macht, Geld und ihren Namen vererben. Es sind Männerbeziehungen, die wichtig sind, nicht die Frauenbeziehungen. Es sind die Beziehungen zwischen Vätern und Söhnen, zwischen Lehrern und Schülern, zwischen Propheten und Anhängern, die den Fortgang der Menschheit besiegeln.

Diese Männerorientierung führt unter anderem dazu, dass Frauen ihren Beziehungen untereinander weniger Bedeutung schenken, diese selbst abwerten und sich ebenfalls an Männern ausrichten. Und sie führt nicht zuletzt zu Konflikten zwischen Frauen, macht sie zu Konkurrentinnen, da ihre Beziehungen immer wieder patriarchal unterwandert werden.

Väter und Töchter

Beziehungen unter Frauen sind also nicht selten deshalb schwer, weil Frauen lernen, ihren eigenen Wert daran zu bemessen, in welchem Verhältnis sie zu Männern stehen, ob sie einen »tollen Sohn« haben, einen »erfolgreichen Ehemann« oder einen »coolen Vater«. Auch Töchter messen dem Einfluss ihrer Väter oder Großväter oft mehr Bedeutung bei als dem ihrer Mutter oder Großmutter. Töchter beschreiben die Beziehung zu ihrem Vater gern als eine »besondere«, eine »prägende« Beziehung.[37] Über ihre Mutter sagen Töchter dies seltener, da diese eher als selbstverständlich, alltäglich, unbedeutend oder auch als »schwierig« empfunden wird.

Es gibt den Ausdruck der »Vatertochter«, damit sind umgangssprachlich Frauen gemeint, die sich in die Tradition des Vaters begeben haben, eine besonders enge Beziehung zu ihm haben, von ihm gefördert wurden und das in ihrer Biografie auch stark betonen. Berühmte Töchter wie etwa Anna Freud, Erika Mann und Sylvia Plath verkörpern das Grundmuster der

Identifizierung mit dem starken beziehungsweise bedeutsamen Vater.

In unseren Kulturerzählungen ist zudem der Topos der gehorsamen Tochter bekannt, die bereit ist, jedes Opfer für den geliebten Vater zu erbringen, und trotzdem nicht geliebt wird – Antigone, Cordelia oder Elektra beispielsweise. Daneben steht das Motiv der ungehorsamen Tochter, die aber gleichzeitig die Lieblingstochter ist, wie in den Nibelungen die Erzählung von Brünnhilde deutlich macht oder die Figuren Pippi Langstrumpf oder Ronja Räubertochter von Astrid Lindgren.

Den Begriff der »Muttertochter« verwenden wir interessanterweise nicht, genauer: der Begriff »Muttertochter« wird nicht verwendet, um ein ähnlich positives Phänomen zu beschreiben wie die »Vatertochter«. Wenn Töchter eine besonders enge Beziehung zur Mutter haben, gilt dies in der Regel als ungesund, als nicht genug »abgelöst«, als toxisch gar und wenig förderlich. Eine enge Mutter-Tochter-Beziehung ist problematisch oder nicht weiter beachtenswert, verdient auf jeden Fall keinen eigenen Begriff.[38] Wenn man sich hingegen als Tochter in die Nähe des Vaters begibt, wenn man seine Prägung für die eigene Biografie hervorhebt, gilt das als erwähnenswert. Wie gern die Geschichte gehört wird, dass erfolgreiche Frauen stark von ihren Vätern geprägt wurden! Das Buch »The Managerial Woman« von 1977 präsentierte zum Beispiel fünfundzwanzig weibliche Führungskräfte und fragte sie nach ihrem Werdegang. Sie alle berichteten, dass ihre Väter sie zu ihrem beruflichen Erfolg ermutigt haben. Die Frage, welchen Einfluss die Mütter hatten, spielte kaum eine Rolle.

Zur Vaterverehrung muss gesagt werden, dass der Vater historisch eine beinahe sakrale Rolle einnahm. Der *pater familias* war in einer Familie quasi König, Richter und Priester – der familiäre Alleinherrscher. *Pater familias* bedeutet dabei nicht »Vater der Familie«, sondern »Herr der Familie« im Sinne von Herrscher.[39] Die patriarchale Familienherrschaft findet man in den verschiedensten Kulturkreisen, in zahlreichen alten Rechtsvorschriften wird dem Vater ein Besitzrecht an der Tochter und Ehefrau attestiert, die vollkommene väterliche Verfügungsgewalt über Frauen und Töchter. Vor der Heirat hatte ein Mädchen dem Vater unbedingt zu gehorchen, danach dem Ehemann. In den 1950er-Jahren entwickelte der Psychoanalytiker Jacques Lacan den Begriff »Nom-du-Père«, Name-des-Vaters.[40] Damit meinte er eine symbolische, das heißt kulturelle Ordnung, in der es zwar nicht mehr den klassischen Patriarchen gibt, das »Väterliche« aber immer noch als übergeordnete und verinnerlichte Autorität gehandelt wird, die unser Fühlen und Handeln beeinflusst.

Schwiegermütter und Schwiegertöchter

Der Stellenwert des Sohnes und des Väterlichen ist in vielen Familien auch heute spürbar und wirkt sich wiederum auf die Beziehungen der Frauen untereinander aus. Eine Reihe von Untersuchungen über das Schwiegermutter-Schwiegertochter-Verhältnis in heterosexuellen Konstellationen lässt den Schluss zu, dass das sprichwörtlich schwierige Verhältnis zwischen diesen Frauen zum Teil in der mütterlichen Sohn-Verehrung begründet ist.[41]

Unter anderen die Psychologin Terri Apter zeigt,[42] wie Schwiegermütter ihre Schwiegertöchter oft als Konkurrentinnen empfinden, die den Sohn von ihnen entfernen, dem doch über so viele Jahre die ganze mütterliche Aufmerksamkeit galt. Die Hinwendung des Sohnes zu einer anderen Frau empfinden viele Mütter als Kränkung, auch deshalb, weil sie häufig größere Schwierigkeiten haben, ihre Söhne loszulassen als ihre Töchter. Viele Schwiegermütter versuchen, ihren Einfluss auf den Sohn aufrechtzuerhalten, und können es schwer ertragen, wenn seine hauptsächliche Aufmerksamkeit auf eine andere Frau und eine neue Familie gerichtet ist.[43] Das zeigt sich darin, dass sie sich häufig einmischen oder die Frau des Sohnes schlechtmachen, sie für nicht »gut genug« befinden und sich bei Konflikten auf die Seite des Sohnes stellen.

Ein Grund für die Beziehungsprobleme zwischen Schwiegermüttern und Schwiegertöchtern ist diese Konkurrenzsituation. Denn eine Grundlogik der patriarchalen Gesellschaft ist es, wie Kate Manne in ihrem wichtigen Buch über Misogynie herausarbeitet, dass Frauen in »gute« und »schlechte« Frauen eingeteilt werden.[44] Es überrascht nicht, dass sie diese Bewertungsstruktur selbst verinnerlichen und reproduzieren. Zwischen Frauen ergibt sich fast zwangsläufig ein konkurrenzierender Vergleich: Wie lebe ich, wie lebt sie ihre Rolle als Mutter, Hausfrau, Ehefrau? Wer ist »besser«? Opfert sie sich auch so für die Kinder auf, wie ich es damals getan habe? Für viele Mütter sind die Söhne ihr großer Stolz, waren ein Dreh- und Angelpunkt über viele Jahrzehnte, sie haben durch sie ein bedeutungsvolleres Leben geführt. Wenn der – vielleicht auch noch einzige – Sohn ihr ganzer Stolz ist, begreift sie ihn als den Erfolg, über den sie sich definiert. Umso schwerer ist es, ihn loszulassen.

Die Gründe für Schwiegermutter-Schwiegertochter-Konflikte sind natürlich individuell und vielfältig, *ein* Thema kann die mütterliche Sohn-Verehrung sein, aber natürlich geht es auch um Persönlichkeiten, die vielleicht nicht zusammenpassen, schließlich suchen sich diese beiden Frauen gegenseitig ja nicht selbst aus. Dass sich eher die Schwiegertochter mit der Schwiegermutter als der Schwiegersohn mit dem Schwiegervater streiten, liegt nicht zuletzt daran, dass sie viel mehr Berührungspunkte im Alltag haben. Frauen sind bis heute mehrheitlich zuständig für die Alltagskommunikation in Familien, sie sind es also auch, die mehr mit den Schwiegermüttern kommunizieren, während Männer auch heute öfter außer Haus sind und die familiäre Logistik und das Beziehungshandeln den Frauen überlassen. Es überrascht also nicht, dass es in den durch den Alltag belasteten Frauenbeziehungen mehr Konfliktpotenzial gibt. Männer, die man auf die gleiche Weise in Familienabläufe zwingen würde, hätten wohl ebenfalls erhebliche Probleme miteinander.

Es sind also strukturelle Ausgangslagen, die Frauenbeziehungen in Familien oft mehr herausfordern und belasten als die Beziehungen zwischen Männern. Nicht selten ziehen sich die Söhne aktiv aus Konflikten heraus und tragen damit dazu bei,[45] dass die Beziehung zwischen Schwiegermüttern und Schwiegertöchtern problematisch verläuft. Für Söhne ist es oft einfacher, loyal mit ihren Müttern zu sein als mit ihren Frauen beziehungsweise Partnerinnen, die von ihnen Dinge einfordern, anstatt sie zu verehren – etwa mehr Gleichberechtigung, mehr Engagement im Haushalt und mit den Kindern.

Aus einer männlichen Interessenslage heraus ist es durchaus nachvollziehbar, sich den Konsequenzen und Anforderungen einer gleichberechtigt aufgeteilten Haus- und Familienarbeit zu entziehen. Das mütterliche Sohn-Schonungsprogramm ist bequemer und lukrativer als das alltägliche Anforderungsprogramm der Ehefrau. Möglicherweise springt die Mutter bei der Kinderbetreuung und der Hausarbeit ein und ist auch sonst um die Schonung ihres Sohnes besorgt. Söhne haben unbewusst ein Interesse daran, die mütterliche Loyalität aufrechtzuerhalten und für sich zu nutzen. Je nachdem bewahrt es die Söhne davor, in ihren selbst gegründeten Familien die Hälfte der Haus- und Familienarbeit zu übernehmen, es bewahrt sie davor, deshalb auf Einkommen, beruflichen Erfolg und Freizeit verzichten zu müssen – wie das üblicherweise die Frauen tun.

Apter hat auch untersucht, wie die Loyalität von Müttern gegenüber ihren Söhnen zuweilen in Konservatismus umschlägt und wie sich dies auf die Beziehung zwischen Schwiegermutter und Schwiegertochter auswirken kann.[46] Zahlreiche Schwiegermütter, die Apter interviewte, sehen sich selbst als Teil eines

Modernisierungsprozesses, eines kulturellen Wandels oder auch eines Kampfes um weibliche Emanzipation, den sie mit ihren Schwiegertöchtern teilen. Oft haben sie selbst Schwierigkeiten erlebt, Gewalt, Scheidungen oder die Herausforderung, Erwerbsarbeit und Familie unter einen Hut zu bringen. Sie waren selbst dem großen Druck ausgesetzt, es allen recht zu machen.

Bei den interviewten Schwiegermüttern handelt es sich um Frauen, die in den 1940er- und 1950er-Jahren geboren wurden. Viele haben hart dafür gearbeitet, gleichberechtigte Beziehungen mit ihren Ehemännern hinzubekommen, meistens nur mit mäßigem Erfolg. Umso überraschender ist es, dass manche von ihnen, wenn es um ihre Schwiegertöchter geht, plötzlich konservative Ansichten vertreten.

So hoffte beispielsweise eine der befragten Frauen namens Angie, dass ihre Schwiegertochter ihre Kandidatur für einen Sitz im Kongress verlieren würde. Angie war der Meinung, ihre Schwiegertochter wäre nicht ausreichend da für ihre Kinder. Angie erklärt, sie wisse aus eigener Erfahrung, wie wichtig es sei, eine eigene Karriere zu haben und die eigenen Fähigkeiten zu entwickeln. Sie habe selbst die ganze Zeit gearbeitet, als sie ihre Kinder bekam, und sie arbeitet auch jetzt noch. Aber wenn sie sich den Tatendrang ihrer Schwiegertochter ansehe, ginge dies zu weit. Weiter beklagt sie, ihr Sohn müsse jeden Abend um 17:30 Uhr zu Hause sein, um den Babysitter abzulösen. An den Wochenenden sei er wegen der zahlreichen Verpflichtungen seiner Frau oft alleine mit den Kindern. Es würde ihm auch gesundheitlich schaden, so viel zu tun zu haben: »Das jüngste Kind ist sehr anstrengend. Ich bin sicher, dass er sich so aufführt, weil er seine Mutter nicht genug sieht. Können Sie sich vorstellen, wie es für meinen Sohn wäre, wenn seine Frau in den Kongress gewählt wird? Ich bewundere sie. Das tue ich wirklich. Aber es gibt eine Grenze für das, was sie von ihrem Mann und den Kindern verlangen sollte.«[47]

Apter beobachtet bei vielen Schwiegermüttern eine ambivalente Haltung gegenüber der Emanzipation und den Möglichkeiten ihrer Schwiegertöchter. Sie haben ebenfalls kämpfen müssen und sind darauf auch stolz. In ihrer Rolle als Mutter und Schwiegermutter machen sie aber plötzlich eine Art Zeitreise in die 1950er-Jahre zurück; sie wollen das Beste für ihren Sohn, und seinen Anteil an der Familienarbeit zu leisten, ist nicht unbedingt das Beste für ihn. Als Mütter vertreten sie die Interessen ihres Sohnes, und zu diesen Interessen gehört, dass man als Mann in unserer Gesellschaft nach wie vor beruflichen Erfolg haben sollte, ein »gut geführtes Heim« und Freizeit. Erfolg im Beruf hängt von langen Arbeitszeiten ab; zufriedene Kinder und ein »gut geführtes Heim« erfordern Zeit und Aufmerksamkeit.

Die meisten Schwiegermütter beteuern zwar in den Interviews, dass sie keine häuslichen Ideale an ihre Schwiegertochter stellen und nicht erwarten, dass sie das traditionelle Modell einer Ehefrau erfüllt. Viele sagen auch aufrichtig, dass sie sich wünschen, dass ihre Söhne zu neuen Männern heranwachsen, die ebenso auf die Kinder eingehen und häusliche Verantwortung übernehmen wie ihre Partnerinnen. Doch auf einer tieferen Ebene wünschen sie sich, wie Apter feststellt, trotzdem eine Schwiegertochter, für die ihr Mann an erster Stelle steht.

Apter hat umgekehrt auch die Schwiegertöchter befragt. Besonders jene, die eine gleichberechtigte Aufteilung von Job und Familienarbeit mit ihren Männern anstreben, haben oft ein schlechtes Bild von ihren Schwiegermüttern und machen diese gar dafür verantwortlich, wenn ihre Männer sich nicht ausreichend um die Familien- und Hausarbeit bemühen. Sie haben den Eindruck, dass ihre Männer von der Schwiegermutter verwöhnt wurden und es deshalb mit der Gleichberechtigung nicht klappt.

Hier findet allerdings auch eine Art Konfliktübertragung statt: Die heftige Schwiegermutter-Kritik seitens der Schwiegertöchter ist nicht selten Ausdruck eines Problems, das sie eigentlich mit ihren Männern haben, weil diese es nicht fertigbringen, die angestrebte gerechte Aufteilung umzusetzen. Manchmal erscheint es dann leichter, der Schwiegermutter zu verübeln, dass sie ihren Sohn »verwöhnt«, als den Ehemann damit zu konfrontieren, dass er es versäumt hat, seinen Teil der Hausarbeit zu erledigen.[48] Denn Streitigkeiten darüber, wer welche Aufgaben übernimmt, können sich verheerend auf eine Ehe auswirken. Die Soziologin Arlie Hochschild hat in ihrer Untersuchung von Paaren, die zu Beginn ihrer Ehe entschlossen waren, die Aufgaben im Haushalt und die Kinderbetreuung gleichmäßig aufzuteilen, festgestellt, dass viele Frauen diesen Kampf um der ehelichen Harmonie willen irgendwann aufgeben.[49] Daraus kann man folgern: Viele Frauen, die das Gefühl haben, dass ihr Mann seinen Anteil nicht ausreichend leistet, versuchen, die eheliche Harmonie zu bewahren und ihren Ärger über ihren Mann abzuschwächen, indem sie ihrer Schwiegermutter die Schuld geben.[50]

Gleichzeitig ist es wichtig zu erwähnen, dass Schwiegermütter tatsächlich oft besser sind, als ihr historischer Ruf es vermuten ließe. Es gibt Studien, die nachweisen, dass Schwiegermütter und Schwiegertöchter sehr gute Beziehungen haben, es kommt auf die Bedingungen und auch auf die kulturellen Hintergründe und Kontexte an.[51] Andere zeigen, dass sich Schwiegertöchter und Schwiegermütter enorm darum bemühen, eine gute Beziehung zu haben.[52] Anders ausgedrückt: Es gibt sie zwar, die Problembeziehungen, aber viele Frauen schaffen es, trotz schlechter Bedingungen und Voraussetzungen dennoch gute Beziehungen zu führen (und mit »gut« ist nicht »konfliktfrei« gemeint). Mein Anliegen in diesem Buch ist es deshalb, eine Sprache zu finden, die die Ambivalenzen weiblicher Beziehungen zwischen Spaltung und Verbundenheit fassbar macht.

Wir müssen also skeptisch sein gegenüber der kulturellen Erzählung von der bösen Schwiegermutter, sie bedient die misogyne Vorstellung, Frauen hätten die heimliche Macht in der Gesellschaft oder Familie und würden aus dem Hinterhalt alles steuern und dominieren. Frauen wurden immer wieder als böse, sündhaft, zänkisch oder gefährlich dargestellt. »Das Böse ist eine Frau«, schreibt Bram Dijkstra in seiner Analyse über die historisch gewachsenen Geschlechterzuschreibungen und zeigt, wie Frauen – als Rabenmütter, Schwiegermütter, Ehebrecherinnen, Prostituierte, Nymphomaninnen, Vamps, alte Jungfern oder Hexen – kulturgeschichtlich immer wieder als Ursprung von Übel oder als schädlich dargestellt wurden und werden.[53] Eva, die erste Frau in der christlichen Schöpfungsgeschichte, hat keinen besonders guten Ruf, sie repräsentiert das Sündhafte und Schwache.

Auch das ist ein Grund, warum Frauengenealogien unterbrochen werden: Frauen wurden historisch beschuldigt, dass es zu Missernten und Krankheiten kam, dass wir aus dem Paradies verstoßen wurden; heute lastet man ihnen an, dass Familien auseinanderbrechen, zu wenig Kinder geboren werden und dass der Feminismus die Gesellschaft spaltet.

Mütter und Töchter

»Mit einem Sprung kommt Elektra katzenartig aus dem Dunkel, immer näher zu ihrer Mutter. Klytämnestra hat Angst vor der Tochter… sie will ins Haus, aber Elektra zerrt sie am Gewand nach vorn. Mutter und Tochter stehen einander Aug' in Aug', von sprachlosem Grauen geschüttelt.« So lauten die Bühnenanweisungen des österreichischen Dramatikers Hugo von Hofmannsthal (1874–1929) zu seiner »Elektra«, einer Theaterfassung des griechischen Rache-Mythos. Hofmannsthal hat eine Tochter-Mutter-Erzählung geschaffen, die von tieferer Feindseligkeit nicht sein könnte: Zu keinem Zeitpunkt gibt es auch nur den Funken einer Annäherung. Die Szenerie endet mit der Ermordung der Mutter durch ihre Kinder Elektra und Orest. Der Mythos erzählt nicht nur von einem unüberbrückbaren Hass zwischen Mutter und Tochter, sondern auch von der Solidarisierung der Tochter mit dem Vater. Elektra und ihre Mutter Klytämnestra stehen für ein Grundprinzip, das auch in der modernen Literatur und Psychologie immer wieder von Neuem bekräftigt wird: Um eine eigene Identität zu entwickeln, muss die Tochter die (mangelhafte) Mutter hinter sich lassen, ja zerstören, und sich dem väterlichen Prinzip zuwenden. Der Elektra-Mythos ist zugleich außergewöhnlich, weil die Mutter-Tochter-Beziehung zwar scheitert, aber immerhin überhaupt vorkommt.

Die zentralen Beziehungen in den Metaerzählungen der westlichen Kultur (Antike, Christentum, Aufklärung, Psychoanalyse) sind meistens nicht die Mutter-Tochter-Beziehungen, sondern sie handeln, wie wir erfahren haben, von Mutter und Sohn (Maria und Jesus) oder Vater und Sohn (Abraham und Isaac, Ödipus und Laios, Abschalom und David, Vater, Sohn und Heiliger Geist). Und manchmal findet sich auch eine Vater-Tochter-Episode (Zeus und Athene). Die prägenden Beziehungen unserer patriarchal und patrilinear geprägten Kulturgeschichte, die Ur-Situationen menschlicher Tragödien und Hoffnungen, diejenigen also, die es in die abendländischen Charts geschafft haben, sind meistens keine Mutter-Tochter-Beziehungen.[54] Und wenn diese Beziehung doch einmal vorkommt, wie im Elektra-Mythos, wird sie häufig an der patriarchalen Logik ausgerichtet.

Etwas verkürzt sind zwei Erzählvarianten der Mutter-Tochter-Beziehung prägend: In der ersten erscheint die Mutter als Lehrerin der Tochter, ihr Bezug gestaltet sich auf symbiotische Weise über die Einweisung der Tochter in deren zukünftige Rolle als Ehefrau und Mutter, die Tochter ist hier die willige Schülerin. Das Mutter-Tochter-Gespann kollaboriert mit den Anforderungen des »männlichen« Wertesystems und erhält dadurch auch Anteil an der Macht (zum Beispiel in der höfischen Epik des Mittelalters und später bei Rousseau). Die zweite Variante beschreibt – wie in der Elektra-Saga – die Abwendung der Tochter von der Mutter, eine Spaltung der Mutter-Tochter-Beziehung, die in der töchterlichen Hinwendung zur Macht des Vaters und später zum Ehemann endet. Insgesamt schwanken diese Mutter-Tochter-Darstellungen in einem widersprüchlichen Spektrum von kontrollierender Bindung und radikaler Trennung.

Wir haben also auf der einen Seite den Ausschluss der Mutter-Tochter-Beziehung aus dem vorherrschenden Kulturkanon. Wenn sie dennoch eine Rolle spielt, dann ist ihre Darstellung meist eher negativ oder geprägt von den Anforderungen der männlich dominierten Gesellschaft und weist wenig eigenständige Elemente auf. Auch in Grimms Märchen handelt die Erzählung oft von bösen Stiefmüttern, die ihre Töchter schlecht behandeln und kontrollieren (Aschenputtel) oder zu Konkurrentinnen ihrer Töchter werden (Schneewittchen).

Wir finden wenig Darstellungen von Müttern und Töchtern, die sich als Subjekte auf Augenhöhe begegnen. In der Literatur des Mittelalters zum Beispiel sind Mütter in der Regel Randfiguren, die eine moralische Instanz, ein Hindernis für den Liebhaber der Tochter oder einfach ein komisches Element darstellen. Einen etwas größeren Raum nehmen Mutterfiguren in der höfischen Epik ein. Zwar ist die Welt dieser Gattung vorwiegend männlich – heldenhafte Recken erleben »âventiuren« und erobern Länder und Frauen –, jedoch spielt in vielen Epen auch die Erziehung des Helden durch Vater und Mutter eine Rolle. Das Verhältnis zwischen Mutter und Tochter wird dagegen wesentlich seltener thematisiert – nichtsdestotrotz ist auch die Erziehung des Mädchens zur höfischen, sittlich gefestigten Frau, die Erziehung zur Mutter durch die Mutter ein wichtiges Element der Adelsgesellschaft – beispielhaft ist hier das Verhältnis von Ute und Kriemhild im Nibelungenlied.[55] In aller Regel sind die mittelalterlichen Stereotype jenes der naiven Tochter und der erfahrenen Mutter.[56]

Im Zuge der bürgerlichen Aufklärung und unter dem Einfluss von Rousseaus Erziehungslehre (»Émile oder Über die Erziehung«, 1762) erfolgte eine zunehmende Idealisierung der Familie, der Mutter und der Kindheit, die durch die Industrialisierung und die Trennung von Arbeit und Privatleben noch begünstigt wurde. Rousseau entwarf in seinen Schriften die Grundlagen der bürgerlichen Familie und darin das Bild der tugendhaften Hausfrau und aufopferungsvollen Mutter und etablierte die moderne Vorstellung einer ausschließlichen und exklusiven Mutter-Kind-Beziehung. Die Eigenschaften der Mutter in »Émile« sind »Geduld und Sanftmut«, mit denen sie die Harmonie der Familie aufrechterhält und ihre Tochter gründlich in ihre zukünftigen Pflichten einweist, als Hausfrau und Mutter ihrem zukünftigen Mann zu gefallen und ihm das Leben zu erleichtern.

Die von Rousseau und Johann Heinrich Pestalozzi geforderte hingebungsvolle Liebe der Mütter erwies sich für die Töchter als dramatisch, da den Müttern eine Art Eigentumsrecht am Leben ihrer Tochter attestiert wurde. Frauenrechtlerinnen wie Hedwig Dohm kritisierten diese Vorstellungen früh, sie schrieb, dass dies darauf hinauslaufe, dass »die Mutter in der Tochter eine zweite Auflage ihres Selbst«[57] anstrebe. Dohm lehnte sich bereits Ende des 19. Jahrhunderts gegen das Schicksal der Töchter auf und wehrte sich gegen das für Mädchen nahegelegte alleinige Ziel, Hausfrau und Mutter zu werden. Auch andere Vorkämpferinnen der Frauenemanzipation wie Fanny Lewald oder Lily Braun wandten sich früh gegen die ihnen als Töchter auferlegten Hausarbeiten oder die Erziehung zur Selbstbeherrschung.

Durch das Aufkommen der Psychoanalyse begann Anfang des 20. Jahrhunderts eine intensivere Auseinandersetzung mit der Beziehung zwischen Mutter und Tochter. Sigmund Freud knüpfte mit seinen Theorien an den damals vorherrschenden

Androzentrismus an, indem er das Männliche zum Standard für die Identitätsentwicklung beider Geschlechter machte. Freud zufolge muss sich das Mädchen von seiner Mutter lösen, um eine eigene Identität zu entwickeln, da die Mutter als Frau nicht als eigenständiger Mensch, sondern als Nicht-Mann, als mangelhafter, penisloser Mann gilt und daher der Tochter keine Identifikationsfigur bieten kann.[58] Die Tochter entwickelt daraufhin eine tiefe Abneigung, sogar einen Hass auf die Mutter, da sie als Ursache für die eigene Penis- und damit Identitätslosigkeit wahrgenommen wird. Also richtet sich das Mädchen nach dem Vater aus, der Weltläufigkeit, Subjektivität und Macht symbolisiert. In diesem Prozess entwickelt das Mädchen den berühmten »Penisneid«.

Nach Freud ist die Hinwendung der Frau zum Mann der Versuch, den Penis symbolisch zu internalisieren. Doch dieser Wunsch bleibt unerfüllt – als Nicht-Mann wird der Frau kein Subjektstatus in der männlichen Hierarchie zuteil. Erst mit der Geburt eines Sohnes, so Freud, wird die Penislosigkeit der Frau etwas ausgeglichen, da der Sohn quasi als Penisersatz der Frau dient. Letztendlich übernimmt die Frau aber die Position der eigenen Mutter: Als Identitätslose wird sie zur Projektionsfläche männlicher Wünsche, ohne jemals selbst Subjekt sein zu können.

Das Weibliche ist in der Psychoanalyse der Mangel. Oder wie Lacan es formulierte: »La femme n'existe pas.«

Dieser Keil zwischen Mutter und Tochter wurde zum bestimmenden Narrativ der Moderne, wir finden es zum Beispiel in Oskar Wildes »Salome«, in der das pure Grauen vor dem Weiblichen zum Ausdruck kommt und es zwischen der Tochter Salome und der Mutter Herodias keine bindende Emotionalität irgendeiner Art gibt. Wir finden es aber auch in der aktuellen Literatur wie der »Klavierspielerin« von Elfriede Jelinek, in der die kontrollierende Mutter die Tochter in einen psychischen Kollaps treibt.

Es sind vielfältige Erklärungen für die kulturhistorische Spaltung der beiden Frauen entwickelt worden, so beschreibt die Historikerin Leila Rupp, dass mit der Durchsetzung monotheistischer Ein-Gott-Religionen Göttinnen-Kulte zunehmend verschwanden, dadurch schwand auch kulturell die Möglichkeit, an Mütter, Frauenbeziehungen und Frauenbezüge anzuknüpfen, aber auch an pluralere, nicht binäre geschlechtliche Bezüge.[59]

Eine weitere Erklärung besagt, dass die Abspaltung des Mütterlichen auch mit der Entstehung der kapitalistischen Ökonomie verbunden ist: In dieser Logik müssen Bedürfnisse nach Fürsorge, Pflege und Beziehung unsichtbar und unbezahlt in der privaten Domäne erledigt werden zugunsten eines effizienten wirtschaftlichen Wachstums. Sorgearbeit wurde als eine der ökonomischen Welt untergeordnete »reproduktive Sphäre« abgewertet und einer bestimmten Gruppe – den Frauen – normativ zugewiesen. Die Abwertung des »Mütterlichen« hat also eine ökonomische Dimension: Dass Frauen sich mit der Rolle der gebenden und dienenden Mutter identifizieren und Sorgearbeit gratis übernehmen, ist im Interesse einer bestimmten Wirtschaftsweise. Deshalb wird das Mütterliche einerseits idealisiert und romantisiert und gleichzeitig als Gratisdienst entwertet und unsichtbar gemacht.

Die gesellschaftlich paradoxen Anrufungen zwischen Idealisierung und Abwertung der Mutter hat Auswirkungen auf die Mutter-Tochter-Beziehung und macht die Identifikation der Töchter mit den Müttern ambivalent und schwierig. Töchter sind einerseits dazu aufgefordert, sich mit der Mutter und der Mutterrolle zu identifizieren. Ihnen wird vermittelt: Du sollst wie (d)eine Mutter sein, das ist deine Rolle. Aber gleichzeitig ist der Bereich der Sorge und der Mütterlichkeit abgewertet, geht einher mit Abhängigkeit und Aufopferung, mit finanziell gravierenden Nachteilen und geringem gesellschaftlichem Status. Es überrascht also nicht, dass die Beziehung zwischen Müttern und Töchtern alles andere als leicht ist und dauernd pendelt zwischen Identifikation und Abgrenzung.

Die Schwierigkeit der Töchter, sich mit ihren Müttern zu identifizieren, überhaupt die Fragilität weiblicher Identifikation und Zusammenhalts, festigt männliche Dominanz und patriarchale Eigentumsverhältnisse. Die anthropologische Forschung zeigt die Spaltung der weiblichen Genealogien auch ganz praktisch an der Tradition des »Frauentauschs«. In den historischen Clangesellschaften wurden Töchter gehandelt, um Clanstrukturen und Eigentum zu sichern. Die Töchter mussten ihre familiären Bindungen aufgeben und in fremde Familien einheiraten, während die Söhne zu Hause blieben und von ihren Vätern mit Besitz und Macht ausgestattet wurden. Dieses Prinzip wird als Patrilinearität bezeichnet: Der Sohn, nicht die Tochter, erbt das Reich. Der Sohn, nicht die Tochter, übernimmt das Geschäft. Der Vater, nicht die Mutter, gibt den Nachnamen an die Kinder weiter. Dadurch wurde verhindert, dass Frauen Namen, Macht und Besitz weitergeben konnten (natürlich gibt es Beispiele, in denen Frauen Macht erlangten, Besitz hatten und diesen selbst verwalteten, das waren aber immer Ausnahmen).

Mutter-Tochter-Beziehung neu gedacht

Die patriarchale Ordnung gründet gemäß der Philosophin und Psychoanalytikerin Luce Irigaray auf dem »symbolischen Mord der Mutter«, Matrophobie, also Mütterfeindlichkeit, ist ein zentrales Element dieser Ordnung. [60] Nicht wenige Töchter treibt auch heute die Sorge um, »wie die eigene Mutter« zu werden. Das kann unterschiedliche Gründe haben, auch berechtigte. Oft kommt die Sorge daher, dass Töchter ihre Mütter trotz der Modernisierung der Geschlechterverhältnisse noch immer in der Privatheit des Haushaltens und der Kinderversorgung verorten. Sie sehen die Mutter – auch und mittlerweile *gerade* dann, wenn diese berufstätig war – als eine Gefangene ihrer familiären Verpflichtungen, der mentalen Überlastung und dauernden Verfügbarkeit. Der Druck, Beruf *und* Mutterschaft zu schaffen, ist gigantisch, ich habe das Thema in meinem Buch zur »Erschöpfung der Frauen« detailliert ausgearbeitet.[61]

Das geht an den Töchtern nicht spurlos vorbei: Die Mütter sind erschöpft, sie leisten und ackern, und trotzdem sind am Ende nicht sie es, die Geld haben, die Prestige genießen – wie an den Zahlen über das Lebenseinkommen, über Altersarmut, Spitzenpositionen im Arbeitsleben unschwer zu erkennen ist. Sämtliche Bereiche, von Kultur, Wirtschaft, Wissenschaft bis Politik, sind trotz der zunehmenden Erwerbstätigkeit und Bildung der Frauen nach wie vor mehrheitlich in Männerhand. Das Bild, das auch moderne Mütter ihren Töchtern vorleben, ist das einer aufopfernden Person, die sich verausgabt – heute sowohl zu Hause mit den Kindern wie auch im Beruf – und trotzdem in der Welt keine größere Bedeutung oder Beachtung erhält. Die moderne Mutter ist ausgelaugt und aufgerieben – auch von Mikroauseinandersetzungen mit ihrem Mann über eine gleichberechtigte Arbeitsteilung, die als Ideal angestrebt wird, aber selten wirklich klappt. Alles in allem: Auch die moderne Mutter ist als Vorbild für Töchter in der Regel mittelmäßig attraktiv, auch wenn es Ausnahmen gibt.

Die Psychologin Bärbel Wardetzki thematisiert in ihrem Buch »Weiblicher Narzissmus« die fehlgeschlagene Identifikation mit der Mutter als mögliche Ursache weiblicher Minderwertigkeitskomplexe. Ihre These: Töchter erleben ihre Mütter häufig in einer aufopferungsvollen, aber gesellschaftlich unsichtbaren Rolle des Haushaltens und der Fürsorge. Auch in der Berufswelt haben Frauen oft diese Rollen, sie versuchen, alles perfekt zu machen, opfern oder reiben sich auf, machen Überstunden.

Viele Töchter haben Wardetzki zufolge Mühe, sich mit dieser als defizitär und wenig attraktiv empfundenen Weiblichkeit zu identifizieren, es entsteht ein Identitätsdefizit und dadurch ein

Gefühl der eigenen Minderwertigkeit. Frauen entwickeln Aversionen, nicht nur gegenüber der eigenen Mutter, sondern vor allem auch gegenüber sich selbst – oft in Form von autoaggressivem Verhalten wie Essstörungen, Ritzen oder anderem selbstverletzenden Verhalten. Gemäß Wardetzki kompensieren viele Frauen ihr Minderwertigkeitsgefühl mit extremen Formen der Leistungs- und Kontrollsucht. Ob Fitnesswahn, exzessive Anpassung im Beruf oder perfektionistisches Wohnungseinrichten – aufgebaut wird eine Fassade der Vollkommenheit, der Schönheit, des Erfolges; ein verzweifelter Versuch der Selbst-Souveränisierung.[62] Wardetzkis Thesen wirken zuweilen etwas simpel, Essstörungen oder Perfektionismus verweisen sicher nicht zwangsläufig auf ein gestörtes Verhältnis zur Mutter, richtig ist allerdings – und deshalb lohnt es sich, über ihre Thesen nachzudenken –, dass die Dinge, die Frauen tun, gesellschaftlich noch immer einen geringeren Wert und deshalb eine geringere Vorbildfunktion haben.

Viele Frauenfiguren, mit denen es Mädchen vor der Pubertät zu tun haben – Kleinkinderzieherinnen, Kindergärtnerinnen, Primarlehrerinnen oder die eigene Mutter –, leisten wichtige und harte Arbeit, werden aber schlecht oder gar nicht bezahlt. Sie sind Kümmerinnen, und nicht mehr nur zu Hause, sondern auch in der Freizeit, im Vereinsleben, in ihren Berufen. Töchter erleben ihre Mütter in einer umfassenden Kümmerrolle, in einer schier bodenlosen »Allzuständigkeit« (Katharina Debus), nur ist diese heute nicht mehr auf das Private begrenzt, sondern hat sich auf weitere Bereiche ausgedehnt.[63] Heutzutage traut man Frauen zu, ihr Schicksal selbst in die Hand zu nehmen und beruflich erfolgreich zu sein – es wird sogar von ihnen erwartet –, sie sollen aber weiterhin freundlich, fürsorglich, zugewandt bleiben. Frauen sind berufstätig und aber weiterhin konfrontiert mit geschlechtsspezifischen Erwartungen an ihre Verfügbarkeit. Sie sind – am Arbeitsplatz und zu Hause – ununterbrochen zuständig dafür, anderen möglichst perfekt gerecht zu werden.[64]

Anders ausgedrückt: Neben den emanzipierten Rollenbildern sind auch die traditionellen Erwartungen unhinterfragt wirksam, und diesen Spagat zu schaffen ist fast unmöglich. Das, was Frauen sollen und wollen, ist nicht zu schaffen. Es ist nicht möglich. Die Anforderungen stehen zu sehr in Widerspruch zueinander, als dass man ihnen wirklich gerecht werden könnte. Und so verhalten sich Mütter auch gegenüber ihren Töchtern: Widersprüchlich. Moderne Mütter sagen ihren Töchtern, dass sie einen Beruf erlernen, finanziell unabhängig und emanzipiert sein, sich verwirklichen sollen. Auf der anderen Seite adressieren sie ihre Töchter mit Kümmer-Aufträgen. Auch progressive Mütter richten oft unbewusst Appelle an ihre Töchter, in die kümmernde Verantwortung zu gehen. Die Töchtersozialisierung, überhaupt die Erwartung von Frauen gegenüber anderen Frauen in Familien ist eine des Behilflichseins. Um es mit der Autorin Antonia Baum zu formulieren: Töchter werden angesprochen, wenn in der Familie soziale und emotionale Belange beantwortet werden müssen, Töchter werden dazu ausgebildet, sich um andere zu kümmern.[65] Nehmen sie diese Aufgabe nicht an, wird es ihnen, besonders von Frauen, übel genommen. Aus diesem Grund fühlen sich viele Töchter bei sozialen Belangen angesprochen. »Sie werden dazu ausgebildet«, schreibt Baum, und weiter:

> »Wenn etwa irgendein Sohn eine Freundin mitbringt, die seine Freundin bleibt, und nach ein, zwei Jahren werden beide zum Geburtstag der Mutter des Sohnes eingeladen, dann wird nicht der Sohn, sondern die Freundin des Sohnes komisch gefunden, wenn die beiden ohne Geschenk ankommen. Weil das Denken an Aufmerksamkeiten, an das Ausführen von Ritualen, die gemeinschaftsstiftend und erhaltend sind, ein Frauenjob ist. Der Grund dafür ist, dass man Frauen leichter ein schlechtes Gewissen machen kann. Wenn es wieder irgendeinen Familientermin gibt, und da ist ein Sohn und

eine Tochter, die beide erscheinen und beide keine Lust drauf haben, und beide sagen nach neunzig Minuten, dass sie nun gehen werden – dann richten sich die Mütter mit ihren Appellen besonders an die Tochter, weil sie die Erfahrung gemacht haben, dass man bei der Tochter mehr Erfolg damit hat.«[66]

Noch etwas drastischer beschreibt es bell hooks, wenn sie sagt, die lauteste patriarchale Stimme in ihrem Leben wäre die ihrer eigenen Mutter gewesen.[67]

In den 1960er-Jahren gab es im Laufe der zweiten feministischen Welle eine vielfältige Auseinandersetzung mit der Mutter-Tochter-Beziehung. Ein Teil der Frauenbewegungen versuchte, Mutterschaft feministisch zu rehabilitieren.

Bald wurde klar, dass diese Versuche mit vielfältigen Dilemmata konfrontiert sind: Das Vorhaben, die Mutter (historisch) aufzuwerten, sie als Erzieherin, Ernährerin und Beschützerin der Tochter zu denken, aber auch als Spenderin des Lebens auf Erden überhaupt, entpuppte sich rasch als schwierig. Denn eine derartige Betrachtung des Mütterlichen läuft wiederum selbst Gefahr, patriarchale Normen zu reproduzieren: Die »fürsorgende, nährende Mutter« liegt auf Linie mit den alten Klischees, denen zufolge Frauen und besonders Mütter auf das Körperliche, die Gefühle und die Versorgung reduziert werden. Außerdem lief man Gefahr, Frausein insgesamt mit Mutterschaft gleichzusetzen.

Nicht zuletzt luden die Ideen von einer »weiblichen Natur« und die mit ihnen einhergehenden Prämissen der »natürlichen Geburt«, der »natürlichen Schwangerschaft«, der Aufwertung des Stillens wieder viel Last auf die Schultern von Frauen beziehungsweise Müttern. Es entwickelten sich neue Normen und Dogmen, zwar mit einem feministischen Anstrich, aber auch aufgeladen mit neuem Druck, nun die perfekte »natürliche« Mutter zu sein.

Vielen Denker:innen war schon damals klar, dass es eine feministische Vision der »Mutter« und folglich auch der Mutter-Tochter-Beziehung in einer patriarchal strukturierten Gesellschaft nur begrenzt geben kann. Und zwar deshalb, weil auch jede neue Mutter-Vision von patriarchalen Bildern geprägt sein wird. Es kann keine Utopie weiblicher Existenz oder Beziehungen geben, die gänzlich frei ist von vorherrschenden Strukturen und Erwartungen.

So stößt die Vorstellung, Töchter müssten sich von der Mutter lösen und eine eigenständige Identität entwickeln, leicht auf einen mütterfeindlichen Boden und läuft Gefahr, die Abwertung des Mütterlichen zu reproduzieren. Die Idealisierung der Mutterfigur und einer »engen Beziehung« zwischen den beiden Frauen riskiert wiederum, in die andere Richtung in eine Falle zu tappen und die Individualität von Frauen zu unterwandern. Der spirituelle Feminismus betont als positiven gemeinsamen Bezugsrahmen oft biologische Merkmale wie Gebärfähigkeit, Fruchtbarkeit, Zyklus und Menstruation. Die weibliche Genealogie und Beziehung wird also mittels einer vereinheitlichten Idee von »Frausein« heraufbeschworen, die normativ mit bestimmten Merkmalen gleichgesetzt ist (Natur, Gefühl, Körper usw.). Nicht selten reproduzieren diese esoterisierenden Frauenbilder *selbst* patriarchal geprägte Zuschreibungen, die Frausein auf das Nährende, Umsorgende, Empfangende fixieren. Zwischen einem mystifizierten Mütterlichen und ihrer Tochter kann es auch schwer Gleichwertigkeit geben.

Matriarchatskulte bringen also erhebliche Schwierigkeiten mit sich, auch ist es wissenschaftlich schwierig nachzuweisen, ob es vor Tausenden von Jahren im großen Stil matriarchale Gesellschaften gab.[68] Aus den entsprechenden Zeiten sind keine Schriftnachweise überliefert, nur Gegenstände wie Skulpturen, Schmuck, Geschirr, Werkzeuge und Malereien. Archäolog:innen analysieren diese und versuchen, daraus Schlüsse auf den Alltag früher Menschen zu ziehen.

Es ist vielfach beschrieben worden, an welche Grenzen die Forschung bei der Interpretation stößt, wenn sie etwa die bürgerlichen modernen Geschlechterverhältnisse unkritisch auf die Ur- und Frühzeit überträgt.[69] Viele archäologische Befunde mussten später revidiert werden, weil aus Werkzeugen, Grabbeigaben oder anderen Materialien vorschnell auf die tatsächlichen Lebensweisen und Machtstrukturen früherer menschlicher Gesellschaften geschlossen wurde. Selbst wenn manche archäologischen Funde darauf hinweisen, dass in ur- und frühgeschichtlichen Gesellschaften Göttinnen verehrt wurden, sagt das noch nichts darüber aus, ob die Frauen zu dieser Zeit tatsächlich gleichberechtigt lebten oder gar verehrt wurden und ob Geschlecht überhaupt eine wichtige Rolle spielte. Bis heute werden kontroverse Diskussionen darüber geführt, wie die binäre patriarchale Vorherrschaft des Mannes entstanden ist, ob und inwiefern es davor gleichberechtigte Lebensweisen gab, ob sogar Frauen das Sagen hatten oder eine Matrilinearität, also die Abstammung von Frauen, zu anderen Zeiten höher bewertet wurde.

Falls es richtig ist, dass die biologische Beteiligung der Männer an der Entstehung von Kindern in vielen historischen Gesellschaften nicht bekannt war, scheint es durchaus denkbar, dass zu jener Zeit Frauen als Schöpferinnen des Lebens verehrt und die Abstammung von Frauen beziehungsweise von jenen, die Kinder gebären, sogar gefeiert wurde. Es könnte durchaus bedeuten, dass es eine Matrilinearität gab, dass also die Bedeutung der Mutter-Kind-Beziehung, die Abstammung von der Gebärenden im Vordergrund stand (ob diese Gebärenden damals schon »Frauen« genannt oder überhaupt binär vergeschlechtlicht wurden, wissen wir nicht). In einer solchen Gesellschaft würden Göttinnenverehrung und mütterliche Abstammungskulte durchaus Sinn ergeben.[70]

Doch daraus lässt sich weder auf die Position der damaligen Frauen, auf ihre geschlechtliche Identität, sexuelle Orientierung oder ihr Sexleben insgesamt schließen, noch lässt sich etwas darüber sagen, wie sich die Beziehungen unter Frauen gestalteten. Über die Sexualität und die Geschlechtsidentitäten der Ur- und Frühmenschen wissen wir also wenig. Wir können lediglich Thesen entwickeln.

Plausibel scheint mir die These, dass Menschen im Zuge einer zunehmend an Eigentum orientierten sesshaften Lebensweise begannen, in Konflikte um Besitz und Macht zu geraten, und dass jene, die physisch weniger eingeschränkt waren, weil sie keine Schwangerschaften und Geburten durchliefen, mehr Kapazitäten hatten, Besitz- und Machtansprüche geltend zu machen und durchzusetzen. Männer begannen, in Kämpfe zu ziehen und Herrschafts- und Besitzansprüche zu stellen. Damit einher ging auch das Interesse, Macht über die Reproduktion und Kinder zu erlangen. Männer bauten ihre Dominanz also auch aus, indem sie ihren Anspruch auf die Kinder und diejenigen, die diese Kinder zur Welt brachten, geltend machten.

Verkürzt dargestellt: Als klar wurde, dass auch Männer biologisch an der Zeugung von Kindern mitwirken, leiteten sie daraus ein Besitzverhältnis gegenüber Frauen und Kindern ab, ein ähnliches Verhältnis also, wie sie es gegenüber dem Boden und der Natur zu entwickeln begannen. Sie setzten diesen Anspruch durch, indem sie ein System von Frauenabwertung, Monogamie, Religionen und später Gesetze der bürgerlichen Ehe und väterlichen Namensweitergabe etablierten, ein patriarchales System, das ihren (Besitz)Anteil an der Reproduktion absicherte.

Was die differenzierte Forschung durchaus beobachtet: Die Bedeutung von Göttinnen hat im Laufe der Geschichte abgenommen, besonders in jenen Zeitaltern, in denen Menschen begannen, sesshaft zu werden, Länder zu erobern, in denen Eigentum relevant wurde. Ein möglicher Grund für den Bedeutungsverlust von Göttinnen könnte durchaus sein, dass eine solche Besitz-Kultur auf *einen* Gott und eine Kirche, einen Anführer, einen König und einen Vater als Herrscher über die Familie ausgerichtet sein muss. Denn eine Aneignungskultur zieht ihre Legitimität aus einer hierarchisch strukturierten Gesellschaft: Nur wenn es ein Unten und Oben gibt, ist die Verfügung über andere, ist die ungleiche Verfügung über Besitz gewährleistet.

Man verzeihe mir die verkürzte Darstellung möglicher ur- und frühgeschichtlicher Entwicklungen.

Was ich sagen will: Selbst wenn es denkbar ist, dass es dereinst matriarchale Strukturen gab, ist eine Romantisierung vergangener Zeiten und möglicher matriarchaler Gesellschaften wenig hilfreich, um heutige Frauenbeziehungen zu gestalten. Wir können diese sehr frühe Vergangenheit untersuchen, sie bruchstückhaft rekonstruieren und vielleicht einige Thesen darüber aufstellen, wie sich damalige Entwicklungen auf heutige Gesellschaften auswirken. Aber eine Idealisierung der Vergangenheit scheint mir problematisch. Das gilt für die Idealisierung von patriarchalen Strukturen genauso wie für die Idealisierung matriarchaler.

Eine Idealisierung enthält im Kern den Gedanken, dass es eine wahre Bestimmung menschlichen (weiblichen) Lebens gibt, die wir nur suchen und aufdecken und an die wir uns endlich wieder halten sollten. Weder können wir aber die genauen Verhältnisse von damals je kennen, noch ist es hilfreich, sich an einer »wahren« Bestimmung der menschlichen Existenz zu orientieren. Denn: Es liegt an uns, die Gesellschaft in ihren veränderten historischen Kontexten immer wieder neu zu gestalten, darum zu ringen und auszuhandeln, wie wir leben wollen. Wir sollten skeptisch bleiben gegenüber Angeboten, die uns vermitteln, es gebe einen Masterplan, wie das Leben auf diesem Planeten *eigentlich* zu gestalten sei.

Wir sollten dem Narrativ misstrauen, es gebe einen vorgeschriebenen Weg, einen »Auftrag« für uns als »Frauen«, Individuen oder gar als Menschheit. Solche deterministischen, religiösen und esoterischen Beruhigungserzählungen sind zwar verständlich, aber sie machen unfrei, sie sind im Kern autoritär und regressiv. Denn sie legen nahe, es gäbe eine Art Menschheitsprogramm, eine Formel, die wir finden müssten, sei es in der Vergangenheit oder heute, eine Formel, die besagt, was eigentlich *richtig* oder *falsch* ist.

Aus dem, wie es früher angeblich war, lässt sich nicht ableiten, wie es heute sein sollte, denn eigentlich ist es doch so: Selbst wenn zum Beispiel herauskäme, dass das Patriarchat schon immer und durchgehend von Anfang an existierte, wäre es legitim zu fordern, dass es heute *anders* sein muss, wäre es legitim, sich zu wünschen, dass wir freier begehren, leben und lieben wollen. Oder noch mal anders ausgedrückt: Wir brauchen nicht zu beweisen, dass es früher mal Göttinnenkulte oder Matriarchate gab, um zu fordern, dass Frauen nicht unterdrückt werden.

Ich bin für die Stärkung von Frauengenealogien und das Sichtbarmachen von weiblichen Einflüssen, aber diese müssen, wenn wir sie wirklich ernst nehmen, in ihrer Ambivalenz und Widersprüchlichkeit zum Sprechen gebracht werden. Das heißt, ich bin gegen die Verklärung einer vermeintlich ursprünglichen, guten matriarchalen Zeit oder »Kultur«. Die Gefahr besteht, dass wir dadurch normierte, vereinfachende und vereinheitlichende Vorstellungen von Frausein, Weiblichkeit und von Frauengenealogien stark machen, anstatt deren Widersprüchlichkeit und nicht zuletzt auch die Geschichte von Feindschaft und Gewalt unter Frauen zu bearbeiten. Frauen haben sich gegenseitig gestützt und genährt, genauso wie sie sich gegenseitig verraten, gequält und bekämpft haben. Als könnten wir einfach so »das gute Weibliche«, die schöne ursprüngliche Frauengeschichte aufdecken.

Eine andere Neugier ist vonnöten

Wenn es also keine Vergangenheit gibt, auf die wir uns bei der Suche nach Genealogien oder alternativen Mutter-Tochter-Modellen einfach positiv beziehen könnten – worauf dann? Wenn es bei unseren Strategien gegen die weibliche Genealogie-Amnesie nicht darum gehen kann, »die Wahrheit über Frauen früher oder heute« herauszufinden, um was geht es dann?

Die feministische Historikerin Regina Schulte sagt: »Eine andere Neugier ist vonnöten.«[71] Eine Neugier, die nicht eine festschreibende Wahrheitssuche ist, sondern ein Eintauchen in die Schichten des Verdrängten und Unbekannten. Wir können zum Beispiel Marias Rolle im Neuen Testament vielfältig interpretieren in ihrer aufopferungsvollen Rolle, und gleichzeitig können wir einen Fuß in die Lücken patriarchaler Erzählungen hineinsetzen. Eine scheinbar winzige eigenwillige Handlung Marias können wir gegen das Patriarchat wenden, es in seiner vermeintlichen Allmacht einstürzen lassen. Angelika Meirhofer etwa zeigt in ihrer Maria-Analyse, dass Jesus zwar nicht wollte, dass Maria sich einmischt, sie es aber eben doch tat. Frauenfiguren und damit auch Frauengenealogien und Frauenbeziehungen müssen rehabilitiert werden, das bedeutet allerdings nicht, nur schöne Geschichten über sie zu erzählen, sondern sie in ihrer Komplexität und Widersprüchlichkeit ernst zu nehmen.

Denker:innen der zweiten Welle der Frauenbewegung unterzogen klassische Texte einer Relektüre. Auf der Suche nach den Lücken rehabilitierten sie Frauenfiguren und Mutter-Tochter-Beziehungen und sprangen hinein in »das Verdrängte der Texte« – wie Hélène Cixous es formuliert.[72] So nahmen sie sich den griechischen Mythos über die Fruchtbarkeitsgöttin Demeter und ihre Tochter Persephone vor.

Demeters Tochter Persephone wird von Hades, dem Gott des Todes, entführt. Demeter sucht daraufhin nach ihrer Tochter und findet sie. Im homerischen Mythos heißt es über die Wiederbegegnung: »Eine wärmte der anderen Herz und Sinn zur Genüge. […] Freude schenkten und Freude nahmen sie untereinander.«[73] Demeter, Göttin der Fruchtbarkeit, und Persephone – mittlerweile Königin des Todes – vereinen sich wieder. Dem Philologen Carl Kerényi zufolge[74] vereint der Mythos Tod und Geburt, er widersetzt sich der hierarchischen Unterscheidung zwischen einer rein geistigen und einer profan-körperlichen Welt. Er holt die Themen Körper, Materie (*Mater* = griech. *Mutter*), Geburt und Sterblichkeit zurück und gibt ihnen Bedeutung.

Die Erzählung bietet aber keine endgültige Auflösung der patriarchalen Gefüge, Persephone bleibt die Göttin des Todes, bleibt in der Gewaltbeziehung mit dem Gott der Unterwelt, Hades (er hat sie geraubt, also gewalttätig an sich genommen). Die Wiederbegegnung von Demeter und Persephone ist also ein seltener Ausdruck einer weiblichen Beziehung der Ebenbürtigkeit, geprägt von der Freude und Liebe zwischen Mutter und Tochter – »das Leid verebbte im Gemüte«,[75] heißt es. Beschrieben wird eine Mutter-Tochter-Beziehung, die nicht zuletzt mit dem Lauf der Welt in Verbindung gebracht wird: Demeter und Hades treffen die Vereinbarung, dass Persephone jeweils ein halbes Jahr in der Unterwelt weilen und die restliche Zeit oben bei der Mutter verbringen wird. Gemäß dem Mythos ist dieser Wechsel für die Jahreszeiten verantwortlich: Wenn Persephone bei Hades ist, wird es Winter auf der Erde, alles gefriert und stirbt. Kommt Persephone zur Mutter, wird es Sommer, die Erde wird durch die Begegnung der beiden Frauen fruchtbar: Es ist die Verbindung der Frauen, die die Welt zur Blüte bringt.[76]

Demeter macht im Mythos eine weibliche Abstammungslinie geltend, sie will nicht, dass diese durch das Abtauchen von Persephone in die Welt des Todes unterbrochen wird. Demeter bezeichnet Persephone als ihre Tochter, die sie geboren hat, und schafft es mit einer List, die Unterbrechung der Mutter-Tochter-Beziehung zu beenden. Wie die Philologin Julia Klebs bemerkt, spielt allerdings die weibliche Genealogie am Schluss des Hymnos keine Rolle mehr.[77] Demeter akzeptiere vielmehr die Rolle der Tochter als Tauschfigur, die ihnen beiden einige Vorteile bringt. Tochter und Mutter sind am Ende trotz allem auch immer noch ein Puzzlestück patriarchaler Machtgefüge. Dies werde durch den Widerspruch der Mutter nicht substanziell infrage gestellt.

Demeter wird von Cixous auch als eine Frau beschrieben, die eine andere Frau sucht und damit eigentlich sich selbst. In einer patriarchal strukturierten Gesellschaft bedeutet dies eigentlich die Suche nach dem unbekannten Selbst. Cixous zufolge ist »die Frau« im bürgerlichen Patriarchat eine männliche Erfindung, sie wurde historisch als Figur konzipiert, die männlichen Interessen entspringt, zum Beispiel die Rolle der aufopfernden Mutter und Ehefrau, die Rolle der Prostituierten, der Hexe und bösen Frau – die traditionellen Weiblichkeitsbilder sind »Männerphantasien«, um noch einmal Klaus Theweleit zu zitieren. Die »Frau« als eine eigenständige emanzipatorische Kategorie muss deshalb immerzu und immer wieder neu gesucht oder »erarbeitet« werden. Demeter symbolisiert diese Suche der Frauen nach sich selbst, die Suche nach der Tochter spiegelt dies.

Diese Erkundung bedeutet für Frauen beziehungsweise FLINTA*-Personen eine Arbeit am Untersagten, denn in der patriarchalen Logik sind eine Frauenbeziehung, eine Mutter-Tochter-Beziehung und letztlich eine gute Beziehung zu sich selbst nicht vorgesehen. Die Geschichte von Demeter und Persephone erlaubt uns einen Sprung in die Lücken dieser Vorstellung. Denn diese Macht ist nicht umfassend, sie hat Risse und enthält verborgene Schwächen und Widersprüche. Die gilt es zu suchen und mit Leben zu füllen. Gleichzeitig lassen sich die Widersprüche, die diese Suche mit sich bringt, nicht aufheben.

Noch deutlicher erkennt dies Hélène Cixous im Märchen der Geschichte vom Rotkäppchen und dem bösen Wolf.[78] In der traditionellen Lesart lautet die Moral von der Geschichte: Das Rotkäppchen wird von seiner Mutter mit einer Aufgabe betraut, hält sich aber nicht an die Anweisungen. Es verlässt den Weg und begegnet dem bösen Wolf, der es später in Form der Großmutter für sein abwegiges Verhalten, seinen eigenen Willen, bestraft und verspeist. Die Mutter behält mit ihrer Warnung recht. Sie ist die Instanz, die das Mädchen diszipliniert, denn sie weiß, dass diese Welt für Frauen eine Böse-Wolf-Welt ist, deshalb müssen Mädchen auf dem richtigen Weg bleiben. So weit die Grimm'sche Moral.

Cixous wendet sich nun gegen diese Lesart und wertet die Rolle der Mutter auf: Immerhin schickt die Mutter das Rotkäppchen los. Es ist, trotz der strengen Anweisung, auch eine Aufforderung: Geh in die weite Welt. In Cixous' Interpretation wird das Rotkäppchen von der Mutter losgeschickt, um sich im Wald selbst zu suchen, sie bricht mit dem Stereotyp eines kontrollierenden Mutter-Tochter-Verhältnisses. Die Mutter gesteht der Tochter die Erkundung ihrer (ungewissen) Weiblichkeit zu. Die Großmutter verkörpert in Form des Wolfes das väterliche Gesetz, das am Ende die eigene Identität verbietet. Die Frau (Rotkäppchen) ist also auf der Suche und doch festgeschrieben durch die vorherrschende Ordnung. Cixous' Lesart ist eine Metapher für die Situation heutiger Frauen: Rotkäppchen ist frei *und* unfrei. Rotkäppchens Mütter (Mutter und Großmutter) vereinen alle Widersprüchlichkeiten, in denen sich Mütter in der patriarchalen Ordnung befinden: Sie schicken die Tochter los, ihr Selbst zu suchen, und verbieten es ihr gleichzeitig. Sie sind gute *und* böse Mütter. Rotkäppchen wird am Ende von der Großmutter eingefangen, das Mädchen ist festgeschrieben, »zwischen zwei Häusern, zwischen zwei Betten« (Cixous) – und doch immer noch auf der Suche. Anders gesagt: Die Frau ist in der bürgerlichen patriarchalen Gesellschaft fixiert und gleichzeitig ortlos.[79]

Ich habe bereits skizziert, wie die klassische Psychoanalyse eine Trennung der Mutter-Tochter-Beziehung nahelegt. Dieser

Theorie zufolge erfordert die Entwicklung des Menschen zu einem unabhängigen Subjekt die Abspaltung des Mütterlichen.

Ähnlich wie Cixous in Bezug auf literarische Texte vorgeht, liest die Psychoanalytikerin Luce Irigaray die Theorien der Psychoanalyse neu und legt eine feministische Lesart vor. Dabei entwirft sie auch ein anderes Mutter-Tochter-Modell: In ihrem Text »Eine bewegt sich nicht ohne die andere« (1979)[80] lässt sie zunächst die Tochter sprechen, diese beklagt das Aufgehen der Mutter in der ihr zugewiesenen Rolle: Die Mutter ersticke die Tochter durch Kontrolle und Über-Nähe, überwache jeden Schritt ihres Kindes, schiebe sich im Akt des Fütterns gewaltvoll in die Tochter hinein – und verschwinde dadurch selbst. Die Tochter sagt: »Du gibst mir zu essen, aber du gibst mir zu viel, als ob du mich ganz und gar mit dem ausfüllen möchtest, was du mir bringst. Du schiebst mich dir in den Mund, und ich ersticke.« Und weiter: »Ich möchte so gern, dass wir alle beide da sind. Dass die eine nicht in der anderen verschwindet oder die andere in der einen.«[81]

Sie formuliert hier die Utopie eines Verhältnisses, in dem sowohl Distanz als auch Nähe gleichzeitig möglich sind, ein Verhältnis, in dem es zwar eine Grenze zwischen den Subjekten gibt, diese jedoch dynamisch und flüssig ist. Die Tochter sagt: »Ich fange an, wieder zu atmen. Ich bleibe sehr ruhig, und ich nehme wahr, dass es sich bewegt in mir. Es kommt herein, es geht hinaus, es kommt zurück, es geht wieder fort […] Ich bin noch ganz nah bei dir, und doch schon so fern […]. Du bist dort, ich bin hier.«[82] Irigaray betont gerade die Distanz als Möglichkeit des Miteinanders von Frauen, denn nur wo Distanz herrscht, ist auch Beziehung möglich. Irigaray spricht von einem notwendigen Raum zwischen Subjekt und Subjekt, denn bei zu großer Nähe gehen beide ineinander auf. In Irigarays poetischer Sprache: »Zwischen uns so viel Raum, […] um auf das zuzulaufen, was ich liebe.«[83]

Mutter und Tochter müssen übrigens – wenn man Irigarays

oder Cixous' Überlegungen aufs wirkliche Leben übertragen will – keineswegs biologisch verwandt sein. Nicht alle Menschen haben überhaupt eine Mutter.

Wir leben heute wie früher in Patchwork-Konstellationen, Ein-Eltern-Familien, Adoptiv-Familien, queeren Familien, als Waisen. Viele Familiengeschichten sind geprägt von Migration und Flucht. Es gilt, nicht nur das verdrängte »Weibliche«, die verdrängten Frauenbeziehungen zu suchen, sondern den einseitigen westlichen traditionellen Narrativen eine plurale Logik entgegenzusetzen. Es geht um eine unabgeschlossene Suche nach dem Unbekannten, dem Offenen, dem »Anderen« oder Ausgeschlossenen in der Kulturgeschichte. Diese Suche kann vielfältig sein, das Spiel mit symbolischen Figuren aus klassischen Texten lässt sich dynamisch gestalten, es lässt sich auch, wie es im Englischen heißt, »queeren« oder »dekolonisieren«. Beispiele dazu finden wir in den Arbeiten der Queer- bzw. Trans-Theory oder der postkolonialen Theorie, die emanzipatorische Erweiterungen in der Auseinandersetzung mit Mutterschaft und Genealogien möglich gemacht haben. Erzählweisen über Abstammungen und Beziehungen in Familien (und darüber hinaus) sind also längst entwickelt worden und werden derzeit auch zunehmend breiter rezipiert und nicht mehr vorschnell als »Frauenliteratur« abgestempelt.

Ein Beispiel unter vielen ist Kim de L'Horizons »Blutbuch«. Der Roman verhandelt eine queerfeministische Narration über Identität, Geschlecht, Körper und Sexualität, dabei geht es auch um Familie und weibliche Genealogien. Die Erzählstimme entdeckt die jahrzehntelangen Recherchen der Mutter zum weiblichen Teil der Familie, einen Ordner im Regal, der die Aufschrift »Stammbaum« trägt. Es ist der Stammbaum der »Großmeer« (Großmutter), ein Stammbaum über die Frauen der Familie:

> »Es ist dein Stammbaum, Großmeer, aber jener deiner Meerseite. Ein ziemliches Flickwerk, anfangs noch mit der Schreib-

maschine geschrieben, dann weitgehend von Hand, mit Korrekturen, Kommentaren auf Post-its und durchgestrichenen Stellen […]. Ich wurde immer fassungsloser. Ich kann nicht glauben, dass Meer, meine Meer, deine Tochter, das geschrieben hat. Der Stammbaum beginnt im 14. Jahrhundert, wie der Stammbaum der Sägessers, unserer Männerlinie. […] Sie hat tatsächlich alle Biografien von 1334 bis zu dir aufgeschrieben, die Linie unserer Frauen* nachgezeichnet, die im männlichen Familienstammbaum fehlt.«[84]

Die Erzählstimme berichtet, wie die Entdeckung dieser Biografien es ihr ermöglicht, sich mit der Mutter verbunden zu fühlen, so verbunden, wie sie es zuvor noch nie empfand. Ferner eröffnen »all die Leben, die in den üblichen Familienstammbäumen nicht aufgezeichnet werden«,[85] plötzlich eine Welt. Ich glaube, das ist der Punkt: dass die Verbindung mit Frauengeschichten eine Welt öffnet.

Erzählt euch Frauengeschichten

Die Geschichten von Familien, aber auch die Geschichte der Menschheit wurden bis heute überwiegend als *Männer*geschichte erzählt. Weiße, heterosexuelle cis Männer sind die Protagonisten in der vorherrschenden Geschichtsschreibung. Mit der Folge, dass wir über weibliche Erfahrungen, Zusammenhänge und Handlungsweisen oft wenig wissen und diese folglich auch nicht in historische Entwicklungen, in ein Kontinuum einordnen können. Frauen deuten ihre Lebenswelten und Erfahrungen deshalb oft eher als individuelle, oft zufällig entstandene Biografien. Die Geschichtslosigkeit bewirkt, dass Frauen und queere Menschen nicht nur den Beitrag ihrer Vorfahr:innen zur Geschichte nicht kennen, sondern ihr eigenes gegenwärtiges Leben oft als etwas wahrnehmen, das jenseits der Geschichte, jenseits des Politischen, jenseits der »wichtigen« und »bedeutsamen« Dinge entsteht.

Frauen beziehungsweise FLINTA*-Personen sind abgetrennt von der Geschichte und damit auch von ihrem »Wert« und ihrem Beitrag zur Welt oder zu Familiensystemen. Wer (vermeintlich) keine Geschichte hat, ist auch von sich selbst abgeschnitten. Wenn ich mein Leben nicht auch in historische Abfolgen und Ereignisse einsortieren kann, erscheint es als vereinzelt und nichtig. Wenn weibliche und queere Erfahrungen nicht Bestandteil der Welt- oder Familiengeschichte sind, ist es für die Frauen und FLINTA*-Personen in der Gegenwart schwerer, Selbstwert und ein Gefühl von Daseinsberechtigung und Geltung zu entwickeln.

Um der weiblichen Genealogie-Amnesie entgegenzuwirken, können wir uns bewusst auf andere Frauen beziehen. Die Diotima-Philosophinnen haben dazu angeregt, sich von den männlichen Maßstäben zu lösen und sich aktiv in ein Verhältnis zu Frauen und anderen minorisierten Menschen zu setzen, und zwar durchaus auch kritisch und konfliktreich. Die Diotima-Philosophinnen wollten keine homogene Gruppe schaffen oder Unterschiede nivellieren, sie wollten vielmehr die Differenz unter Frauen hervorheben und damit die Möglichkeit schaffen, als Subjekte, als Individuen miteinander in Beziehung zu treten. Mit ihrem Konzept des »Affidamento« (ital. *affidarsi,* sich aufeinander beziehen, einander Vertrauen schenken) haben die italienischen Feministinnen vorgeschlagen, das Urteil, die Einschätzungen und Denkweisen anderer Frauen als Orientierung für das eigene Handeln zu nehmen. Ihr Ziel war es, den vorherrschenden Strukturen die Autorität zu entziehen und die Maßstäbe zu verändern.

Es sind grundlegende Fragen, die man sich selber immer wieder mal stellen sollte: Von wem will ich für mein Handeln anerkannt werden? Wessen Perspektiven und Deutungsangebote sind für mich relevant? Mit wem und mit wessen Haltung setze ich mich auseinander, auf wen gehe ich zu und richte ich meine Aufmerksamkeit? In welche Bezüge und Beziehung stecke ich Energie, Emotion und intellektuelle Arbeit? Auf welche Geschichtsschreibung beziehe ich mich, wessen Erbe *(legacy)* führe ich fort, und auf welche Traditionen stütze ich mich?[86]

Diese kritische Auseinandersetzung mit den eigenen Orientierungspunkten macht es möglich, eigene Linien, Genealogien, Landkarten, Wertekanons und Anerkennungsstrukturen zu entwerfen, sich Geschichte, Kultur und Politik selbstbestimmter anzueignen und ein Subjekt mit eigenen und vor allem selbst gewählten Bezügen zu werden.

3
REVOLUTION DER LIEBE

»Eine Frau zu sehen: nur eine Sekunde lang, nur im kurzen Raum eines Blickes, um sie dann wieder zu verlieren, irgendwo im Dunkel eines Ganges, hinter einer Türe, die ich nicht öffnen darf [...] und im selben Augenblick zu fühlen, dass auch sie mich gesehen hat, dass ihre Augen fragend an mir hängen, als müssten wir uns begegnen auf der Schwelle des Fremden, dieser dunklen und schwermütigen Grenze des Bewusstseins.«

Annemarie Schwarzenbach

Liebe Anita Augspurg,

soeben bin ich in Zürich aus dem Zug gestiegen, es ist ein Vormittag im April. Mein Ziel ist es, zu deinem Grab auf dem Friedhof Fluntern zu gehen, und danach in die Klosbachstraße, in der du zuletzt und bis zu deinem Tod im Jahr 1943 gelebt hast, zusammen mit deiner Lebensgefährtin Lida Gustava Heymann. Beide seid ihr 1933 vor den Nationalsozialisten in die Schweiz geflüchtet.

Es ist einer der ersten richtig warmen Frühlingstage, keine Wolke verdeckt den blauen Himmel. Ich gehe durch die große Bahnhofshalle, das Licht tanzt durch das Glas. Zürich ist eine Stadt der Exilgeschichten, an jeder Straßenecke lässt sich ein Kapitel über eine Exilbiografie aufschlagen. Im 19. und 20 Jahrhundert flüchteten politisch Verfolgte, Intellektuelle, Dissidenten, Systemkritiker:innen, Aktivist:innen, Revolutionär:innen und Künstler:innen in die Schweiz. Während des Zweiten Weltkriegs wurden allerdings auch viele Juden und Jüdinnen abgewiesen oder zurückgeschickt, für viele von ihnen bedeutete dies das Todesurteil.

Du bist eine Frauenrechtlerin in Deutschland, vor, während und nach den Kriegen. Du bist in deinem Land die erste promovierte Juristin, studiert hast du in Zürich, das war vor deinem späteren Exil dein erster – und glücklicherer – Aufenthalt in der Schweiz. Im Laufe deines Lebens setzt du dich ein für das Frauenwahlrecht, für Mädchenbildung, gegen das Ehegesetz und für den Frieden – und du teilst dein Leben mit Frauen. Du und Lida Gustava Heymann gelten als das berühmteste Paar der ersten deutschen Frauenbewegung.

Noch als ältere Frau lernst du Autofahren und bereist mit Heymann die Welt. Du bezeichnest dich als Kosmopolitin und Pazifistin, zusammen mit anderen forderst du bereits 1923 die Ausweisung Adolf Hitlers aus Deutschland. Mitten in der aufsteigenden Kriegseuphorie engagierst du dich in der ***Frauenliga für Frieden und Freiheit,*** *dies tust du bis an dein Lebensende. Auch dann noch, als jegliche Hoffnung auf Frieden vergebens scheint.*

Dein Leben klingt beinahe unwirklich, so unkonventionell und auch lustvoll hast du gelebt. Es heißt, dass du glücklich warst – eine radikale Frauenrechtlerin und glücklich? In Nachrufen über dich ist die Rede von »einem Leben, das so voll ausgelebt war, dass man fast nur Dank empfindet für den Reichtum, den es enthielt«.[1] Es ist eine Provokation, wenn man bedenkt, dass über Frauenleben häufiger dann berichtet wird, wenn sie leidvoll waren. Die verbreitete Vorstellung gegenüber Frauenleben ist, dass sie tragisch sind, dass sie scheitern, oder zumindest, dass Frauen einen hohen Preis bezahlen, wenn sie Grenzen verletzen. Dass sie, wie es deine Biografin Christiane Berneike bei einer Gedenkveranstaltung in Zürich formuliert, in Armut, Wahnsinn, Krankheit, frühem Tod oder im Suizid enden.[2] Du hast mit deiner »Missachtung aller Konventionen des Weiblichen«[3] offenbar nur gewonnen, sagt sie weiter. Es scheint eine Unverfrorenheit zu sein, als Frau ein erfülltes Leben zu haben. Noch dazu als Frau in einer Frauenbeziehung. Ein Leben lang entziehst du dich erfolgreich der heterosexuellen Ehe, lebst in Frauenbeziehungen und in Frauenbezügen.

Vom Ort deiner Geburt in Verden, Niedersachsen, ziehst du in die Großstadt, nach München, dort wirst du zunächst Schauspielerin.

Meine Familie kommt aus Bayern, ich war nicht oft in München, trotzdem habe ich einige biografische Verästelungen dorthin. Wenn ich über München lese, darüber, was du und deine Mitstreiter:innen dort angestellt haben, wie ihr dort euer ungewöhnlich freies Leben gelebt habt, fühlt es sich vertraut an. Ich habe die Schauplätze deines Lebens vor Augen, den Englischen Garten, einige Gebäude, Lokale und Straßen, die in deiner Biografie erwähnt werden. München war für mich als Kind das erste bewusste Großstadterlebnis ohne meine Eltern. Ich war 14 Jahre alt, mein jüngerer Bruder und ich besuchten meinen Onkel in der Hochbrückenstraße. Er lebte in einer vollgestopften Altbauwohnung, voller Dinge aus der Vergangenheit, voll mit Musikinstrumenten, Büchern. Ich erinnere mich, wie mein Bruder und ich aus dem Fenster in das Treiben der nächtlichen Stadt schauten, die riesigen Häuser und Straßenschluchten, die Menschenmassen, die blinkenden Lichter und die Reklame, der Verkehr – all das war für uns, die wir auf dem Dorf lebten, tief beeindruckend. Für mich wurde damals klar, dass ich ein Leben in Städten leben wollte. Städte waren Verheißungen, sie schienen unkontrolliert, pulsierend, frei. Vor meinem inneren Auge sah ich mich in Cafés sitzen und Bücher lesen, umringt von Menschen, die ich nicht kannte. Nicht gekannt zu werden, das fühlte sich, aus der Dorfgemeinschaft kommend, wie ein Versprechen an.

Genau hundert Jahre bevor ich als Vierzehnjährige in München mit brennenden Augen aus dem Fenster meines Onkels schaue, gründest du unweit von dieser Wohnung gemeinsam mit der niederländischen Bohemienne Sophia Goudstikker ein Unternehmen, das **Atelier Elvira.** *Es ist ein Fotostudio, das bald Berühmtheit erlangen wird. Unter anderem fertigt ihr Porträts von Frauen an, die wie Männer posieren. Ihr habt mehrere Angestellte, steht finanziell auf eigenen Beinen, was für Frauen dieser Zeit ungewöhnlich ist. Das* **Atelier Elvira** *in der Von-der-Tann-Straße ist* *in Deutschland eines der ersten von Frauen geführten Unternehmen. Darüber hinaus ist es ein Ort der weiblichen Emanzipation und des Aufbruchs, ein Treffpunkt avantgardistischer Frauen, die ein genussvolles, selbstbestimmtes, freies Leben führen wollen. Ihr feiert Feste, schneidet euch die Haare kurz –* **Tituskopf** *nennt man diese Art des Kurzhaarschnitts damals – und prägt einen unangepassten modischen Stil. Ihr raucht, fahrt Fahrrad und reitet auf Pferden durch den Englischen Garten – alles Dinge, die für Frauen als unschicklich gelten. Im* **Atelier Elvira** *bilden sich Frauenzusammenhänge, und diese werden, wie manche Chronist:innen sagen, zur Keimzelle der ersten Frauenbewegung.*

Es lässt sich historisch nicht zurückverfolgen, welche Art sexueller und/oder freundschaftlicher Beziehungen ihr rund um das **Atelier Elvira** *genau gelebt habt – darüber habt ihr weitgehend geschwiegen. Aber bereits damals prägt ihr einen homoerotischen Habitus, der zwar nicht im heutigen Sinne einer expliziten und öffentlich formulierten queeren Identität entspricht, aber als historische Vorläuferin einer solchen betrachtet werden kann.*

Anita Theodora Johanna Sophie Augspurg, jetzt stehe ich an deinem Grab. Deine Eltern haben nicht mit Vornamen gespart, das hat etwas Gewichtiges, aber auch etwas Heiteres, wer so heißt, **muss** *zwangsläufig ein ausschweifendes Leben führen, oder? Ich murmle den Strauß an Namen genussvoll vor mich hin: »Anita Theodora Johanna Sophie.« Die Schrift auf der Gedenktafel ist etwas verblasst, das Grab wurde 1965 zunächst aufgehoben, zu deinem 50. Todestag im Jahr 1993 wiedereröffnet und mit einer Gedenktafel versehen. Christiane Berneike sagte an der Gedenkveranstaltung in Zürich auch über dich: »In ihrem langen, ereignisreichen Leben hat sie fast alle Möglichkeiten einer unabhängigen weiblichen Existenz ausgeschritten und diese entscheidend erweitert.«[4]*

Diese Veranstaltung anlässlich deines 50. Todestages wurde vom **Verein Feministische Wissenschaft Schweiz (FemWiss)** *organisiert, es ist der Verein, für den ich heute tätig bin. Ich freue* *mich diebisch, wenn ich zufällig kleine Verbindungen entdecke, die sich zwischen deinem zu meinem Leben ergeben, aber auch zwischen anderen Frauen von damals und heute, zum Beispiel zu der im Jahr 2010 verstorbenen Sozialwissenschaftlerin Corinna Seith. Seith war eine prägende Figur in ebendiesem Verein in der Schweiz, der das Gedenken an dich organisiert hat. Sie liegt ebenfalls auf dem Friedhof Fluntern in Zürich begraben, direkt in deiner Nachbarschaft. Sie war eine feministische, lesbisch lebende Schweizer Forscherin. Im Jahr 2010 ist sie viel zu früh verstorben. Das schöne Motto ihrer selbst organisierten Trauerfeier, ein Festmahl, zu dem sie Freundinnen und Familie lud, war »Feminismus und Freundschaft«.*

Ich selbst bin erst 2003 durch mein Studium der Gender Studies in ein Feld von Frauen- und queeren Bezügen eingetreten. Das war damals keine bewusste Entscheidung, es ist einfach geschehen. Die ersten Vorlesungen und Seminare eröffneten dann Welten, auch während meiner Promotion war ich umgeben von Frauen und genderqueeren Menschen, die sich gemeinsam Wissen aneigneten, Wissen produzierten, inhaltlich stritten, sich auch politisch engagierten, Netzwerke und Freundschaften pflegten. Später änderte sich mein positives Gefühl allerdings, das akademische Feld war zuallererst ein kompetitives, hierarchisches, eitles und wenig stärkendes. Zudem wurde und wird die Geschlechterforschung zunehmend angegriffen, es herrscht heute ein großer Zwang zum Konformismus. Die Angst vor Anfeindungen durchzieht und erschüttert die akademische Institution so stark, dass sie immer weniger ein Ort für Experimente, Avantgarde und Aufbruch zu sein vermag. So waren es nach meiner Promotion andere feministische Bezüge, die mich trugen und weiterbrachten.

Du lässt dich nicht in eine Schablone pressen und gehst unbeirrt deinen Weg. Aus deinen Frauenbeziehungen rund um das ***Atelier Elvira*** *wird bald handfeste Politik. Du gründest den deutschen Bund für das Frauenwahlrecht, organisierst Demonstrationen und baust Beratungszentren für Frauen auf. Zusammen mit Lida*

Heymann betreibst du später sogar einen ökologischen Bauernhof – woher nimmst du die Energie für all das?

1919 reist du zum internationalen Frauen-Friedens-Kongress nach Zürich, hier versuchen sich Pazifistinnen als Friedensmacherinnen.[5] In einem Bericht der Schweizerischen Lehrerinnenzeitung über den Kongress wird vermerkt: »Dr. Anita Augspurg gab im Namen der bairischen Frauen den Vertreterinnen der anderen Länder den einzigen Rat: Sorget dafür, dass die Männer keine Waffe in die Hand bekommen!« [6]

Ihr verbindet die Forderung nach mehr Frauenrechten mit Pazifismus. Diese Forderungen stellt ihr auch an den Völkerbund und die Internationale Arbeitsorganisation, sie sollen anerkennen, dass »die soziale, politische und ökonomische Stellung der Frau von höchster internationaler Bedeutung«[7] ist. Ihr fordert weiter, dass alle souveränen Staaten Mitglieder werden können, dass der Einfluss der Großmächte im Völkerbund zu beschränken wäre, ferner: Freihandel und eine bessere Verteilung der Nahrungsmittel weltweit. Die Abschaffung der Kinderarbeit und eine internationale Gesundheitsbehörde werden ebenso als Ziele festgelegt wie die Abschaffung der Zensur und die Gleichstellung von Frauen in allen Gremien. **Alle** *Völkerbundstaaten sollten darüber hinaus die Abrüstung vorantreiben und die Wehrpflicht abschaffen. Zudem fordert ihr, die bürgerlichen und politischen Rechte der Minderheiten eines jeden Landes zu gewährleisten, nicht zuletzt tretet ihr damals bereits für das Ende der Kolonialimperien, für die »Möglichkeit des Selbstbestimmungsrechtes aller Völker« ein.* [8]

Diese Forderungen sind revolutionär – und werden ignoriert. Später bilden sie die Basis der UN-Charta sowie des humanitären Völkerrechts und des Völkerbundes – bloß, dass sich kaum jemand daran erinnert, dass es sich ursprünglich um die Forderungen von Frauenrechtler:innen handelte.[9]

Du hast damals mit »genialer Unbekümmertheit« an idealen Forderungen festgehalten, »um das Lachen der Welt willen«, wie es im Bericht heißt.[10] *Ich würde dich gern so vieles fragen. Woher kommen deine Ideen? Wie hast du dich damals beim Kongress in Zürich in der Peterskirche gefühlt? Die Stimmung wird in den Berichten als »fieberhaft« beschrieben.*[11] *Ihr kommt aus der Novemberrevolution, Veränderung liegt in der Luft, der Sturz der Monarchien ist in vollem Gang, jetzt wird alles anders, weil alles anders werden* **muss!** *Diese Hoffnung habt ihr damals: dass es nur ein paar wenige Schritte bis zum Paradies auf Erden sind. Diesen Glauben tragt ihr auf eine fast naive Weise in euch. Lida Gustava Heymann schreibt über diese Zeit: »Nun begann ein neues Leben. Zurückdenkend erscheinen die folgenden Monate wie ein schöner Traum, so unwahrscheinlich herrlich waren sie. Das schwer Lastende der Kriegsjahre war gewichen; beschwingt schritt man dahin, zukunftsfroh! Der Tag verlor seine Zeiten, die Stunde der Mahlzeiten wurde vergessen, die Nacht wurde zum Tag, man brauchte keinen Schlaf; nur eine lebendige Flamme brannte: sich helfend am Aufbau einer besseren Gesellschaft zu betätigen.«*[12]

Ich habe über diese Hoffnung, diese schier absolute Sicherheit immer wieder voller Erstaunen und ein wenig mit Neid gelesen. Würdest du mich als abgestumpfte Realistin empfinden? Wie würdest du heute selber auf deinen damaligen Idealismus blicken?

In den Jahrzehnten nach dem Kongress erfolgt der Aufstieg der Nationalsozialisten, erfolgt Stalins Schreckensherrschaft, es bricht nicht das Zeitalter der großen Befreiung an, sondern das der Totalitarismen. Ihr seid erschüttert vom Scheitern der ersten demokratischen Staatsform in Deutschland. Auch die Revolution der Frauen erfährt Rückschläge, Stillstand, ebenso die Revolution der Frauenliebe, der nicht heterosexuellen Liebe. Wer »anders« liebt, wird verfolgt, vertrieben, vernichtet.

Welche Rolle spielt die Liebe in der Revolution der Frauen? Auch darüber würde ich gerne mit dir sprechen. Es ist aus heutiger Sicht schwierig, über das Liebesleben unter Frauen aus vergangener Zeit zu sprechen und wie sich dieses auf ihre Politisierung ausgewirkt haben könnte. »Lesbisch« wird damals noch meist als negative Zuschreibung und nicht als selbstermächtigende Identität verwendet, es war eine pathologisierende und kriminalisierende Zuschreibung, die Ende des 19. Jahrhunderts aus der Sexualwissenschaft (von Männern) entwickelt wurde.

Aber es gibt in den größeren Städten immer mehr Wohngemeinschaften, in denen Frauen sich zusammentun, zusammenleben, sich unterstützen, auch finanziell ihr Leben – sei es sexuell oder nicht – gemeinsam bestreiten. Auch ist aus dieser Zeit eine blühende Frauenbriefkultur übermittelt, in der Frauen sich schwärmerisch, liebend, verehrend aufeinander beziehen. In der Geschichtsforschung wird rege darüber debattiert, wie wir uns den Beziehungen der Frauen von damals nähern sollen. Wie sollen wir die Verbindungen nennen? Freundschaft? Liebe? Waren sie Partnerinnen? Lesben? Wir wissen spätestens seit Michel Foucault, dass Homosexualität, genau wie Heterosexualität, keine überzeitliche, natürliche Konstante darstellt, sondern vornehmlich ein Konstrukt innerhalb biopolitischer Machtverhältnisse ist. Ab Mitte des 19. Jahrhunderts versuchte ein medizinisch-psychiatrischer Diskurs über Sexualität festzulegen, was »die Norm« ist – und was nicht. Die neu geschaffene Kategorie der Homosexualität konfrontierte die Menschen zunächst mit medizinisch-wertenden Einordnungen, die ihnen selbst wohl nicht in den Sinn gekommen wären, mit denen sie ihre Beziehungen und ihre Sexualität nicht beschrieben hätten. Es überrascht deshalb nicht, dass viele Frauen, auch du gehörst zu ihnen, sich diese Begriffe zunächst nicht aneignen, sich sogar gegen sie verwehren, sie als fremde Überstülpung empfinden.

Auch wenn du zeit deines Lebens nicht öffentlich über Liebe und Sexualität gesprochen hast, so zeigt dein Leben eine frühe Verwobenheit von Liebe, Leben und Politik. Dass du dein Leben jenseits der heterosexuellen Ehe gestaltest, wird bereits in deinen Jugendjahren deutlich, als du den für Frauen damals einzig gangbaren Weg gehst, der jenseits der Ehe möglich ist: das Lehrerinnenseminar. Deine Absicht, so schreiben deine Chronistinnen, war es wohl nie, Lehrerin zu werden, deine Absicht war es, nicht in einer Ehe zu landen.[13] *Es sind Frauenbezüge, mit oder in denen du eine selbstbestimmte und politische Existenz aufbaust – wie lesbisch sie auch immer gewesen sein mag. 1901 schreibst du auf einer Postkarte an Käthe Schirmacher, die als eine der wenigen bereits damals öffentlich über ihre Homosexualität spricht: »Lieber Bruder! Was liest man über Sie in den Zeitungen! So was thut man, aber man sorgt dafür, dass nicht davon gesprochen wird. Pfui.«*[14] *Als um 1910 die Strafbarkeit der Homosexualität (§ 175 StGB) auf Frauen ausgedehnt werden soll, äußerst du dich nicht dazu. Für dich ist Liebe »das Geheimnis zweier Menschen«,*[15] *man tut sie, man spricht nicht davon. Vermutlich würdest du das heute anders sehen?*

Ich kann nur spekulieren, aber ich halte es für wahrscheinlich, dass deine Lebensweise deine politische Identität geprägt hat und umgekehrt. Es macht, besonders in deiner Zeit, einen großen Unterschied, das eigene Leben nicht um Männer herum aufzubauen, es nicht am Urteil und an der Gunst von Männern auszurichten. Ich frage mich: Auf welche Weise hat deine frauenorientierte Lebensweise dein politisches Selbstverständnis beeinflusst? Hättest du nicht den Drang gehabt, dich mit Frauen zu umgeben und außerhalb der damaligen Norm zu leben, hättest du vermutlich kein so kritisches Bewusstsein dafür entwickelt, wie unfrei Frauen damals noch sind, wie unfrei die Gesellschaft überhaupt ist. Ich stelle mir vor, dass die Frauenbezüge, in denen du dich bewegst, auch Stimulus und Hort deiner Bildung und deines politischen Bewusstseins sind.

Einmal, im Winter 1905, verfasst du eine provokante Schrift gegen das Ehegesetz und forderst alle Frauen zum Ehestreik auf. Im ganzen Land diskutiert man über diese Unverfrorenheit. Viele Frauen fühlen sich von dir »gesehen«.[16] *Du bist, das schreiben deine Biografinnen Anna Dünnebier und Ursula Scheu, lebenslustig und exzentrisch, extrem schlagfertig, davon gibt es einige Berichte, du hast wohl nichts anbrennen lassen.*

Auf dem Internationalen Frauenkongress in Berlin 1896 triffst du die aus Hamburg angereiste Lida Gustava Heymann, die danach ein halbes Jahrhundert an deiner Seite sein wird. Du und Heymann seid eine vielversprechende Mischung, du provokant und leidenschaftlich, sie eher beherrscht-empört. Ihr provoziert mit eurem Leben und mit eurer Politik: Ihr fordert gleiches Recht für Frauen, im Parlament wie im Bett. Du prozessierst gegen den Hamburger Senat wegen Zuhälterei, ihr gründet das erste deutsche Mädchengymnasium, gebt feministische Zeitschriften heraus. Ihr hasst den Männerstaat und den Krieg, kämpft gegen Antisemiten und Kolonialisten. Ihr bleibt auch dann Kosmopolitinnen und Pazifistinnen, als ganz Deutschland 1914 dem Taumel des Nationalismus und der Kriegseuphorie erliegt.

Die Biografinnen beschreiben eure Beziehung als eine Verbindung zahlreicher Interessen: der Frauenkampf, die Liebe zur Natur, die Goethe-Verehrung und die Freude an Musik und Malerei. Ihr lebt nicht nur im Dienst von Verpflichtungen und politischen Zielen, sondern folgt auch dem Genuss. Zum Beispiel startet Heymann in späteren Lebensjahren ein Studium in München, das verschiedene Fächer umfasst, einfach aus Wissensdurst und persönlichem Interesse heraus, ohne das Ziel einer bestandenen Prüfung vor Augen zu haben. Zu dieser Zeit lebt ihr beide in deiner kleinen Wohnung in der Lerchenfeldstraße in München. Zur einen Seite hin die Innenstadt mit Theater und Oper, zur anderen Seite der Englische Garten mit seinen alten Bäumen, mit Seen und Blumen. Ein Traum für die beiden Naturliebhaberinnen. Heymann besorgt, so schreiben eure Biografinnen, Blumenkisten und pflanzt Fuchsien am Fenster. »Die Hunde tobten im Park, und die Eichhörnchen kletterten in die Wohnung.«[17]

Allerdings steht in München die Polizei bereits in den Startlöchern und sammelt »Fakten« über die »Persönlichkeit und die politische Ausrichtung der ledigen Lida Gustava Heymann«.[18] Die Hamburger Polizei gibt bereitwillig Auskunft über die »hervorragende Agitatorin der bürgerlich radikalen Frauenbewegung«, die angeblich »oft das Vorgehen der Behörde behindert«.[19] *Vielleicht hast du deine Liebesbeweise auch deshalb nie zum Politikum gemacht. Als Antifaschistin, Pazifistin und dezidierte Hitler-Gegnerin hast du schon genug gewagt. Nachdem die Nationalsozialisten an der Macht sind, kehren Lida Heymann und du 1933 von einer Auslandsreise nicht nach Deutschland zurück, um der Verfolgung durch die neuen Machthaber zu entgehen.*

Die Klosbachstraße in Zürich liegt in einer ruhigen Wohngegend im Stadtteil Hottingen. Hier steht eine historische Kleinbausiedlung, sie ist damals geprägt von einer dörflichen Handwerker- und Tagelöhnerszene. Unweit davon liegt der urbane Römerhofplatz mit seinen repräsentativen Gebäuden, von hier aus sieht man das Grand Hotel Dolder und den Adlisberg. Im Schweizer Exil kannst du durch publizistische Tätigkeiten und die Unterstützung von Freundinnen nur mühsam deinen Unterhalt sichern. Durch die Schweizer Flüchtlingsbestimmungen kannst du deine politische Stimme nicht mehr erheben, deine letzten Lebensjahre sind schwer. Ihr verarmt, da sich die Nationalsozialisten euer Vermögen aneignen (wie sie das bei vielen Gegnern, Geflüchteten, Exilierten tun). Euer riesiges Archiv zur Frauenbewegung wird im Krieg vernichtet.

1937 wirst du 80 Jahre alt. Die Friedensaktivistin und Frauenrechtlerin Clara Ragaz überreicht dir ein großzügiges Geburtstagsgeschenk: 5000 Schweizer Franken, Liga-Freundinnen aus aller Welt haben gespendet.[20] *»Wie viele gute Freundinnen wir hatten, dessen wurden wir uns erst in der Verbannung bewusst«,*[21] *schreibt ihr. Eure Geschichte ist eine Geschichte der »Schwesterlichkeit«, der Solidarität. Ihr erhaltet Zuwendung, Sachspenden und Geld. Geld kommt auch von einem Verwandten aus Deutschland, obwohl der ein Nationalsozialist ist. Heymann schickt es zurück, von einem Nazi wollt ihr nichts annehmen.*

Die Schwesterlichkeit vermag nicht über die politisch düstere Zeit hinwegzutäuschen, über die Niederlage. Die Niederlage der Werte und politischen Ideen, mit denen du angetreten warst. 1938 müsst ihr von der Schweiz aus erleben, wie Hitler in Österreich einmarschiert, ohne dass die europäischen Nachbarn Einspruch erheben. Ihr müsst mit ansehen, wie Hitler und seine Gefolgsmänner im November im ganzen Reich Judenpogrome verüben, »die alles an Grausamkeiten und Scheußlichkeiten von Plünderungen, Morden und Folterungen seit 1933 überstiegen«,[22] *schreibt Heymann. Ihr, die ihr immer für den gewaltlosen Widerstand plädiert hattet, ruft nun die amerikanischen Liga-Frauen dazu auf, sich dafür einzusetzen, dass ihr Land in den Krieg gegen Hitler eintrete.*

Eure Möglichkeiten, politisch zu wirken, nehmen ab. Die Schweiz verbietet Exilierten nicht nur die Arbeit, sondern auch jegliche politische Tätigkeit. Ihr versucht, euch bis zuletzt für andere Verbannte, Geflüchtete, für die Suche nach Verschleppten und Verhafteten einzusetzen. Dann wirst du schwer krank, Heymann pflegt dich, trägt dich bis zuletzt auf dem Rücken die Treppen eurer winzigen Dachwohnung in der Klosbachstraße hoch und runter. Am 31. Juli 1943 stirbt Heymann. Noch im selben Jahr, am 20. Dezember 1943, stirbst auch du.

Kurz vor eurem Tod habt ihr zusammen eure Lebenserinnerungen aufgeschrieben. Auf den letzten Seiten beschwört ihr die Hoffnung: »Nichts ist unmöglich«,[23] *steht da. Damit schließen die Erinnerungen.*

Ich gehe durch Zürich, auf deinen Spuren, versuche, mich mit dir zu verbinden, mit einer Geschichte, von der ich Teil sein will als feministische Frau, Forscherin, als in der Schweiz angesiedelte Aktivistin mit deutschen Wurzeln. Ich versuche, auf deinen Spuren die Schweiz zum Schauplatz einer Geschichte zu machen, die mich direkt etwas angeht, und daraus Hoffnung und Mut zu schöpfen. Die Identifikation mit Geschichte ist für Frauen generell nicht leicht, weil sie in der Regel aus einer Männerperspektive erzählt wird. An Vorgänger:innen zu erinnern ist ein feministischer Akt gegen die Amnesie, dagegen, dass jede Frauengeneration aus ihrem historischen Bezug gerissen wird, weil immer wieder vergessen wird, was Frauen vor uns getan und erreicht haben, weil immer wieder das Gefühl erzeugt wird, Frauen wären die Ersten ihrer Art, die Ersten einer Revolution. Diese Amnesie erzeugt eine historische Unverbundenheit, die fragmentiert, schwächt, zurückwirft.

Dabei geht es aus meiner Sicht nicht darum, Heldinnen zu feiern. Wenn wir Heldinnen feiern, laufen wir Gefahr, die Netzwerke und Frauenbeziehungen unsichtbar zu machen, dank derer die entsprechenden Akteurinnen in der Lage waren, zu handeln, etwas zu wagen, eine gesellschaftskritische Position einzunehmen und sich gerade **nicht** *zu singularisieren – also genau dem zu widerstehen, was die patriarchale Logik mit Frauen anstellt: dass sie vereinzeln und sich vereinzelt sehen, dass besonders die widerborstigen Frauen als Ausnahmen wahrgenommen werden.*

Bitte versteh mich nicht falsch, liebe Anita Augspurg, ich habe nichts gegen Individualismus, Exzentrik und die Sehnsucht nach Selbstbestimmung. Das alles steht Frauen zu, und ich will uns keinesfalls einen Zwang zur Kollektivität aufladen – auch diesen kennen wir aus der patriarchalen Logik, wir werden einerseits gespalten und vereinzelt und andererseits immerzu kollektiviert. Die verbreiteten Vorurteile werfen Frauen in einen Topf und erlegen ihnen auf, sich für andere aufzuopfern, nicht zu viel Platz zu beanspruchen.

Trotzdem müssen wir, wie ich finde, mit Einmaligkeitserzählungen über historische Frauen vorsichtig sein, denn sie übergehen, dass diese Frauen meist deshalb einmalig sein konnten, weil sie aus einem Komplex von Liebe, Freundschaft und Beziehungen **zwischen** *Frauen heraus handelten. Zweitens vermittelt die Einmaligkeitserzählung das Gefühl, nur ganz besondere Frauen wären fähig, rebellisch und eigensinnig zu leben und zu handeln. Ich halte das für eine entmutigende Botschaft, mehr noch: Sie ist falsch, denn ein großer Teil der tatsächlichen Revolution der Frauen, der Geschlechterverhältnisse, geschieht ja gerade durch den stetigen, oft nicht öffentlichen Mikro-Eigensinn alltäglicher Frauen und queerer Menschen – und nicht durch bekannte Ausnahme-*

frauen. Man sollte die Geschichte über dich nicht als Heldinnengeschichte erzählen, die das Unmögliche gewagt und geschafft hat. Das ist entmutigend, weil Menschen auf diese Weise das Gefühl bekommen, sie wären nur dann in der Lage, etwas zu bewirken, wenn sie »Ausnahmeerscheinungen« sind.

Wir leben in einer Kultur der Singularität, die etwas nur dann würdigt, wenn es noch nie da gewesen ist. Der Innovationsfimmel spaltet uns, macht uns zu Zwangsindividualistinnen, zu Menschen, die neurotisch gebunden sind an die Idee, immer etwas vollkommen Neues zu denken und zu tun. Und so wird jede neue Generation zu »mütterlosen Findelkindern«,[24] die mit ihren feministischen Kämpfen glauben, wieder auf Feld eins beginnen zu müssen, abgespalten von den Generationen davor. »Wer keinen sichtbaren Strom von Vorbildern, sondern nur Ausnahmen vor sich sieht, glaubt auch daran, selbst ganz von vorn anfangen zu müssen«,[25] schreibt Sonja Eismann. Die Heldinnenerzählung lässt Revolutionen als Ausnahme in einer Ausnahmezeit erscheinen, die schon wieder vorbei sind. Aber das sind sie nicht. Die Revolution ist in vollem Gang, sie ist nicht vergangen, sondern gegenwärtig.

Ich steige in die Tram zurück zum Hauptbahnhof, in der Tram schaue ich in die Gesichter der Gegenwart. Viele sehen wohlhabend aus, aber nicht alle, man muss nur genau hinschauen. Der Lack täuscht. Die hochgerüstete Infrastruktur der Schweiz, alles scheint zu funktionieren, eine säuberlich organisierte Stadt. Jedenfalls auf den ersten Blick. Alles stimmt immer nur auf den ersten Blick. Und deshalb wollte ich noch über einen anderen Grund schreiben, warum die Identifikation mit der Geschichte unserer Vorgängerinnen manchmal schwer ist. Viele unserer Vorgängerinnen waren nicht nur **nicht** *perfekt, sie waren höchst fehlerhaft. Etwa deine Zeitgenossin Käthe Schirmacher,[26] die sich für Frauenliebe und das Stimmrecht starkmachte und sich ungewöhnlich deutlich gegen das Verbot weiblicher Homosexualität aussprach. Gleichzeitig wandte sie sich nationalistischen, antisemitischen,* *antislawischen und völkischen Positionen zu.*[27] *Aber auch bei euch tun sich Widersprüche auf: Du hast dich gegen Kolonialismus, Imperialismus und Nationalismus geäußert, die sexuelle Ausbeutung kolonisierter Frauen angeprangert.*[28] *Gleichzeitig finden wir auch bei dir eugenische Positionen, Lida Heymann soll sogar mutmaßlich eine rassenhygienische Äußerung gemacht haben (sich aber an anderer Stelle auch wiederum von solchen Positionen distanziert haben).*[29] *Wie kann das sein? Wie konntet ihr als Antifaschistinnen solche Positionen vertreten?*

Auch wenn das nichts entschuldigt, so müssen wir den ideengeschichtlichen Kontext dieser Zeit heranziehen: Es war die Zeit, in der man von der Optimierung »der Menschenrasse« fantasierte, durchaus auch von linker, liberaler und progressiver Seite. Dass dieses Gedankengut später von den Nationalsozialisten in eine Mordmaschine überführt werden würde, konntet ihr nicht wissen.

Du hast dich für den Zugang zu Verhütung eingesetzt. Viele Frauen eurer Zeit waren von unzähligen Geburten ihr Leben lang erschöpft. Ihr argumentiert im Geiste des damals verbreiteten Traumes von einer gesunden **(weißen)** *Gesellschaft, aber auch mit der Gesundheit der Frau: Wenn Frauen verhüten könnten, blieben sie gesünder, könnten auch gesündere, »qualitativ bessere« Kinder »produzieren«.* [30] *Offenbar hast du dich auf Darwins »Kampf ums Dasein« bezogen: Die Idee der Zuchtwahl nach körperlichen Eigenschaften wie Stärke, Gesundheit und Durchsetzungsfähigkeit hast du kritiklos als Garant für die Fortentwicklung der Menschheit übernommen. Während du das Recht des Stärkeren als Grundlage des Männerstaats stets kritisiert hast, soll die Befreiung der Frau auch das Ziel haben, den stärksten und lebenstüchtigsten Erbgutträger für die Nachkommenschaft auszuwählen.*[31] *Diese Bezüge finden sich bei dir – im Unterschied zu anderen Zeitgenossinnen – allerdings nach heutigem Wissensstand nur punktuell, auch ist Zwang keine Option, das Festhalten an den Grundrechten* **aller** *Menschen bleibt in deinem Denken zentral.*[32] *Dennoch sind eure Positionen irritierend. Gehört ihr damit auf den Müllhaufen* *der Geschichte? Es ist ein Leichtes, dich aus heutiger Sicht zu canceln. Ich weiß nicht, wie ich damals gedacht hätte, sicher wäre ich ebenfalls von diesem Denken beeinflusst gewesen. Ihr habt euch verstiegen, und dafür muss man euch kritisieren. Aber wahr ist auch, dass diese Themen in eurem Denken keine bedeutsame Rolle gespielt haben, anders als bei anderen Frauenrechtler:innen dieser Zeit waren sie nicht die Ausgangslage oder gar Grundlage eurer Forderungen oder Ideen.*

Wir müssen den Lack des Ikonenhaften abkratzen, auch das ist Teil einer Revolution der Verbundenheit. Denn Verbundenheit ist nicht nur eine Praxis der Einigkeit und Harmonie, sondern auch des Streits und ja, auch der Distanzierung und Kritik. Wir müssen uns in eine wirklich tiefe Verbindung begeben, die nicht anhimmelt oder idealisiert, aber auch nicht einfach auslöscht und »cancelt«. Die pauschale und moralisierende Geißelung aller früheren Frauenrechtler:innen stellt keine Leistung dar, wenn man nicht aufzeigen kann, ob und gegebenenfalls wie bestimmte Äußerungen systematisch deren Kämpfe und Denkweisen kompromittiert haben. Wir müssen prüfen, inwiefern bestimmte Ideologien das Handeln und Denken einer historischen Person beeinflussen – und wo aber auch nicht.[33]

Viele deiner Ideen, von der Ehekritik bis hin zu deinen Friedensforderungen, sind nicht inhärent oder systematisch durch rassistische Vorstellungen geprägt, im Gegenteil. Du äußerst dich kontinuierlich und entschieden antinationalistisch, bist eine Gegnerin des Antisemitismus, lehnst die Vorstellung ab, dass manche Völker andere dominieren und beherrschen sollen. Trotzdem darf man dich nicht freisprechen, man muss dich kritisieren. Denn du hättet es auch anders sehen können. Es gibt ausreichend Beispiele von Menschen, die sich trotz des vorherrschenden Zeitgeistes von eugenischen Prämissen distanzierten. Du hättest sie als höchst problematisch erkennen können, wenn du es gewollt hättest, wenn du dich bemüht hättest, wenn du andere Denkerinnen beachtet hättest.

Liebe Anita Augspurg, ich hätte dich gern gekannt. Ich glaube, du warst witzig und unterhaltsam. Ob wir uns verstanden hätten? So viele Dinge fallen mir ein, über die ich mit dir sprechen würde. Mit wem kann und will man sich identifizieren, welche Vorbilder gibt es? Hattest du welche? Und wer erzählte dir von ihnen?

Du wirst der sogenannten ersten feministischen Welle zugeordnet, ich der dritten. Aber diese Wellenmetapher ist ein Problem, ich habe darüber jüngst in einem Text von Dolores Bertschinger gelesen: Mit dieser Metapher suggerieren wir, dass die Themen von damals nicht mehr aktuell, nicht mehr dringlich sind, dass immer wieder vollkommen neue »Wellen« erzeugt werden.[34] *Wenn die feministischen Bewegungen kein Strom sind, sondern als aufschlagende Wellen gedacht werden, erscheinen sie als voneinander abgetrennte Ereignisse, ohne Bezug zueinander, ohne Traditionslinien. Durch das Wellennarrativ werden weibliche Emanzipationsbestrebungen als immer wieder neu entstehende Bewegungen abgewertet und in ihrer Wirkweise verharmlost, weil sie als Ausnahmeerscheinungen interpretiert werden, die in einem bestimmten historischen Zeitpunkt hochschwappen, und nicht als ein im Prinzip kontinuierlicher harter, unablässiger Kampf, eine mal laute, mal leisere, aber stete Revolution, die seit Jahrhunderten gesellschaftlichen Wandel voranbringt.*

Es ist natürlich richtig, dass feministische Bewegungen divers sind, dass Konzepte und Forderungen weitergedacht werden, sich verändern. Richtig ist aber auch, dass es immer Anschlüsse und Bezüge gegeben hat, gerade ***in der Differenz,*** *gerade* ***in den Konflikten.*** *Wir stehen auf den Schultern von Riesinnen. Wir knüpfen auch dann an sie an, wenn wir uns von ihnen distanzieren. Wir können nur progressiver, differenzierter, nuancierter denken als unsere Vorgänger:innen, weil sie vorgearbeitet haben, auch, weil sie Fehler gemacht haben, die wir korrigieren, verändern können, an denen wir uns reibend abarbeiten, weil sie sich in manchem getäuscht und grausam verrannt haben, so wie das uns in unseren Debatten ebenfalls passiert. Und nicht zuletzt: Manch eine Femi-*

nistin aus der Vergangenheit war progressiver und mutiger als zahlreiche heutige.

Mir scheint ein weiterer Gedanke zentral: Wenn wir unser Denken und Handeln nicht als dekontextualisiert begreifen, nicht als neuartige Erscheinung, schützen wir uns auch vor dem Gefühl, alleine zu sein. Wir sind Teil einer steten Revolution, vielleicht muss man nicht in Wellen, sondern in Jahrhunderten, in Jahrtausenden denken. Wenn ein solches historisches Bewusstsein fehlt, verfallen wir dem Gefühl, allein und einzeln und erstmalig für etwas zu kämpfen, und dieses Gefühl macht anfällig für Frustration und dafür, aufzugeben.

Du hast nicht aufgegeben. Obwohl dir deine Kämpfe mit dem Aufstieg des Faschismus ausweglos erschienen sein müssen. Wie hast du das geschafft? Wie konntest du dennoch hoffnungsvoll sein? Ich selbst versuche, unsere Kämpfe in einer größeren Zeitdimension als der aktuellen Zeit zu verorten, das hilft mir, nicht zu verzweifeln, hilft, auch die gegenwärtigen Rückschritte und Aussichtslosigkeiten nicht als persönliches Scheitern wahrzunehmen. Man kann die Revolution nicht im Zuge eines einzelnen Lebens und schon gar nicht von einzelnen Held:innentaten erwarten. Die Erwartung des Heldentums, der einzelkämpferischen Wundertat birgt zwangsläufig Enttäuschung und die quälende Frage, warum es nicht schneller geht, warum wir nicht längst an einem anderen Punkt sind, in einer Welt der gerechten Verhältnisse für alle Menschen.

Ich glaube, man sollte sich mit dieser Frage nicht aufhalten – ich bin sicher, du hast es nicht getan.

Hochachtungsvoll
Franziska Schutzbach

* * *

Schenkkreis des Begehrens

»Wir wollen nicht nur Brot, wir wollen auch Rosen.« Feministische Bewegungen sind immer wieder mit Slogans angetreten, die besagten, dass es ihnen neben gleichen Löhnen und Rechten auch um eine Revolution der Sinne und der Gefühle geht, dass sie Liebe und Sex beanspruchen, und zwar in Freiheit und Selbstbestimmtheit, dass sie nicht nur einen Teil von Kuchen wollen, sondern auch Sahne auf der Torte. Und dass sie tanzen wollen. »If I can't dance, it's not my Revolution«,[35] schrieb Emma Goldman (1869–1940).

Die Forderung nach »Brot und Rosen« stammt ursprünglich aus einer Rede der US-amerikanischen Sozialistin Rose Schneiderman aus dem Jahr 1911, wörtlich sagte sie damals: »The woman worker needs bread, but she needs roses too.«[36] Schneiderman sprach über die Bedürfnisse der Arbeiterinnen, die nicht nur materielle Güter, sondern auch kulturelle und emotionale Erfüllung verlangten. Ihre Worte stießen auf große Resonanz, James Oppenheim nahm sie in sein Gedicht »Bread and Roses« auf. Ein Jahr später wurde »Brot und Rosen« als Parole beim Streik der Textilarbeiter:innen in Lawrence, Massachusetts, verwendet und dadurch weltberühmt. Die Arbeiter:innen forderten bessere Löhne, aber auch ein schöneres Leben. Ray Stannard Baker, Journalist beim *American Magazine,* schrieb: »Das war der erste Streik, den ich jemals sah, an dem gesungen wurde. Die Frauen sangen nicht nur auf den Versammlungen, sondern auch in den Suppenküchen und auf den Straßen.«[37]

Seit dieser Zeit gehört »Bread and Roses« zur Internationalen Frauen- und Gewerkschaftsbewegung und wurde von verschiedenen Liedermacher:innen vertont. Eine der schönsten Versionen habe ich im Film »Pride« (2014) gehört. Der Film spielt im Jahr 1984 und handelt von einer ungewöhnlichen Allianz zwischen einer Gruppe von schwulen und lesbischen Aktivist:innen aus London und einer walisischen Bergarbeitergemeinde während des Bergarbeiterstreiks in Großbritannien. Zunächst wird im Film gezeigt, wie Vorurteile und Unverständnis auf allen Seiten den Zusammenschluss von Arbeiterbewegung, Homosexuellenbewegung und Feminist:innen im Weg stehen. Einer der Momente der Begegnung und Annäherung ist jener, in dem einige Frauen auf einer Versammlung beginnen, »Bread and Roses« zu singen, am Ende stimmen alle ein. Es ist eine unglaublich berührende und hoffnungsfrohe Szene – die Musik als sinnliche Erfahrung vermag in diesen Augenblicken Gemeinsamkeit zu stiften. In dem Film ist es im Übrigen die Verbindung zwischen den Frauen der Arbeiterschaft und den Frauen in der queeren Gruppe und deren Beziehungsarbeit, die es am Ende möglich macht, dass diese beiden extrem unterschiedlichen Bewegungen in ein gemeinsames solidarisches Handeln finden.

Sechzig Jahre nach Schneidermans Bread-and-Roses-Rede gründet in Berlin eine Gruppe von Frauen rund um die Filmemacherin Heike Sanders die Fraueninitiative *Brot und Rosen* (1971). Auch die Schweizer Schriftstellerin Verna Stefan ist dabei. Der Gruppe geht es zum Beispiel um das Recht auf Abtreibung und den Zugang zu Verhütungsmitteln, aber auch um die Suche nach den Rosen, nach Genuss und Schönheit, nach der eigenen Sexualität und Lust, die Erkundung und Pflege der eigenen Psyche und um körperliches Wohlbefinden. Die Frauen formulieren das Ziel, Expertinnen des eigenen Körpers zu werden, sie wollen ein weniger schambesetztes Körpergefühl und eine freiere Sexualität entwickeln. Neben dem Verfassen und Herausgeben des »Frauenhandbuchs« entwickelt die Gruppe eine Selbsterfahrungskultur, in der alles gesagt und gefühlt werden darf und nichts tabuisiert werden soll. Zwischen den Frauen entfalten sich bald auch erotische Beziehungen.

Aus diesen Erfahrungen heraus schreibt die Schweizer Schriftstellerin Verena Stefan »Häutungen«[38], damit legt sie im deutschsprachigen Raum eine Art Zündschnur für die Thematisierung weiblicher Sexualität und Homosexualität und für eine radikale Kritik an der heterosexuellen Zurichtung der weiblichen Lust.

Stefans Text kreist um die sexuellen Erfahrungen der Ich-Erzählerin Cloe und ist die Dokumentation einer Selbsterkundung. Cloe ist eine junge Frau aus Bern, die Ende der 1960er-Jahre nach Westberlin zieht und dort ihre homosexuelle Erweckung durchlebt. »Häutungen« ist eine Mischung aus verschiedenen Textformen, wir finden darin Gedichte, Gesprächsfragmente, Tagebucheinträge und Traumprotokolle.[39]

Die Autorin durchleuchtet im ersten Teil des Buches die sexuellen Erfahrungen der Protagonistin mit Männern, die diese als einschränkend und hemmend beschreibt, als Verbindungen, in denen sie ihr eigenständiges Denken verliert und ständig dazu angehalten ist, sich nach den Urteilen, Bewertungen und Ansichten des Mannes zu richten. Cloe empfindet eine Art ständigen Zwang zum unterwürfigen Handeln und den Druck, immerzu zu lächeln. Oft erlebt sie, dass der männliche Anteil an der Sexualität vor allem darauf ausgerichtet ist, einen Orgasmus zu erleben: »längst ist meine erste lustwelle abgeebbt, stehen geblieben. samuels gesicht löst sich auf. es ist dieser verfluchte genitale ernst, den ich nie verstanden habe. dass ich keinen orgasmus gehabt habe, bleibt [...] unerwähnt im zimmer stehen.«[40]

Verena Stefan beschreibt ein eklatantes Ungleichgewicht im Beziehungshandeln, bei dem sich die weibliche Figur emotional verausgabt, um Nähe herzustellen. Das Verlangen nach einer tieferen sexuellen Begegnung bleibt unbeantwortet, die in »Häutungen« auftauchenden Männer kommen zwar zum erwünschten sexuellen Höhepunkt, können ihre Gefühle aber kaum zeigen. Cloe spricht, wie die Literaturwissenschaftlerin Christa Binswanger ausarbeitet, ihre Unerfülltheit den Männern gegenüber durchaus an, Samuel gegenüber formuliert sie den Wunsch, dass er eine Emotionalität auch unter Männern entwickeln sollte, um sein Gefühlsleben zu stärken.[41] Sie wünscht sich, dass

Männer Nähe zu sich selbst und zu anderen Männern pflegen, um auch zu einer Emotionalität in der Sexualität fähig zu sein: »wann werden männer anfangen, mit andern männern über ihr persönliches leben zu sprechen, andere männer zu berühren, wenn sie die wärme eines menschen spüren möchten? dafür sind frauen da [...].«[42]

»Häutungen« formuliert eine tiefe weibliche Frustration darüber, dass Männer sich oft zu wenig um ihre emotionale Gesundheit und Bedürfnisse kümmern und sich darauf verlassen, dass Frauen dafür zur Verfügung stehen. Die Männer, die Stefan beschreibt, verlagern ihr Verlangen nach Nähe und Intensität in ihre sexuellen Beziehungen, im Sex leben sie rücksichtslos und egoistisch aus, was sonst unerfüllt bleibt. All das verstehen die Männer in der Erzählung nicht, sie sperren sich dagegen, was wiederum die Frustration der Hauptfigur vertieft.

Das Buch trifft die Gefühlslagen der Frauen ihrer Zeit, es wird über Nacht zum Bestseller und breit diskutiert. Sie trifft einen Schmerzpunkt: Die ungleichen Machtstrukturen zwischen den Geschlechtern sind keine Fantasie einer begabten Schreiberin, sondern bittere Wirklichkeit, und das wirkt sich auch in der Sexualität aus. Im Kontext der 1968er-Bewegungen, zu denen auch Verena Stefan gehört, erleben Frauen große Widersprüche zwischen den proklamierten Emanzipationsideen und der faktisch weiter vorherrschenden Ungleichbehandlung der Frauen. Viele Männer brüsten sich zwar mit antiautoritären Einstellungen, in ihrem Privatleben setzen sie diese aber nicht um.[43] Unter dem Postulat der sexuellen Befreiung schleichen sich durch die Hintertür sogar neue Verfügbarkeitsansprüche Frauen gegenüber ein. Als sexuell Befreite sollen sie sich bloß nicht mehr zieren, wer sich sexuell nicht grenzenlos hingibt, gilt als spießig.

»Häutungen« ist auch ein Wutausbruch über die Heterosexualität, bei der sich besonders die Ehe und die traditionelle Familie als krasses Minusgeschäft für Frauen erweisen. Bei der sich aber für Frauen nicht selten auch die sogenannte »Freie Liebe« als Ausbeutungsverhältnis im neuen Kleid erweist.

Bei vielen Frauen wächst damals die Bereitschaft, radikal mit den herkömmlichen Liebeskonzepten zu brechen. Und Verena Stefans Roman ist eine Art Anleitung, wie sie selbst schreibt: »ich wollte zu ende denken, was geschehen würde, wenn frauen sich von männern los sagten.«[44]

Was also geschieht, wenn Frauen sich lossagen? In »Häutungen« entwickelt Cloe nach und nach ihre homosexuelle Seite und erlangt dadurch nicht nur mehr sexuelle Erfüllung, sondern auch ein selbstbestimmteres Leben. Dieser Weg allerdings ist alles andere als einfach, denn Cloe muss dazu ihre Prägung, ihre Sprache und eben ihre »alten Häute« abstreifen. In ihrem Schreiben stößt sie auch auf ihre eigene Sprachlosigkeit, denn aus ihrer Sicht gibt es überhaupt noch keine eigene Sprache für weibliche Sexualität und Körper: »die sprache versagt, sobald ich über neue erfahrungen berichten will.«[45] Anders als anderen Feminist:innen geht es Verena Stefan nicht hauptsächlich um Gleichberechtigung, »ich will neben keines mannes brutalität und verkümmerung gleichberechtigt stehen«,[46] lässt sie Cloe sagen, ihre Kritik ist grundsätzlicher, sie will die vorherrschende Gesellschaft niederreißen, die ihrer Meinung nach lesbische und weibliche Erfahrungen verdrängt und auslöscht. Auch in diesem Punkt erntet sie Kritik, da sie auf essenzialisierende Weise insinuiert, es gebe eine wahre, natürliche, verschüttete weibliche Sexualität. Stefan ändert dazu später ihre Meinung, viele Jahre nach der Veröffentlichung sagte sie in einem Interview: »Heute gebe ich keine Programme mehr aus.«[47]

Mit ihrem Engagement in der Frauenbewegung und ihrer Hinwendung zu lesbischen Beziehungen setzt Stefans Protagonistin eine Emanzipation in Gang, in der die Befreiung von den Beziehungen zu Männern als »Häutung« beschrieben wird – sie legt mehrere Schichten ab und wird zur Erzählerin ihrer eigenen Geschichte: »wir wollten vorkommen, als Subjekte, nicht als die Beschriebenen aus männlicher Sicht.«[48] Dieser Zusammenhang ist aus meiner Sicht insofern aufschlussreich, als die erotische Hinwendung zu Frauen einen eigenen Subjektstatus, die Wahrnehmung von sich selbst als eigenständige Person ermöglicht. In der Erotik mit Frauen fühlt Cloe sich endlich beherbergt, in ihr entsteht eine neue Art von Erregung, Schönheit und Hingabe. Am Ende vertritt Cloe die Meinung, dass der Bezug zu sich selbst als Frau am wichtigsten ist, die Entdeckung der lesbischen Liebe ist die Entdeckung ihrer selbst.

Aufschlussreich finde ich den Aspekt der Subjektwerdung deshalb, weil er etwas darüber aussagt, dass Frauen in ihren (sexuellen) Verbindungen mit Männern oft nicht nur kleingehalten werden, sondern als Subjekte offenbar nicht oder wenig vorkommen können. Verena Stefan verhandelt in »Häutungen« also das Problem der weiblichen Subjektauflösung, das mit der Rolle der Frau in der heterosexuellen Beziehung traditionell einhergeht, die Rolle nämlich, aufopfernd die (sexuellen) Bedürfnisse des Mannes zu befriedigen.

Dieses sexuelle Skript ist auch heutzutage teilweise noch tief verinnerlicht, und bis vor Kurzem war es auch noch gesetzlich verankert: Vergewaltigung in der Ehe war in Deutschland noch bis ins Jahr 1997 keine Straftat. In der damaligen Debatte zum gesetzlichen Verbot der Vergewaltigung in der Ehe waren zahlreiche Politiker noch der Meinung, zur ehelichen Pflicht der Frau gehöre die Duldung des Geschlechtsverkehrs auch ohne eigenen Wunsch. Die Subjektauflösung der Frau in der heterosexuellen Beziehung ist auch heute nicht überwunden, viele Untersuchungen und nicht zuletzt die Zahlen zur sexualisierten Gewalt in Beziehungen zeigen, dass Anspruchshaltungen gegenüber der sexuellen Verfügbarkeit von Frauen trotz der geänderten Gesetzeslage weiterhin bestehen.

Verena Stefan wird gefeiert, erfährt aber auch Kritik, denn ihr Roman erhebt zwar den Anspruch, Stereotype zu hinterfragen, ist aber zuweilen selbst stereotypisierend: An manchen Stellen reproduziert »Häutungen« eine klischierte Zweigeschlechterordnung, in der Männer den Part der Dominanz (Aktivität) und Frauen den Part der sanften Sehnsucht nach Liebe (Passivität) haben. Einige Feminist:innen warfen ihr vor, ihre Texte spielten bei der Suche nach einer neuen Sprache zu sehr mit abgedroschenen Gemüsemetaphern, um weibliche Körper zu beschreiben, nicht zuletzt würden einige ihrer Darstellungen von lesbischem Sex männliche Porno-Vorstellungen bedienen. Cloe begegne den anderen Frauen nicht wirklich, sondern reduziere diese auf ein »Objekt der Selbsterfahrung«.[49] Und nicht zuletzt – dies merkt Verena Stefan selbst viele Jahre später in einem Interview an – sind auch lesbische Beziehungen nicht frei von Machtausübung.[50] Lesbische Liebe ist nicht einfach ein Hort der Harmonie, Stefan hat dies später ebenfalls kritisch gesehen, im Vorwort zur Neuausgabe von »Häutungen« schreibt sie 1994, »der Wahrheitsrausch« habe sie überschwänglich und ungenau werden lassen, »ich hätte mir eine Lektorin gewünscht, die mir gesagt hätte, warte noch damit, Natur zu beschreiben oder lesbische Liebe und lesbische Körper, bis du sowohl über das eine wie auch das andere [...] mehr weißt«.[51]

Ihr damaliger unbeirrter Glaube an die befreiende Bedeutung neuer Wörter hat eine große Kraft und ist gleichzeitig unterkomplex. Denn wir können uns eben nie gänzlich aus den existierenden Zusammenhängen herauslösen. Der Versuch reproduziert eine vereinfachte Dichotomie von »Innen« und »Außen«, eine Vorstellung, es gebe eine verborgene, heile Welt jenseits hiesiger Machtstrukturen, man müsse sie nur entdecken. Es greift zu kurz, lesbische Liebe einfach als das Gegenstück zur Heterosexualität zu idealisieren. Nicht zuletzt ist auch die Literatur von (lesbischen) Frauen von der vorherrschenden (männlichen) Sprache geprägt, wir können nicht gänzlich aus ihr aussteigen, auch Frauen nehmen an der vorherrschenden Sprache teil. Wie Sigrid Weigel es in ihrem berühmten Aufsatz »Der schielende Blick« (1983) ausarbeitet,[52] sind Frauen in Sprache und Kultur teilnehmend und ausgegrenzt zugleich, sie sind gleichzeitig präsent *und* abwesend. Ähnliches werden später auch Queertheoretiker:innen in Bezug auf queeres Begehren und queere Identitäten sagen, wenn sie diese als ein »Dazwischen« beschreiben (darauf komme ich noch zurück).

Wir müssen Verena Stefan nicht in allem zustimmen und können dennoch an ihren Text anknüpfen, ihre Denkbewegungen lebendig halten und sie weiterentwickeln. Denn die Themen von damals haben sich nicht erübrigt, im Gegenteil: Weibliche und queere Scham und die fortbestehend heterosexistische Geschlechterordnung beeinflussen unser Begehren bis heute. Über die Sexualität hinaus stellt Stefan mit »Häutungen« die Frage nach der eigenen Subjektivität als eine radikal genealogische Frage, wie die Geschlechterforscherin Lea Dora Illmer schreibt: »ihr war die bedeutsamkeit feministischer genealogien und die sichtbarmachung dieser bewusst; deswegen knüpfte sie an zahlreiche autorinnen und werke an, die sie auch immer bestrebt war, sichtbar zu machen. Etwa: ›die Glasglocke‹, ›die Fahrt zum Leuchtturm‹, ›Christa T.‹, ›das SCUM Manifesto‹ und ›Frauenbefreiung und sexuelle Revolution‹.«[53] Die Befreiung des individuellen Begehrens ist (auch) ein kollektiver Akt, selbst wenn das paradox klingen mag. Aber es sind die Bezüge zu anderen, die Bezugnahmen auf andere, mittels denen sich Frauen gegen ihre sexuelle wie soziale Subjektauflösung im Patriarchat stellen.

Was ist die Rolle der Liebe in der Verbündung der Frauen? Lässt sich die Emanzipation der Frauen mit Liebesbeziehungen zu Männern vereinbaren? Illmer schreibt am Ende ihrer Reflexionen zu Stefan, dass es sein könnte, »dass Verena Stefan manch eine*r leser*in das leben und lieben mit cis männern madig macht.«[54] Oder es macht sie einfach ein bisschen queerer, ergänzt sie. »ich ertappe mich hin und wieder, auch während gesprächen mit anderen frauen, dabei, an die eine stelle aus ›Häutungen‹ zu denken: ›aber warum‹, frage ich sie, ›warum hast du eine verbindung mit einem mann, wenn du mit frauen besser reden, wohnen und leben kannst?‹«[55]

Illmer bringt hier die Ambivalenz heterosexueller Begehrensweisen in einer fortbestehend sexistischen Gesellschaft zum Ausdruck, die auch heute viele feministische Frauen umtreibt: Heterosexuelle Beziehungen zu führen und feministisch zu sein, birgt tiefe Widersprüche. Auch die Schweizer Schriftstellerin Ruth Schweikert (1964–2023) beschreibt in »Frauen erfahren Frauen« (2021) das Dilemma mit ihrem heterosexuellen Begehren: »Ich war zu jung, um das Buch damals gleich zu lesen, aber wenige Jahre später trug ich es in der rechten Manteltasche stets bei mir wie einen Talisman, in der vergeblichen Hoffnung, es möge mich beschützen vor ›Selbstaufgabe‹ und eilfertiger Anpassung an die Wünsche und Vorstellungen der Männer, in die ich mich ~~mit Haut und Haaren~~ verliebte.«[56]

Werdet alle Lesben!

Das letzte Kapitel in Verena Stefans »Häutungen« trägt die Überschrift »Ausnahmezustand«, und es vermittelt das verheißende, ja glühende Gefühl, dass der Kampf gegen eine heterosexistische Gesellschaft auch vergnügt und unverfroren sein kann. Besonders unverfroren wie im Slogan »Werdet alle Lesben!« der 1970er-Jahre. Es lohnt sich, in diese Aufforderung etwas tiefer einzutauchen, auch wenn sie bei manchen Widerstände auslöst. Worauf zielte der Slogan? Das Patriarchat hat den Koitus und den Penis ins Zentrum der sexuellen Lust gestellt und die weibliche Sexualität der Fortpflanzung unterworfen.

Die heterosexuelle Ehe wurde dadurch zur Grundlage der bürgerlichen Familien- und Gesellschaftsstruktur, deren Hauptzweck es war, die Herrschaft des Mannes zu untermauern. Historisch besiegelte die Ehe die Verfügungsgewalt der Männer über Kinder und Frauen, deren Arbeit, Fürsorge, Liebe und Sexualität. Auch heute geben sich Frauen in Beziehungen mit Männern oft selbst auf, sie passen sich an die (sexuellen) Wünsche ihrer männlichen Partner an.[57] Was geschieht nun, wenn Frauen ihre Liebe und ihr Begehren *einander* zukommen lassen, wenn sie es nicht mehr hauptsächlich jenen patriarchalen Konstrukten zur Verfügung stellen, die auf der emotionalen und sexuellen Ausbeutung ihrer Liebe basieren?

In den 1970er-Jahren entwickeln Feminist:innen die Idee: Es kann keine Veränderungen der großen Strukturen geben, wenn sich nicht auch in unseren Betten, in unseren Liebesbeziehungen etwas ändert. Die Frauenliebe als subversive und politische Praxis wird damals im großen Stil thematisiert.

Lesben sind in dieser Zeit an nahezu allen Frauenprojekten beteiligt: von den Selbsterfahrungsgruppen über die Aktionen gegen den §218 bis zu den Frauenzentren. Mit dem Slogan »Das Private ist politisch« rücken lesbische Themen zunehmend in den Fokus des Interesses, es entstehen Organisationen wie die Gruppe »Homosexuelle Frauen« oder in der Schweiz die »Homosexuelle Frauengruppe« (HFG). In einem »extrajournal« des Verlags Frauenoffensive, in dem auch »Häutungen« erschien, heißt es zum Verhältnis von Lesben und Frauenbewegung: »Wir wollen keine Trennung mehr zwischen politisch und privat. Frauenbewegung ist für uns beides [...] Heben wir die Trennung zwischen Kopf und Bauch in der Frauenbeziehung auf, dann können wir uns voll für die Frauenbewegung einsetzen, müssen keine energieschluckenden Kompromisse schließen, können uns selber und damit auch die Bewegung radikalisieren.«[58] Die Idee der Frauenbewegung der 1970er-Jahre, das weibliche Begehren in jeder Hinsicht zu befreien, wird unter anderem mit dem Satz »Feminismus ist die Theorie – Lesbianismus eine Praxis« zum Ausdruck gebracht.

Lesbische Frauen begaben sich »offen und ohne weiteres in eine Frauenwelt und eine Frauenkultur, sie bezogen sich auf Frauen und brachen so mit dem am festesten verankerten patriarchalen Tabu [...]: das den Frauen auferlegte Verbot, sich untereinander zu verbünden, einander zu lieben, gemeinsam etwas zu erschaffen und einander geistig zu fördern«, schreibt Marie-Jo Bonnet 1981.[59] Lesbische beziehungsweise queere Lebenspraxis ist nicht nur eine sexuelle Revolution, sie stellt den Herrschaftsmythos von der natürlichen Aufgabe der Frau grundlegend infrage, auch deren Reduktion auf Mutterschaft. Das heißt, lesbisches beziehungsweise queeres Begehren macht die Rolle der Frau in unserer Gesellschaft vollkommen anders denkbar – frei von den Verfügungsansprüchen, ökonomischen Abhängigkeiten von Männern und heterosexistischen Familienzwängen.

Die Band »Van Dyke«, eine umherziehende Gruppe von Van-Fahrer:innen, die sich den Kopf rasierten, es vermieden, mit Männern zu sprechen – es sei denn, sie waren Kellner oder Mechaniker –, proklamierten, dass die Welt an einer »Testosteronvergiftung« leide und eine Entgiftung brauche.[60] Lesbische Feminist:innen kritisierten heterosexuelle Feminist:innen dafür, ja sie lachten sie sogar dafür aus, dass diese glaubten, sie könnten einen »neuen Mann«, einen »emanzipierten Mann« erschaffen. In ihrem Buch »Lesbian Nation. The Feminist Solution« skizziert Jil Johnston ihre Vision eines radikalen lesbischen Separatismus und schreibt, dass Frauen eine totale Pause von Männern und männlich dominierten kapitalistischen Institutionen machen sollten, weil weibliche Heterosexualität eine Kollaboration mit dem Patriarchat darstelle.[61]

1972 erschien Adrienne Richs Aufsatz »Zwangsheterosexualität und lesbische Existenz«, in dem sie argumentiert, Heterosexualität würde Frauen mittels organisierter Propaganda anerzogen und werde mit Gewalt aufrechterhalten. Einige ihrer Ausführungen mögen aus heutiger Sicht zu pauschal klingen, aber viele Aspekte haben ihre Gültigkeit nicht verloren. Etwa, dass es sich viele Frauen bis heute kaum leisten können, die Ehe beziehungsweise heterosexuelle Bindungen, die Orientierung an Männern gänzlich auszuschlagen. Die ökonomischen Abhängigkeiten, der Umstand, dass Frauen viel weniger verdienen, oft in Berufen arbeiten, in denen sie einen geringeren Lohn haben, dass sie häufiger Teilzeit arbeiten und im Alter weniger versorgt sind, ist auch heute ein Grund, warum Frauen Männer nicht verlassen, selbst wenn sie in der Beziehung eigentlich unglücklich sind.

Die Orientierung an Männern ist also nicht nur kultureller Natur, sie hat auch ökonomische Hintergründe. Über diesen Zusammenhang von ökonomischer Schlechterstellung und Zwangsheterosexualität schrieb Catherine Mac Kinnon 1979 in ihrer Studie »Sexual Harassment of Working Women: A Case of Sex Discriminiation«. Ihre These lautet, dass Frauen im Kapitalismus sexuell und ökonomisch ausgenutzt werden, indem sie zum einen unbezahlt Sorgearbeit leisten, zum anderen in der gesamten Erwerbsarbeitswelt eine strukturell niedrigere Position einnehmen.

Dahinter stecke nicht nur die Ausbeutung von billigen Arbeitskräften, vielmehr gehe es auch um die Aufrechterhaltung der weiblichen Abhängigkeit vom Mann. Diese ökonomische Abhängigkeit und Schlechterstellung zwinge Frauen dazu, dass sie sich ständig Männern sexuell andienen, sich für sie attraktiv halten müssen, um ihre Gunst werben, ihre gesamte Lebensenergie und Aufmerksamkeit auf den Mann richten, um durchzukommen. Frauen würden im Kapitalismus »zwangsheterosexualisiert« und ein System verewigt, in dem Männer Kontrolle über Sexualität, Beziehung und das Kapital gleichermaßen haben. Auch Menschen, die aus freien Stücken heterosexuell leben, sind Mac Kinnon zufolge geprägt von einer oft mit Gewalt aufrechterhaltenen Sexualitätskultur, in der immer auch eine bestimmte kapitalistische Arbeitsteilung präsent ist, in der Frauen die Rolle der Sorgenden, unterbezahlten und ökonomisch abhängigen (Haus)arbeiterinnen übernehmen.

Mac Kinnon geht in ihren provokanten Thesen so weit zu behaupten, dass unter den vorherrschenden Verhältnissen jede Form heterosexueller Sexualität Gewalt ist. Sie fragt, inwiefern so etwas wie sexuelles »Einverständnis« überhaupt stattfinden kann unter den Bedingungen der Männerherrschaft, inwiefern Konzepte wie »Konsens« angesichts der systematischen Schlechterstellung von Frauen überhaupt Sinn machen. Der Preis, den sie für das Überleben unter der Männerherrschaft bezahlen, ist, dass sie andauernd Grenzverletzungen hinnehmen müssen, dass sie ganz grundsätzlich keine andere Wahl haben, als sich an Männern auszurichten, sich mit ihnen zu arrangieren. Frauen werden in eine Art Bündnistreue mit Männern hineinsozialisiert, was unter anderem dazu führt, dass sie *selbst* die Männer über die Frauen stellen. Der Slogan »Werdet alle Lesben« darf also nicht allein so verstanden werden, dass alle Frauen tatsächlich lesbische Beziehungen eingehen sollen, sondern sie sollten darin bestärkt werden, ihre Sexualität ohne Einschränkungen zu erkunden, besonders auch frei von ökonomischen Zwängen.

Liebe und Patriarchatsverweigerung

Auch wenn wir nicht mehr in den 1970er-Jahren leben, Frauen unabhängiger geworden sind und wir auf weibliche beziehungsweise queer-feministische Werte zurückgreifen können, würde ich behaupten, dass auch heute Frauen mit der Überzeugung aufwachsen, dass die (sexuelle) Ausrichtung auf den Mann – selbst um den Preis von Frustration und Unterdrückung – unvermeidlich ist. Diese Zurichtung geschieht unter anderem durch den Einfluss popkulturell inszenierter heterosexueller Liebesromantik. Unzählige Songs, Filme, Bücher und Serien handeln noch immer hauptsächlich davon, dass das Glück einer Frau darin besteht, »den Richtigen« zu finden. Die Ausrichtung am Mann wird aber nicht nur verkitscht eingeflüstert, sondern auch brutal durchgesetzt, wie die anhaltend hohen Gewaltzahlen und Femizide zeigen. Besonders Frauen, die Männer verlassen haben oder verlassen wollen, riskieren oft ihr Leben. Männern die Gefolgschaft zu entziehen oder ihnen die Liebe aufzukündigen, kann tödlich sein. Wir müssen davon ausgehen, dass unzählige Frauen aus Angst vor der Kränkung ihres Mannes in gewalttätigen, frustrierenden Beziehungen ausharren.

Die Psychoanalytikerin Nancy Chodorow schrieb in ihrem kontrovers diskutierten Werk »The Reproduction of Mothering: Psychoanalysis and the Sociology of Gender« (1978), Heterosexualität sei für Frauen oft eine emotional »verarmende« Erfahrung, da diese Beziehung nicht nur auf Ungleichheit und Ausbeutung aufbaue, sondern meistens auch nicht besonders reich oder intensiv wäre, da eine Form der intensiven Beziehung mit (heterosexuellen) Männern nicht möglich ist. Frauenbeziehungen – ob mit oder ohne Erotik – seien ein emotional reichhaltigeres Versprechen. Aber auch die Beziehung zu ihren Kindern wäre für Frauen oft reichhaltiger als die zu ihren Männern, weshalb sie dazu tendierten, sich sehr auf diese zu fokussieren.[62]

Auch in jüngerer Zeit hören wir radikale Absagen an die Heterosexualität: Die Schriftstellerin Virginie Despentes erklärte im Jahr 2017, als sie mit 35 Jahren lesbisch wurde, dass sie endlich befreit sei von allen Zwängen, da Männer ihr nun egal sind. Sie sei unendlich froh, schrieb sie, dass die Orientierung an Männern sie nicht mehr betreffe, dass die heterosexistischen Bewertungsraster und Meinungen sie nichts mehr angingen, dass Konzepte wie »die gute Frau«, »die gute Mutter« oder die Frage, ob sie gut darin wäre, jemandem einen zu blasen, für sie keine Bedeutung mehr hatten. Frauenbeziehungen werden von

Virginie Despentes als eine Möglichkeit der Patriarchatsverweigerung gefeiert, Lesbischsein als ein Projekt der »Entunterwerfung«.[63]

Ihre Ausführungen sind interessant, weil sie auch etwas über die Sozialisierung von Männern aussagen, denen in Bezug auf Sexualität und Fürsorglichkeit auch heute noch oft die Haltung ansozialisiert wird, dass ihnen beides zur Erholung und zur Befriedigung zusteht, dass irgendein weibliches Wesen sich um ihre emotionalen und sexuellen Bedürfnisse, um körperliche Gebrechen und warme Mahlzeiten kümmern wird, dass sie keine Verantwortung für ihr eigenes Wohlbefinden, ihre Emotionen und Beziehungen übernehmen müssen, sondern dafür Mütter, Freundinnen, Schwestern, Ehefrauen, Lehrerinnen usw. zuständig sind.

Aus meiner Sicht können wir von den frühen lesbischen Theoretiker:innen, Aktivist:innen und Autor:innen auch heute lernen, wie man die Orientierung an Männern lockern und Frauenbeziehungen stärken kann, mehr noch: sie in den Mittelpunkt stellt. Dabei geht es nicht nur um lesbische beziehungsweise queere Beziehungen im Sinne von erotischen Kontakten. Adrienne Rich zielte mit Begriffen wie »lesbische Daseinsweise« oder »lesbisches Kontinuum« auf eine bewusste Frauenverbündung gegen die Männertyrannei, zu der sie auch heterosexuelle Frauen aufrief. Für Rich umschließt das lesbische Kontinuum eine »ganze Skala frauenbezogener Erfahrungen«,[64] quer durch das Leben jeder einzelnen Frau und quer durch die Geschichte hindurch. Es geht also um mehr als nur die Frage, ob eine Frau Sexualität mit einer anderen erlebt oder sich wünscht. Vielmehr geht es darum, möglichst viele Formen der Intensität, der geteilten Innenleben und der Verbindung zwischen Frauen zu stärken und dabei die Geschichte der Menschheit immer auch selbstverständlich als queere Geschichte zu verstehen, als eine Geschichte der Bezüge unter Frauen – seien sie sexuell oder nicht.

Rich zufolge fällt heterosexuellen Frauen die Hinwendung zu Frauen oft schwer, weil sie gewissermaßen keine Übung darin haben und stattdessen häufig eine unkritische Begeisterung für den Mann pflegen. Sie haben internalisiert, dass es nichts Besseres, Größeres, Wichtigeres, Absicherndcres gibt, als Aufmerksamkeit, Begehren, Beachtung von Männern zu erhalten. Und gelernt und erfahren haben sie auch, dass ihre eigene Position in der Gesellschaft durch ihre Anbindung an Männer aufgewertet und gefestigt wird. Für Frauen braucht es viel Mut und vor allem eine bewusste Änderung von Gewohnheiten, ihre Männerorientierung ein Stück weit zu lockern und sich anderen Frauen zuzuwenden. Aber es zu tun, bringt, wie Rich konstatiert, eine Befreiung im Denken, »die Erkundung neuer Wege« und neue persönliche Beziehungen.[65]

Auch Audre Lorde hat über eine Ausdehnung des Lesbianismus-Begriffes über Sexualität hinaus reflektiert, sie sprach über die reiche Intensität zwischen Frauen, die sich verbünden, als Akt der Patriarchatsverweigerung. Lorde geht es um eine andere Erotik, eine Frauenidentifikation, die sich nicht auf den Körper beschränkt, sondern eine Energie, die sich im »Teilen, Mitteilen von Freude – körperlicher, emotionaler oder psychischer Freude« und in gemeinsamer Arbeit ausdrückt.[66]

Frauenliebe: Chiffre des Eigensinns

In dem Moment, in dem Frauen beginnen, aus ihren Beziehungen heraus zu handeln, wird dies (zu Recht) als Bedrohung wahrgenommen, denn die politische Frauenliebe stellt einen Angriff auf die bestehenden Strukturen dar. Aus diesem Grund geht die Diskreditierung von feministischen Bewegungen oft Hand in Hand mit der Diskreditierung weiblicher Homosexualität oder Queerness.

Auch in der frühen Frauenbewegung erkennen einige Frauenrechtlerinnen bereits das Potenzial der Frauenliebe: Helene Stöcker (1869–1943) wendet sich gegen die reaktionären politischen Vorstöße, das Verbot der Homosexualität (§175) auch auf weibliche Homosexualität zu erweitern. 1911 veröffentlicht sie ihren Aufsatz »Die beabsichtigte Ausdehnung des §175 auf die Frau«; ihre These: Weibliche Homosexualität soll verboten und kriminalisiert werden, weil es um die Zerschlagung der Frauenbewegung, die Zerschlagung der weiblichen Emanzipation geht. In dem Moment, in dem die Frauenbewegung erstarkt, werden Frauenbeziehungen, Frauenliebe und Freundschaft erstmals als politische Bedrohung wahrnehmbar. In der wilhelminischen Zeit setzt eine zunehmende Pathologisierung von Lesbianismus ein, eng damit verbunden ist, das erkennt bereits Stöcker, die Diskreditierung der Frauenbewegung, die nun als Hort von Unzucht und Perversion erscheint. Bis zu diesem Zeitpunkt galt weibliche Homosexualität eher als harmlos und »ungefährlich«, nicht als »echter« Sex – es fehlte ja ein Penis. Ohne Penis, so die vorherrschende Meinung, könnte es sich nicht um »echten Sex« handeln.[67] Es war für Männer undenkbar, dass Frauen sexuelles Vergnügen und echte Lust empfinden könnten in ihrer Abwesenheit. Es war auch ökonomisch vollkommen klar, dass Frauen sich mit Männern zusammentun müssen, um zu überleben.

Stöcker fragt in ihrem Text, warum weibliche Homosexualität vorher quasi toleriert wurde und nun plötzlich kriminalisiert werden soll. Warum wurde die lesbische Liebe nicht schon früher unter Strafe gestellt? Stöckers Antwort: »Wohl weniger aus liebenswürdiger Toleranz gegen die Frauen, als weil man weibliches Sexualleben überhaupt ignorierte und nicht in Betracht zog.«[68] Ihr zufolge ist zu Beginn des 20. Jahrhunderts die zunehmende Verfolgung der lesbischen Liebe eine Reaktion auf die immer mehr zutage tretende politische Seite der Frauenliebe. Mit der Strafrechtsreform wird gezielt die Frauenbewegung angegriffen, die aus der (lesbischen) Freund:innenkultur ihre Kraft zieht. Mit der Kriminalisierung der Homosexualität beginnt eine Pauschalverurteilung aller Mitglieder der Frauenbewegung, die ja enge Frauenbeziehungen führen, ob erotisch oder nicht.

Der Feminismus wurde als inhärent »lesbisch« verdammt, etwa durch den Psychiater Richard von Krafft-Ebing, der argumentierte: Wenn Frauen Frauen lieben, wird es gefährlich. Dementsprechend wimmelte es in der Literatur des angehenden 20. Jahrhunderts von Geschichten, in denen die emanzipierte Frau als lesbisch, maskulinisiert und bedrohlich dargestellt wurde.[69] Erotische Beziehungen unter Frauen seien, wie E. F. W. Eberhard schreibt, »das Unglück vieler Ehen und die Ursache mancher Ehescheidungen« und würden viele Frauen schon vor der Ehe pervers machen. Auch seien sie eine viel größere sittliche Gefahr als die »männlich-perversen«.[70] Man sah einen engen Zusammenhang zwischen Frauenbewegung, Frauenemanzipation und Lesbianismus: Die homosexuelle Frau emanzipiert sich, weil sie männlich werden will, sie ist »machthungrig«, und sie predigt die Emanzipation, weil sie will, dass alle ihre Geschlechtsgenossinnen wie sie werden, also sich von Männern ab- und Frauen zuwenden. Das ist also das große Schreckensgespenst der weiblichen Homosexualität, aber auch der Emanzipation der Frauen schlechthin. Eberhard schreibt: »So kommt es am Ende so weit, dass manch ein Mädchen beschließt, es einmal ohne den Mann zu versuchen und sich lieber der lesbischen Liebe zu ergeben.«[71]

Frauenbeziehungen sind vor dem Hintergrund patriarchaler Ordnung stets subversive Praxen, denn sie gefährden eine Ordnung, in der Frauen Care-Arbeiterinnen und Trostspenderinnen für Männer und Familien sind. Die Liebe der Frauen zueinander muss bekämpft werden, weil sie die Sicherheit erschüttert, dass Frauen verlässlich die Trümmer der zerstörerischen Männerordnung wegräumen und das Leben trotz allem ein wenig schön und lebenswert machen. Helene Stöcker sah in der lesbischen Beziehung bereits früh eine Form des Widerstands gegen die Tatsache, dass das Männersystem die Frau auf Fortpflanzung und Häuslichkeit beschränkt.[72]

Ich denke, das ist heute nicht anders. Gerade in einer krisengeschüttelten Welt, in der staatliche Sicherheitsnetze abgebaut wurden, weil der Kapitalismus soziale Sicherheit für obsolet hält, sehnen sich Menschen nach einem sicheren Hafen. Der Kapitalismus delegiert all diese Sehnsüchte ins Private, er überlässt die Menschen einem System brutaler Konkurrenz und einem Kampf ums Überleben, und es überrascht nicht, dass sie sich als Konsequenz nach einem schönen und sicheren Ort sehnen: der Familie. Es überrascht ebenso wenig, dass in den prekären Gesellschaften der Gegenwart Antifeminismus und Queerfeindlichkeit wieder zunehmen. Menschen sehnen sich nach Vertrauen, Hingabe und Sicherheit – das sind Werte, die man der traditionellen Familie zuschreibt und damit einem bestimmten Geschlechter- und Liebeskonstrukt. Wenn alles einzustürzen droht, erscheint die Familie als einziger Ort des Rückzugs vor den Belastungen, Erschöpfungen und Zumutungen einer sich konstant instabil und brüchig anfühlenden Welt.

Die Angst, dass Frauen dieses »Familiending« vielleicht wirklich nicht mehr mitmachen, ist bodenlos. Die Philosophin Kristen Ghodsee beschreibt in ihrem Buch »Utopien für den Alltag«, dass fast alle von Männern verfassten dystopischen Gesellschaftsromane etwas gemeinsam haben: Die Fortpflanzung wird als etwas Anonymes, Technologisiertes, Inhumanes dargestellt.[73] Beschrieben wird also eine Welt ohne Familie, ohne Bindung; es ist die kalte Angst, dass keine Mutter mehr auf einen wartet und einen einfach so liebt, wie man ist. Als Kind hatte ich das Bilderbuch »Wo die wilden Kerle wohnen« von Maurice Sendak, ich habe es Hunderte Male angeschaut: Es beginnt damit, dass sich der freche kleine Max in seinem Traum auf eine atemberaubende Abenteuerreise begibt, er kommt in ein fremdes Land mit wilden Monstern, eine Zauberwelt, bewohnt von fantastischen

Fabelwesen – die er alle bändigt, indem er der Wildeste von allen wird. Max zähmt sie und wird sogar zu ihrem König. Aber bald ist er des Herumtobens und Lärmens müde, er fühlt sich einsam und sehnt sich nach seinem Zuhause zurück, wo man ihn lieb hat. Das Bilderbuch endet damit, dass er in der Geborgenheit seines Zimmers aufwacht, »wo es Nacht war und das Essen auf ihn wartete, und es war noch warm«.[74] Die Sehnsucht nach der (heterosexuellen) Familie ist die Sehnsucht nach einem Ort, der nicht kontaminiert ist von Konkurrenz, Vergleich, Rationalismus, Härte, Krieg. Es ist verständlich, dass daran mit aller Macht festgehalten wird. Das *darf* man uns nicht auch noch nehmen.

Die feministische Revolution hat es schwer, weil sie gegen eine zunehmende Verzweiflung antritt, gegen eine tiefe Angst, es könnte diesen letzten Strohhalm nicht mehr geben, diese Vorstellung von der bedingungslosen Liebe einer Mutter, diesen Traum vom Versorgtwerden und vom Trost durch eine Ehefrau, Großmutter, Schwester. »Die Frau«, »die Mutter« und »die Familie« sind kulturgeschichtlich Metaphern für jenen Ort, von dem sich Menschen in einer bösen Welt Liebe, Trost und Sicherheit versprechen. Das, womit Frauen assoziiert werden, wird gebraucht, es sind lebensnotwendige Güter in einem System, das im Kern die Zeit für Bedürftigkeit stetig unterwandert, uns ihrer beraubt.

Der Zusammenschluss der Frauen und ihre Liebe zueinander scheinen also in mehrfacher Hinsicht bedrohlich, sie sind ein Durchsetzungsinstrument zur Erlangung von Rechten, sie sind ein Schlüssel zu politischen Erfolgen und haben mithin das Potenzial, die Machtverhältnisse umzuwälzen und die selbstverständliche Bevorteilung der Männer und ihre Herrschaft zu beenden. Ferner bedeutet die Liebe unter Frauen, dass Männer weniger davon bekommen, dass sie nicht mehr selbstverständlich die Beziehungsarbeit, die Investition der Frauen in Beziehungen und Familien konsumieren können, dass sie sich *selbst* um ihre Emotionen, Bindungen und emotionalen Bedürfnisse kümmern müssen, dass Frauen als Sozialpuffer und auch sexuell nicht mehr selbstverständlich zur Verfügung stehen.

Der Anfang der Welt

Als ich klein war, habe ich immer wieder versucht, mir die Entstehung der Welt auszumalen. Wie sahen die ersten Menschen aus? Wie standen sie zueinander? Ich erinnere mich, dass ich die herkömmlichen biblischen Erzählungen über »den Anfang« mit der Frage zu boykottieren versuchte: Aber was war *davor?* Dann habe ich mir das »Davor« vorgestellt, und sobald ich das geschafft hatte, meldete sich wieder die kleine Kritikerin in mir, die fragte: Was war *davor?* Irgendwann gab ich erschöpft auf, es war zu anstrengend. Es konnte keinen Anfang geben, weil jedem Anfang doch etwas vorangegangen sein musste. Ich fand mich damit ab, dass es ein unlösbares Problem zu sein schien und es nicht meine Aufgabe war, das Problem lösen zu müssen.

Ich habe noch immer nicht vor, es zu lösen, aber im Unterschied zu damals finde ich heute die Auseinandersetzung mit Schöpfungsmythen inzwischen anregend. Alle Gesellschaften, Kulturen und Völker hatten und haben ihre Schöpfungsmythen, die Erzählung von der Entstehung der Welt ist Teil der menschlichen Kultur, es gibt unzählige fantasievolle, skurrile, aber auch dramatische Vorstellungen von der Schöpfung – da ist zum Beispiel ein nordischer Schöpfungsmythos, demzufolge ein Eisriese schmolz, weil ein Kater an ihm leckte, was dazu führte, dass aus dem Körper des Riesen dann die Welt entstand. Bei den nordamerikanischen Ojibwe finden wir die Idee, dass das Lachen eines Kindes den Schöpfergott dazu anregte, die Welt zu schaffen. In der hinduistischen, chinesischen und griechischen Kultur gibt es das Bild von einem Ei, aus dem die Welt entstand – es wird endlos darüber gestritten, woher das Ei kam. Auch Zufälle werden in Erwägung gezogen, dass etwa, wie einige Aborigines-Mythen berichten, ein fliegendes Beuteltier zufällig vom Himmel herunterfiel und die Welt durch diesen Aufprall entstand.

Sehr oft wird der Anfang der Welt als eine Geschichte der Beziehungen und des Begehrens imaginiert, als Liebesakt zwischen Menschen und Göttern. Wer war zuerst da? Wer erschuf wen? Wer wurde woraus geformt oder entstand aus welchen Prozessen heraus? Wie lief die Vervielfältigung der ersten Menschen ab? In welchem Verhältnis standen Götter, Menschen und auch Tiere zueinander, wie begehrten und liebten sich die ersten Menschen?

Vielleicht könnte man sagen, dass das Erzählen vom Anfang die Sehnsucht nach Beziehung ist. Vielleicht ist das Erzählen des unbegreifbaren Anfangs eine der ersten Hoffnungshandlungen der Menschen. Diese Vorstellungen wimmeln von Vorstellungen von Liebe und Begehren, weil man die ersten Wesen immer in Beziehung zueinander setzen muss. Dabei entstehen Schöpfungsmythen immer aus ihrer Zeit heraus, sie erzählen nicht, was vor 14 Milliarden Jahren war, sondern spiegeln die Sichtweise der gegenwärtigen Gesellschaft.

Da wir seit vielen Jahrtausenden in patriarchalen Verhältnissen leben, sind die vorherrschenden Mythen und Märchen über »den Anfang« oft von einem Bias des heterosexistischen Begehrens geprägt. Viele der heute verbreiteten Schöpfungsgeschichten werden als hierarchisch strukturierte Machtbeziehungen erzählt: Ein männlicher Gott schuf zwei Menschensorten (und nur zwei!), zunächst den ersten Menschen, einen Mann, aus Lehm, dann den zweiten, eine Frau, aus der Rippe des Mannes. In vielen Religionen wird der erste Mensch als Mann, als »Stammesvater« imaginiert, die Frau ist nachgeordnet. Solche Schöpfungsmythen konstruieren natürlich ein heterosexuelles cisgeschlechtliches Paar als Ursprungsbild.

Die US-amerikanische Historikerin Leila J. Rupp untersucht in ihrem Buch »Sapphistries. A Global History of Love between Women« (2009) Erzählungen über den Anfang der Welt und macht sich auf die Suche nach Mythen, in denen Frauen beziehungsweise die Liebe zwischen Frauen die Welt begründen. Es gibt nicht viele solcher Erzählungen, fündig wird Rupp unter anderem bei den Hopis, einem indigenen Volk im Norden Amerikas. Der Hopi-Mythos über die Huruing-Wuthi-Göttinnen ist einer der ganz wenigen, bei denen zwei Frauen am Anfang der Welt stehen.[75]

Was verändert sich, wenn wir uns den Beginn der Menschheit als einen Akt der Beziehung zwischen Frauen vorstellen? Den Anfang der Menschheit anders zu erzählen bedeutet, anders über Begehren zu erzählen und damit die Möglichkeit von anderen Lebensweisen, anderen Formen der Arbeitsteilung, der Organisierung denkbar zu machen. Rupp verfolgt die Spuren des Begehrens zwischen Frauen und nicht binären Menschen in unserer Kulturgeschichte bis in die frühe Menschheitsgeschichte zurück, sucht lesbisches beziehungsweise nicht heterosexuelles weibliches Begehren in antiken und mittelalterlichen Texten auf verschiedenen Kontinenten und in unterschiedlichen Kulturen.

Sie berichtet nicht nur von Schöpfungsmythen, sondern generell von historischen Erzählungen, in denen Frauen miteinander das Schicksal der Menschheit prägen, von Reproduktion und Schöpfung, die ohne die Zutat der Männer auskommen, sie streift durch indigene Erzählungen, durch antike indische Texte, in denen von einer Stadt der Göttinnen berichtet wird.[76] Auch den Amazonen-Mythos finden wir Rupp zufolge nicht nur bei den alten Griechen, sondern in unterschiedlichen Variationen auch in Nordafrika, Lateinamerika, Osteuropa, Zentralasien, Indien, China und in der Mongolei. Sie entdeckt historisch übermittelte Vorstellungen von frauendominierten Gesellschaften, die manchmal positiv und manchmal abschreckend erzählt werden, auch von Frauengesellschaften of Color wird berichtet: Ein spanischer Text aus dem 16. Jahrhundert beschreibt eine Insel namens Kalifornien ganz in der Nähe des irdischen Paradieses, bewohnt von Schwarzen Frauen ohne einen einzigen Mann unter ihnen. Auch in Sanskrit-Texten gibt es Referenzen auf Königinnenreiche.[77]

Natürlich sind es in der Regel Männer, die diese Erzählungen aufgeschrieben und entsprechend patriarchal eingefärbt haben: Die Erzählungen über die Amazonen etwa werden oft als Abschreckung instrumentalisiert und nicht unbedingt affirmativ übermittelt. Bei Homer steht vor allem die gefürchtete kriegerische Kraft dieser Frauen im Vordergrund. Es werden also besonders jene Eigenschaften der Frauen hervorgehoben, die diese »männlich« erscheinen lassen, während Erotik und Liebe zwischen den Amazonen keine große Rolle spielen – sie werden als jungfräulich oder asexuell beschrieben, eher selten als Liebhaberinnen von Frauen.[78]

Die vielfältigen historischen Spuren von Frauenliebe und die Erzählungen über Frauengesellschaften lassen die Annahme zu, dass Frauenliebe und Sexualität zu allen historischen Zeiten und Gesellschaften in verschiedenen Formen präsent waren. Auch wenn wir aus ihnen nicht ableiten können, wie frühe Gesellschaften wirklich strukturiert waren, welche Bedeutung »anderes« Begehren hatte, wie weit es tatsächlich verbreitet war und welche Positionen Frauen oder auch nicht binäre Menschen hatten.

Nicht zuletzt ist es schwierig und heikel, aus der Gegenwart heraus eine angemessene Sprache für nicht heterosexuelles Begehren in vergangenen Gesellschaften zu finden, da diese selbst keine expliziten Begriffe oder Kategorien wie »heterosexuell« oder »homosexuell« hatten. »Mann«, »Frau«, »trans«, »nicht binär«, »inter« usw. sind historische Konstruktionen, ihre Bedeutung und das Gefühl, das mit ihnen verbunden wurde, haben sich im Laufe der Geschichte immer wieder verändert.

Die Gestaltbarkeit der Gegenwart

Für mich ist der Blick in die Vergangenheit wichtig, weil sich damit ausgelöschte Erzählungen rekonstruieren lassen, die wir für die Gegenwart und Zukunft brauchen können; oder anders ausgedrückt: Es ermutigt mich, wenn ich weiß, dass es neben den patriarchalen Macht- und Gewalterzählungen auch andere Geschichten gegeben hat, dass die patriarchale Macht eben nie total war, dass es immer auch Eigensinn und Widerstand gab. Andererseits darf der Blick in die Vergangenheit nicht die Suche nach einer verborgenen »Wahrheit« bedeuten. Ich denke, wir sollten patriarchale Wahrheitserzählungen nicht mit anderen Wahrheitserzählungen bekämpfen, weil dieser Anspruch selber totalisierend wäre. Aber wir können historische Möglichkeitsräume aufspüren, in denen das Potenzial weniger herrschaftlicher, weniger gewaltvoller, freierer Lebens- und Begehrensweisen aufscheint. Anhand von diesen alternativen Möglichkeitsräumen können wir erkennen, dass Geschichte nicht nach einem festgeschriebenen, linearen oder »natürlichen« Programm abläuft. Wenn die Geschichte der Menschheit kein »Programm« ist, sondern widersprüchlich und zufällig, heißt das auch, dass diese Geschichte gestaltbar ist, und dass mithin auch unsere Gegenwart gestaltbar ist.

Über diese Gestaltbarkeit wurde auch früher schon nachgedacht. Ich komme in diesem Zusammenhang noch mal auf die Frauenrechtlerin, Pazifistin und Sexualreformerin Helene Stöcker zurück. Stöcker stritt sich mit Magnus Hirschfeld, dem bekannten Arzt und Sexualwissenschaftler, darüber, inwiefern Homosexualität biologisch angelegt ist oder sozial.[79] In dem bereits erwähnten Aufsatz »Die beabsichtigte Ausdehnung des § 175 auf die Frau« macht sie auf die soziale Seite der lesbischen Liebe aufmerksam. Nicht die Natur bestimme unsere Sexualität, sondern die Gesellschaft. Im Anschluss an Nietzsche argumentierte Stöcker, die Wirklichkeit der Sexualität sei einerseits von der Geschichte männlicher Macht geprägt, sie sei aber andererseits ein Phänomen, das aus dem »Reich der Notwendigkeit in das der Freiheit hineinreicht«.[80] Sie meinte damit, dass die Sexualität das Glücksversprechen enthält, nicht einfach von der Natur bestimmt zu sein. Stöckers Argumentation unterscheidet sich stark von denen ihrer Zeitgenossen – etwa die Argumentation von Hirschfeld und andern, die Homosexualität zu legitimieren versuchten, *weil* sie biologisch natürlich ist. Dem gegenüber plädierte Stöcker dafür, Homosexualität als Liebesform zu akzeptieren, weil wir es wollen, unabhängig von der Biologie: wenn wir gleichgeschlechtlich lieben *wollen,* dann sollen wir das auch dürfen. Stöcker stellt die Frage: Wohin wollen wir uns gesellschaftlich entwickeln? Welche Liebesmöglichkeiten wollen wir akzeptieren? Nicht aus der Natur leitet sich ab, wie wir leben, sondern aus dem politischen, gesellschaftlichen Gestaltungswillen.

Ihr geht es nicht darum zu beweisen, wie viele unterschiedliche Variationen von Liebe, Geschlechtlichkeit und Begehren es *in der Natur* gibt, sondern festzustellen: Wie auch immer Biologie funktioniert, sie ist nicht unser Schicksal, sie ist gestaltbar. Nicht die Natur, sondern die Gesellschaft produziert sexuelle Begehrensweisen und dadurch auch Begrenzungen und Normen.[81] Sie schrieb das 1911. Queer Theory avant la lettre.

Frauen (er)kennen

Die Historikerin und Journalistin Corinne Rufli zeichnet in ihrem Buch »Seit dieser Nacht war ich wie verzaubert. Frauenliebende Frauen über siebzig erzählen« (2023) die Lebensgeschichten von Frauen in der Schweiz nach. Viele von ihnen praktizierten nicht heterosexuelle Formen des Begehrens, noch bevor sie selbst überhaupt einen Begriff dafür benutzten. Den rigiden Gesellschaftsstrukturen zum Trotz war diesen Frauen, wie Rufli zeigt, gewissermaßen im Schatten des Patriarchats bereits in der Nachkriegszeit einiges möglich. »Das System der Tabuisierung nicht heterosexueller Lebensformen liess Freiräume entstehen, nach dem Motto ›Was nicht sein darf, ist nicht‹. Zwei Frauen, die sich nahe sind, müssen Schwestern oder gute Freundinnen sein, etwas anderes konnte gar nicht gedacht werden«,[82] schreibt sie. Wenn es keinen Namen, keine Kategorie für etwas gibt, kann es unter dem Radar stattfinden und oft blühende Realitäten schaffen.

Dieses Phänomen beschreibt auch die Schweizer Autorin Christina Caprez in ihrem Text über die lesbisch lebende Schweizer Theologin und Frauenrechtlerin Marga Bührig (1915–2002). Bührig lebte in Zürich fast ihr ganzes Leben mit einer Frau, Else Kähler, zusammen. Später kam eine dritte Frau hinzu, Elsi Arnold. Erst im hohen Alter identifizierten sie sich als »lesbisch«: »Unser eigener innerer Aufbruch hatte noch keinen Namen.«[83] Sich als »lesbisch« zu bezeichnen, hätte sich damals nicht stimmig angefühlt, schreibt Bührig. Später entdeckt sie die lesbische Identität als eine, die nicht nur sexuell, sondern auch politisch eine Bedeutung hat – ähnlich, wie es in der US-amerikanischen lesbischen Frauenbewegung praktiziert wurde: »Lesbische Frauen galten nicht einfach als ›andersartig‹ und bestenfalls toleriert, sondern als ›woman-identified women‹, als Frauen, die ganz waren und sich mit anderen Frauen identifizierten und solidarisierten und so eine Herausforderung an die Herrschaft der Männer darstellten.«[84]

Auch Marga Bührig fand sich später in diesem Verständnis wieder, als »frauenidentifizierte Frau«, die sich mit ihrer Lebensgemeinschaft unabhängig von Männern machte.

Zahlreiche Forscher:innen berichten von der Schwierigkeit, historische nicht heterosexuelle Lebensweisen überhaupt adäquat zu benennen und einzuordnen, besonders dann, wenn die entsprechenden Menschen selbst keine Sprache dafür benutzen, wie wir es heute tun. Aber wie können politische Subversion und Eigensinn beschrieben werden, wenn jene, die sie praktizieren, ihre Lebensweisen nicht als Subversion »politisieren« oder benennen?

Die Anthropologin Serena Owusua Dankwa hat in ihrem Buch »Knowing Women. Same-Sex Intimacy, Gender, and Identity in Postcolonial Ghana« untersucht, wie Frauenbeziehungen und gleichgeschlechtliche Intimität unter Frauen in Ghana gelebt werden.[85] Sie fand heraus, dass diese Beziehungen auch in sehr traditionellen Zusammenhängen, etwa in christlich-konservativen postkolonialen Gesellschaften und auch in sehr armen Bevölkerungsschichten zu finden sind und teilweise relativ offen gelebt werden können, gerade weil sie oft nicht »lesbisch« oder »queer« genannt werden. Gerade die Nicht-Kategorisierung ihres Beziehungshandelns schützt diese Frauen ein Stück weit. »Knowing women«, Frauen kennen, das klingt erst einmal unverdächtig, und genau das ist es auch, was die befragten Frauen in Ghana bezwecken, dass ihre Beziehungspraxis unter dem politischen gesellschaftlichen Radar bleibt und auch nicht unbedingt mit Sexualität in Verbindung gebracht wird. Die Grenzen zwischen sexueller und nicht sexueller Intimität werden verwischt, diese Frauen benutzen eine Sprache der Anspielungen statt der Eindeutigkeit.

Eine der Erkenntnisse aus den vielen Gesprächen, die Dankwa führte, ist, dass die Frauen ihre Erfahrungen in den Beziehungen mit anderen Frauen als »Wissen« (Knowledge) definierten. Der Titel ihres Buches lässt sich verschieden interpretieren, als »Frauen kennen«, aber auch als »Wissende Frauen« oder als (geheimes, stillschweigendes) »Wissen über Frauen«. »Knowing women« ist in Ghana eine Art Code für lesbische und queere Kultur unter Frauen geworden, aber darüber hinaus auch Ausdruck für eine Beziehungserfahrung, die als »Knowledge«, als Wissen empfunden und definiert wird, als ein »Wissen über andere Frauen«. Dankwa beschreibt die Frauenbeziehungen als

Praxis im Geheimen, basierend auf einem ausgeklügelten Netz von Austauschbeziehungen, geschmiedet von »denen, die es wissen«.[86] Eine »wissende Frau« zu sein bedeutet im Kontext dieser Frauen nicht, eine Identität aufgrund einer bestimmten sexuellen Ausrichtung zu haben, sondern eingebunden zu sein in weibliches Loyalitätshandeln. Im Zentrum steht nicht die sexuelle Identität, sondern Loyalität, Fürsorge und Freude.[87]

Für mich sind Ruflis und Dankwas Arbeiten wegweisend, weil sie auf komplexe Weise die Grenzen der Sprache deutlich machen, wenn es um Sexualität und Begehrensweisen geht. Sie zeigen uns, dass Kategorien sowohl hinderlich als auch ermächtigend sein können. Während es für die einen emanzipatorisch ist, eine Sprache zu finden (Verena Stefan), sich zu outen, sich als lesbisch, queer oder anderweitig zu definieren und damit das eigene Begehren zu politisieren, ist es für andere genau das Gegenteil – und manchmal praktizieren Menschen in ihrem Leben beides gleichzeitig, die Versprachlichung und die Entsprachlichung.

Das Dazwischen

Mit dem Problem von Kategorien befasst sich auch die Queer Theory, und einige Theoretiker:innen nehmen hierzu eine radikal kritische Haltung ein. Im Unterschied zu den Selbstbeschreibungen »schwul« und »lesbisch« suchen sie nach weniger fixierten, weniger binären Formen des Ausdrucks und somit des Begehrens selbst. Queertheoretische Denker:innen sind Labels gegenüber oft auch deshalb kritisch, weil sie sich dagegen verwehren, queere Lebensweisen als das »Andere« zu positionieren. Denn genau diese Grenzziehung zwischen einer »Norm« und dem »Anderen« ist es doch, wie zum Beispiel Antke Engel betont, die aufgehoben werden soll.[88] Ähnlich wie Sigrid Weigel in ihren Ausführungen zum »schielenden Blick« der Frauen (in der Literatur) warnt Engel davor, queere Existenz in einem Schema von Innen und Außen zu konzipieren. Queere Lebens- und Begehrensweisen zeichnen sich nicht (nur) über den Ausschluss aus, sondern auch darüber, dass sie etwas Spezifisches *leben,* und darin zum Beispiel auch eine Ermächtigung erfahrbar ist (trotz der Diskriminierungserfahrungen). Engel schlägt vor, Queerness als eine Existenz des *Dazwischen* zu bestimmen, die sowohl an der vorherrschenden Gesellschaft teilnimmt, in ihr integriert, von ihr geprägt als auch davon ausgeschlossen ist und marginalisiert wird.

Queere Existenzweisen sind exkludiert, gleichzeitig sind sie schon immer Teil der Gesellschaft gewesen, sie wirken und lieben in der Gesellschaft, sie beeinflussen sie und überleben sie auch.

Wenn ich es richtig verstehe, kritisiert Engel die Idee von einem kohärenten Subjekt, denn Menschen haben oft mehrdeutige und uneindeutige Identitäten – mit einigen ihrer Anteile schließen sie an Normen an und mit anderen nicht. Sie halten sich also in einem andauernden *Dazwischen* auf. Wenn wir unterkomplex von einem »Innen« und einem »Außen« der Gesellschaft ausgehen, kann es nur einen politischen Kampf um den Einschluss der Ausgeschlossenen geben. Ein solcher Kampf aber bestätigt bloß die Ordnung, nach der Einschluss begehrt und also eine kohärente Position angestrebt wird. Eine einseitige Inklusionsforderung, so richtig sie auch im Einzelnen sein kann, festigt eine Struktur, in der es nur das Gleichwerden oder das Andersbleiben gibt. Engel kritisiert einseitige Inklusionsforderungen, die darauf bestehen, »richtig« oder »vollständig« repräsentiert zu werden. Denn damit nimmt man dem queeren *Dazwischen* nicht nur das Potenzial der Subversion, sondern reproduziert eine Vorstellung, der zufolge Queerness nur dann gelebt werden kann, wenn sie von der bestehenden Gesellschaft benannt, repräsentiert und anerkannt ist.

Queere Lebenspraxis existiert aber, und das ist ein weiterer zentraler Punkt, nicht nur über die Struktur der Benennung und Repräsentation, sie ist als Existenz des *Dazwischen* auch dann real, wenn sie nicht benannt, repräsentiert oder inkludiert ist. Oder anders ausgedrückt: Vieles existiert, auch ohne dass es einen Namen trägt. Hier unterscheidet sich Queer Theory von Zugängen, wie sie Verena Stefans Schreiben nahelegt, die nach einer neuen Sprache für ihr Begehren sucht. Wenn man es aber benennt, wird es auch normierbar und ist weniger frei. Begehren muss sowohl als ein Ort des Denkens und der Sprache verstanden werden, aber eben auch als ein Ort, der ungedacht verbleibt.[89]

Aus einer solchen Perspektive ist das politische Ziel, die Zumutungen der immerzu vereindeutigenden Normen mittels Uneindeutigkeit zu unterwandern. Dieses Anliegen unterscheidet sich von manchen Minderheitenpolitiken: Es geht nicht vordergründig um die Anerkennung und Integration von verschiedenen Identitäten und Begehrensweisen, es geht darum, die Gewalt der Normen infrage zu stellen.

Teile der Queer Theory problematisieren Identität, weil Identität immer neue Grenzziehungen mit sich bringt. Identität schafft Ein- und Ausschlüsse, Stereotype, sie suggeriert Stabilität. Die intersektionale Queer Theory zeigt, dass Queerness nicht nur durch sexuelle Orientierung und Geschlecht bestimmt ist, sondern immer auch *inhärent* von anderen Faktoren wie Alter, Herkunft, Hautfarbe usw. Toleranzpluralistische Forderungen nach queerer Inklusion sind nicht ausreichend, weil es nicht nur um die Anerkennung des Queerseins gehen kann.

Für viele queere Menschen sind andere Gerechtigkeitskämpfe mindestens genauso relevant (wenn nicht sogar relevanter): die Armutsbekämpfung, der Kampf für soziale Sicherheit, der Schutz vor rassistischer Polizeigewalt, vor Rassismus, Antisemitismus, für den Zugang zur Gesundheitsversorgung. Toleranzpluralismus und Inklusionsforderungen sind oft nicht nur *nicht* ausreichend, sondern reproduzieren neoliberale Politiken, die ein Freiheitsverständnis versprechen, das letztlich nur für manche, bereits privilegierte queere Menschen funktioniert – jene mit einem bestimmten Pass, jene, die sich anpassen, die beruflich erfolgreich, *weiß*, nicht migrantisiert sind.

Toleranzpluralismus ist sogar mit rechten Politiken kompatibel: Diese inszenieren sich beispielsweise als tolerant gegenüber der LGBTQA+-Community – im Vergleich zu »den Muslimen«. »Wir akzeptieren bei uns Homosexualität« ist mittlerweile ein Credo, das wir nicht selten auch von rechten Akteur:innen hören.

Die Queer Theory versucht, dieser Logik gegenüber kritisch zu bleiben, sie akzeptiert das Dilemma der sogenannten Identitätspolitik oder Minderheitenpolitik und stellt sich nicht grundsätzlich dagegen, Diskriminierung zu benennen, Rechte zu erkämpfen und Inklusion zu fordern. Gleichzeitig aber will sie Identitäten und Labels nicht festschreiben. Denn es kann durchaus beides gleichzeitig geben: den Kampf für Rechte, Anerkennung, Repräsentation, inklusive Sprache – und gleichzeitig auch das Bestreben, fluide zu bleiben und neue, nicht binäre, veruneindeutigende Räume zu schaffen.

Konkret können wir das versuchen, indem wir zum Beispiel bestehenden Kategorien wie »weiblich« oder »männlich« ihre cis-Eindeutigkeit nehmen. Ziel wäre eine Veruneindeutigung, bei der, wenn ich »weiblich« sage, eben nicht mehr einfach klar ist, ob ich damit eine trans, inter oder cis Person meine.[90] Und was ist eigentlich mit der Lesbe, die einen Transmann begehrt? Ist sie heterosexuell? Oder wenn trans, inter oder asexuelle Personen sich als queer bezeichnen, lässt sich dann Begehren überhaupt noch eindeutig als hetero, homo oder bi labeln?

Anstatt alles vereindeutigen und definieren zu wollen, könnten wir Begehren als komplexe Bewegung betrachten, die unerwartete Verbindungen zieht. In den Szenarien des Begehrens – auch in den vermeintlich klaren – schwirren einerseits Normen umher, alte kulturelle Bilder, eingeübte Rituale, Gewaltgeschichten, andererseits aber auch Eigensinn, wilde Fantasien, Widerstände, Experimente und Geheimnisse. Realität ist Fantasie, und Fantasie inspiriert Realitäten. Vielleicht braucht es für ein freieres Begehren nicht unbedingt eine neue analytische und politische Sprache, sondern Poesie. Vielleicht ist die Sprache der Poesie oder der Kunst eher dazu geeignet, das Projekt der Vereindeutigung umzusetzen.

Ein Buch wie dieses vermag nicht das, was Poesie vermag, meine Sätze erscheinen mir sperrig, fixierend und schwer im Vergleich zu einem Satz wie diesem: »Ich hüpfte durch den bereits angelegten Garten und hängte mein Herz an jede Blume, bevor ich etwas von ihr wusste.«[91] (Verena Stefan) Vielleicht brauchen wir für eine Revolution des Begehrens und der Beziehungen weniger politische Manifeste, weniger Sachbücher, sondern mehr literarisch-poetische Gefüge, wie Verena Stefans »Häutungen«. Auch Texte von non-binären Autor:innen wie X Schneeberger, Sascha Rijkeboer und Kim de l'Horizon zeigen, dass es nicht zuletzt das poetische Sprechen ist, das Körper und Begehrensweisen freier werden lässt und einen *Ausnahmezustand* erzeugt, ein *Dazwischen,* eine *Veruneindeutigung* – mit einem einzelnen Satz oder einem Wort.

Und so beende ich dieses Kapitel statt mit einem Fazit mit einem Absatz aus dem Roman »Neon Pink & Blue« von X Schneeberger:

> »Im Zwischen angekommen inzwischen. Immer in zwei gleichzeitig verliebt, häufig eine Frau und einen Mann, ein Homeboy und eine Queen und manchmal ebenfalls alles in selber Person. Genau betrachtet, ein Kettenbrief der Liebe. Ein emotionales Pyramidensystem. Ein Schenkkreis des Begehrens.«[92]

4 SISTERHOOD

»i need to know their names
those women i would have walked with
jauntily the way men go in groups
swinging their arms, and the ones
those sweating women whom i would have joined
after a hard game to chew the fat
what would we have called each other laughing
joking into our beer? where are my gangs,
my teams, my mislaid sisters?
all the women who could have known me,
where in the world are their names?«

– poem by Lucille Clifton[1]

Liebe Fork,

ich weiß nicht genau, wie und warum ich Feministin geworden bin. Aber ich bin mir sicher, dass ich Feministin geblieben bin, weil ich erfahren durfte, wie es sich anfühlt, wenn Frauen einander »sehen«.

Seit ich Feministin wurde, war ich Teil von Netzwerken, Zusammenschlüssen und Gruppen von Frauen beziehungsweise FLINTA-Personen. Auch mit dir bin ich auf diese Weise verbunden, freundschaftlich wie politisch, so genau lässt sich das nicht auseinanderhalten. Wir haben gemeinsam ein Buch geschrieben über Schwarze Frauengeschichte in der Schweiz. Wir waren zu-*

sammen auf Lesereisen, haben uns miteinander und mit anderen verbündet. Du bist eine afroamerikanische Künstlerin, ich eine ***weiße*** *deutsch-schweizerische Geschlechterforscherin.*

Es muss im Jahr 2010 gewesen sein, auf einem Konzert meines Bruders, als wir uns kennenlernten. An die genauen Umstände kann ich mich nicht erinnern, aber wohl daran, dass zwischen uns Funken sprühten. Mit deinem eleganten, exzentrischen Kleiderstil hast du die Blicke auf dich gezogen, die Menschen hielten den Atem an, wenn du an ihnen vorbeigingst. Ehrfürchtig, ein wenig verwundert. Woher kam diese Frau? Mitten in der Schweizer Provinz? Wir haben den Abend zusammen verbracht, vertieft in Gespräche, laut lachend, dann wieder ernst. Du hast mir an diesem Abend deine Aufmerksamkeit geschenkt. Ich spürte: Wir sehen einander. War es an diesem Abend, an dem du mich zum ersten Mal **Sister** *nanntest?*

Noch im gleichen Jahr kamst du uns in Berlin besuchen. Wir lebten damals einige Jahre mit den Kindern dort, ich schrieb an meiner Doktorarbeit, war um die 30 Jahre alt, du etwas älter. Du warst vor Kurzem aus New York in die Schweiz gezogen und lebtest nun in der gleichen Stadt wie mein Bruder. Schnell drehten sich unsere Gespräche um die Schweiz, wie es ist, als Frau, als Intellektuelle, in deinem Fall als afroamerikanische Dichterin in der Schweiz zu leben.

Wir lachten laut über einen Satz, den Marie Luise Kaschnitz während eines Aufenthalts im Jahr 1945 ironisch über die Schweiz geschrieben hatte: »Ist das hier die wirkliche Welt, oder ein Reservat?«[2] Kaschnitz hatte sich, aus dem zerstörten Nachkriegsdeutschland kommend, darüber gewundert, wie abstrakt das Weltgeschehen in der Schweiz blieb, wie unbedarft und unberührt dieses Land von allem schien.

Ein ähnliches Gefühl hattest du fast hundert Jahre später noch immer. Du sprachst darüber, dass es sich zuweilen anfühlte, als lebe man in einer Parallelwelt, einem Puppenhaus, in einer Fanta-

siewelt jenseits vom Weltgeschehen. Du schriebst mir: »There is a culture of naivety in Switzerland. It is like being in a strange place – out of time – the silence comes so direct and cuts at any critique – it assumes a place of non concern and violence – an inability to deal with anything ›out of place‹ – critical thought seems to threaten their calm.«

Die Fragen, denen du als Schwarze Frau in der Schweiz ausgesetzt warst – selbst in einem progressiven Milieu –, machten dich, auch mich, ratlos. Dass man ständig ungefragt deine Haare anfasste, war noch eines der harmloseren Erlebnisse. Ähnlich, wie James Baldwin es in den 1960er-Jahren über seinen Aufenthalt in der Schweiz beschrieben hatte. Als ob die Menschen noch nie einen Schwarzen Menschen gesehen hätten, und vor allem: nichts von neueren Debatten rund um Rassismus je gehört hätten.

Du sagtest oft: In die Schweiz zu kommen war wie zurückzugehen in die 1960er-Jahre. Einerseits. Andererseits war dir sofort klar, dass die Schweiz ein plurales Einwanderungsland ist. Die Schweizer Gesellschaft ist sehr durchmischt – das sieht man deutlich, besonders in den Städten. People of Color, Migrant:innen aus diversen Ländern sind ein fester und sichtbarer Bestandteil der Schweizer Gesellschaft. Man kommt an einem Schweizer Bahnhof an und wähnt sich in einem durch und durch internationalen Szenario. Trotzdem wird in der Schweiz auch heute oft das absurde Selbstbild von einem Land und einem »Volk« hochgehalten, das unberührt ist von der Globalisierung und der Weltgeschichte.

Wie ergeht es dir heute mit diesen seltsamen Widersprüchlichkeiten?

Erinnerst du dich, als wir damals, es war im Jahr 2013, in Zürich gemeinsam den Film über die Schwarze Dichterin, Lesbe und Feministin Audre Lorde über ihre Jahre in Berlin (»The Berlin Years«) schauten?

Lorde hatte sich während ihrer Zeit in Europa in Berlin und sogar kurz in Zürich aufgehalten und dort in den 1980er-Jahren

Lesungen gehalten. Für uns war dieser Abend einschneidend. Es war ein Moment, in dem wir an eine feministische Geschichte in der Schweiz anschließen konnten, von der wir bisher nichts gewusst hatten. Wir reisten aus der Schweizer Kleinstadt nach Zürich, im Kino waren wir plötzlich umgeben von Schwarzen Frauen und queeren Menschen of Color aus der ganzen Schweiz: Künstler:innen, Aktivist:innen, Forscher:innen – ein völlig anderes Publikum, als wir es in der Schweizer Kulturszene sonst gewohnt waren. Deine Augen blitzten, deine Schultern streckten sich, dein Gang wurde aufrechter – »endlich bin ich zu Hause«, rauntest du mir zu.

An diesem Abend erfuhren wir, welche Auswirkungen Audre Lordes kurzer Aufenthalt in Zürich gehabt hatte: Die Aktivistin Zeedah Meierhofer-Mangeli war damals in den 1980er-Jahren bei einer Lesung dabei gewesen, als einzige Schwarze Frau.

Die Begegnung mit Lorde motivierte sie, sich mit anderen Schwarzen Frauen in der Schweiz zu vernetzen. So entstand zuerst eine private Gesprächsrunde, 1993 gründete Meierhofer-Mangeli den **Treffpunkt Schwarzer Frauen Zürich**. *Zum zwanzigjährigen Bestehen des Treffpunkts erschien 2013 ein Buch,[3] just in dem Jahr, in dem wir im Kino waren. In dem Buch wird die Geschichte des Treffpunkts nachgezeichnet, mit Gesprächen und vielfältigen Stimmen aus verschiedenen Generationen Schwarzer Frauen in der Schweiz. Dieses Buch und der Abend im Kino waren der Anstoß für unser eigenes Projekt: Wir wollten ein Buch über Schwarze Frauengeschichte in Biel/Bienne schreiben, der Kleinstadt in der Westschweiz, in der wir lebten.*

In den kommenden Wochen trafen wir uns mit anderen Schwarzen Frauen in Biel, tauschten uns über das Projekt aus und führten erste Gespräche zur Lebenssituation Schwarzer Frauen in Biel. Myriam Diarra war von Anfang an dabei, wir wurden ein Dreier-Team, entwickelten eine politische Freundschaft, die bis heute anhält, und wir gaben 2020 das Buch »I Will Be Different Every Time« heraus.

Du sagtest damals nach dem Filmabend im Zürich, dass du dich zum ersten Mal, seit du in der Schweiz warst, verbunden fühltest mit den anderen Schwarzen Menschen in diesem Kinosaal. Hier wurde selbstbewusst auf eine andere Schweizer Geschichte Bezug genommen. Du hattest an diesem Abend nicht nur das Gefühl, in der Schweiz dazuzugehören, sondern auch eine **eigene** *Identität entwickeln zu können. Sich in Beziehung zu setzen zu anderen politischen Frauen und deren Spuren in der Geschichte machte es möglich, die Gefühle der Isoliertheit zu durchbrechen und die Erzählung über sich selbst und die eigene Identität in die Hand zu nehmen.*

Ich möchte nicht mein Leben mit deinem vergleichen, so wie man generell keine Leben vergleichen kann, aber deine Geschichte hat mich dazu gebracht, darüber nachzudenken, woher ich selbst komme.

Ich habe deutsch-polnische Wurzeln, meine Eltern kamen aus Deutschland in die Schweiz, als ich ein Kind war. Unsere Geschichte in der Schweiz beginnt also erst mit meinen Eltern. Die Geschichte meiner Großeltern und Urgroßeltern ist geprägt von Krieg, Migration, Flucht, Neubeginn. Während des Krieges waren manche Mitglieder meiner Familie Täter, manche waren Opfer, manche beides gleichzeitig.

In dem Schweizer Dorf, in dem ich aufwuchs, konnte ich mein »sich anders fühlen« zunächst nicht beim Namen nennen. Ich hatte ja, im Unterschied zu dir, eine **weiße** *Hautfarbe, Rassismus erlebte ich nicht. In dem alternativ-mittelständischen Milieu, in dem wir uns in der Schweiz bewegten, bemerkte ich aber, dass die Menschen um mich herum in der Regel nicht wie ich »von woanders« kamen, sondern »von hier« – und zwar bis weit zurück zu den Ururgroßeltern. In dem Milieu meiner Kindheit hatten viele Menschen als maximale Entfernung zwischen Familienmitgliedern Großeltern in Orten wie Herzogenbuchsee, Spiez oder Interlaken. Und man hatte ein Chalet in den Bergen, oder mehrere, und war seit Generationen dort Ski gefahren. Man hatte jeden-*

falls »seit Generationen« irgendetwas getan, und sei es nur Creuset-Pfannen weiterzuvererben (eine Schweizer Qualitätsmarke). Ich kannte es nicht, dass man seit Generationen etwas tut – oder nur bedingt.

In unserer Familie gab es viele Brüche, zum Beispiel war die radikale Abgrenzung der 1968er-Generation von ihrer Elterngeneration ein wichtiges Thema, wie es in Schweizer Familien viel seltener vorkam. Meine Eltern, ihr Freundeskreis, aber auch meine Tanten und Onkel – sie alle wollten alles »ganz anders machen« als ihre Eltern und Großeltern.

Menschen mit Migrationsgeschichten müssen sich Verbindungen und Verbundenheit immer wieder erarbeiten, sich »Familie« immer wieder aufbauen. Die Erfahrung der **Zusammengehörigkeit** *ist nie einfach da, Erfahrungen von Neubeginnen, getrennt sein, auseinandergerissen werden sind prägend.*

Vielleicht ist das ein Grund, warum du mich manchmal **Sister** *nennst. In dem Begriff manifestiert sich dein Gefühl, dass die Erfahrung, zu jemandem zu gehören, sich verbunden und sicher zu wähnen, immer wieder aktiv erarbeitet werden, ja hergestellt werden muss.*

Einmal hast du mir gesagt, ich sollte mir während eines Vortrags, vor dem ich sehr nervös war, vorstellen, ich hätte Audre Lorde in meiner Handtasche versteckt. »You have to have your sisters with you in your mind.« Diese Praxis einer bewussten mentalen Verbindung mit stärkenden Menschen und Vorbildern habe ich von dir gelernt, sie hilft tatsächlich gegen Einsamkeitsgefühle und Ängste.

Du nennst mich manchmal **Sister,** *aber gleichzeitig weiß ich, dass es Unterschiede zwischen uns gibt. Trotz der Nähe bleibt immer auch eine Distanz. Diese Distanz hat weniger mit unseren Persönlichkeiten als mit unserer Geschichte zu tun.*

Wir sind nicht gleich. Unsere Geschichten, unsere Herkünfte machen ein naives »Wir« unmöglich: Du hast mir erzählt, was es bedeutet, eine Schwarze Mutter zu sein und Schwarze Kinder zu haben. Für dich ist Sicherheit wichtig, du warst strenger mit deinen Kindern. Denn du hast die Erfahrung gemacht, dass Schwarze Menschen gefährdeter sind und auch von der Polizei nicht automatisch Schutz erwarten können.

Deine Sicherheitsbedenken waren für mich zunächst schwer zu verstehen, ich hielt sie für übertrieben. Aber du hast sie mir erklärt, bis ich verstand, dass ich nie über die Gefahr von Rassismus für meine Kinder nachdenken musste. Ein weiterer Unterschied waren die Begegnungen mit Schulinstitutionen, mit Ärzt:innen oder anderen Instanzen. Während ich davon ausgehen konnte, dass man meinen Kindern und mir grundsätzlich wohlwollend begegnen würde, war deine Erfahrung eine andere: Schwarze Mütter und ihre Kinder genießen nicht den gleichen Vertrauensvorschuss. Lehrkräfte sind misstrauisch, haben teilweise Vorurteile, bewerten Schwarze Kinder schneller als »schwierig«, »aggressiv« oder »störend«.

In der Schweiz machtest du die Erfahrung, dass man dich und deine Kinder als »Flüchtlingsfamilie« einstuft, als wahlweise hilfsbedürftig oder bedrohlich. Du musstest immer wieder darum ringen, von anderen so wahrgenommen zu werden, wie du wahrgenommen werden wolltest.

Schweizer:innen konnten sich offenbar nicht vorstellen, dass es so etwas wie »studierte Schwarze Menschen« gab. Ärzt:innen oder Lehrkräfte gaben dir ungefragt Erziehungs- und/oder Ernährungstipps, in der Annahme, du wüsstest nicht, dass Kinder nicht zu viel Zucker essen sollten. Mich hat niemals ein Arzt darauf hingewiesen, niemand hat meine Kompetenz als Mutter infrage gestellt.

Unsere »Schwesterlichkeit« hat Grenzen. Ich als ***weiße*** *Frau profitiere von rassistischen Strukturen oder verhalte mich, auch wenn ich mich bemühe, wohl manchmal selbst rassistisch. Vielleicht könnte man es so formulieren: Wir haben biografische Parallelen und geteilte Erfahrungshorizonte, aber keine »gemeinsame Ge-*

schichte«. Die Geschichte der Menschen ist immer miteinander verbunden, aber wir können nicht sagen: Wir sind **gleich***. Wir und unsere Vorfahr:innen sind, als* **weiße** *und Schwarze Menschen, unterschiedlich verortet in den hierarchischen Strukturen der vergangenen und aktuellen Gesellschaft.*

Diese Unterschiede unter Frauen machen Schwesterlichkeit kompliziert und nicht selten unmöglich. Sie führen zu Unverständnis, Verletzungen und Wut **untereinander***. Schwarze Frauen erinnern sich, wie Audre Lorde ausführte,[4] an jene schmerzhaften Momente, in denen die Mütter der* **weißen** *Frauen ein Taschentuch auf der Parkbank ausbreiteten, weil das Schwarze Mädchen dort gesessen hatte. Während* **weiße** *Frauen, wenn sie an ihre Kindheit zurückdenken, sich an die »kleinen süßen dunkelhäutigen Kinder auf der anderen Straßenseite« erinnern oder an die »geliebte Nanny«. Lorde zufolge steckt in diesen Erinnerungen ein Konflikt, eine Reibung, in der Parkbankgeschichte zeigen sich die Grenzen einer gemeinsamen »schönen« oder schwesterlichen Geschichte. Darüber hinaus geht es aber nicht nur um Erinnerungen, sondern auch darum, dass Schwarze Frauen riskieren, sich in Koalitionen mit* **weißen** *Frauen erneut verletzenden Situationen auszusetzen, weil sie auch dort riskieren, Rassismus zu erfahren.*

Trotzdem nennst du mich manchmal **Sister***. Ich glaube, dass darin eine politische Geste zum Ausdruck kommt: Du willst trotz allem die Sehnsucht, die im Begriff der Schwesterlichkeit enthalten ist, aufrechterhalten. Die Sehnsucht danach, sich anderen Menschen auch über Differenzen hinweg nahe zu fühlen, so nahe wie einer »Schwester«, und sich mit ihnen sicher zu fühlen. Diese Sehnsucht, so verstehe ich dich, ist wertvoll. Auch wenn die Metapher der Schwesterlichkeit nicht immer und für viele politische Koalitionen nicht geeignet ist, so ist die* **Sehnsucht danach** *doch wichtig. Und ist auch die Erfahrung damit wichtig, selbst wenn sie partiell und immer wieder brüchig ist.*

Vor Kurzem habe ich dich gefragt, was **Sisterhood** *für dich be-*

deutet. Deine Antwort kam prompt, es ist die Antwort einer Dichterin:

> »Sisterhood is what we live our truth through – Our path and commitment is our vital connection – It belongs to a truthful way of responding to everything you do – It can't be useful any other way. We lift each other – see each other's purpose – protecting the space to cultivate it – [...] The relationship of Sisterhood will change you – illuminating blindspots in order to shine. This awareness takes one out of any control system because being invested in Sisterhood grows and deepens our knowing and sense of being [...] In the deepest sense I am free when my sister is free.«

Schwesternschaft verändert uns, sagst du, erhellt blinde Flecken, wir werden aufmerksamer, aber auch angreifbarer, weil wir die Kontrollsysteme, die wir gewohnt sind, verlassen und neue Weisen des Seins entwickeln.

Du begegnest mir als Schwester, ohne Ungleichheiten auszulöschen: Du bist nicht bereit, ***weiße*** *Menschen aus der Verantwortung zu entlassen. Sie sollen Verantwortung dafür übernehmen, dass rassistische Gewalt und Diskriminierung ein Ende finden. Und du traust ihnen das zu. Du gibst mir das Gefühl, fähig zu sein, antirassistisch zu handeln, auch wenn ich selber* **weiß** *bin.*

Mit dir verbunden zu sein bedeutet, dass jemand an mich glaubt, dass mir die Möglichkeit, eine Verbündete, manchmal sogar eine **Sister** *zu sein und gegen Rassismus zu handeln, zugetraut wird. Gleichzeitig kann es mit Blick auf die kolonial-rassistische Geschichte, mit Blick auf vergangene wie gegenwärtige Herrschaftsverhältnisse kein Verzeihen, keine Absolution oder »Schwamm drüber« geben. Mit dir verbunden zu sein bedeutet, nicht mehr die Wahl zu haben, mich* **nicht** *mit Rassismus zu be-*

schäftigen, bloß weil ich davon nicht betroffen bin. Durch unsere Verbindung entsteht die Notwendigkeit, mich immer wieder zu hinterfragen und Unbehagen auszuhalten.

Die Brüche in der Geschichte zwischen Schwarzen und **weißen** *Menschen lassen sich nicht einfach auflösen, nicht vergessen, nicht vergeben. Die Vergangenheit bleibt immer auch die Jetzt-Zeit, schreibt Walter Benjamin.*[5] *Man kann sich nicht »reinwaschen«. Das kann nicht das Ziel von Verbündung und Schwesternschaft sein.*

Als unser Buch erschien, trafen wir uns mit der Verlegerin in einem Café, und sie überreichte uns die ersten Exemplare. Es war ein großes, schweres Buch, gestaltet mit den Kunstwerken der Afroschweizer Künstlerin Sasha Huber.

Wir hielten das Buch in unseren Händen, das unsere kollektive Arbeit der vergangenen sechs Jahre enthielt. Es war beglückend. Das Buch erzählt die Geschichte von einer gemeinsamen Arbeit, einer politischen Freundschaft, die auch über Grenzen und Differenzen hinweg Bestand hat.

Unsere Verbindung enthält Friktionen. Danke, dass du mich trotzdem manchmal **Sister** *nennst.*

* * *

»Ich bin nicht frei, solange eine einzige Frau unfrei ist. Auch wenn sie ganz andere Fesseln trägt als ich.«[6] Aus meiner Sicht formuliert Audre Lorde mit diesem Satz den Kern dessen, was antipatriarchale Kämpfe leisten müssen: Sie können sich nicht nur auf die eigenen Unterdrückungserfahrungen und Interessen begrenzen, sondern müssen auch die Kämpfe anderer im Blick haben. Wenn wir das Zitat ernst nehmen, so ist Freiheit nicht vollkommen, wenn sie nur einer bestimmten Gruppe, genauer: wenn sie nur mir selbst gilt. Eine Freiheit, die Einzelnen zugutekommt, ist eine, die wahrscheinlich auf der fortgesetzten Ausbeutung und Unterdrückung anderer beruht. Und auch dann, wenn Freiheit nicht auf der direkten Ausbeutung oder Beschränkung anderer beruht, widerspricht eine Freiheit, die nur wenigen zugutekommt, der Freiheit als humanistischer Idee: Das Leben *aller* Menschen ist wertvoll, *alle* haben das Recht, frei und in Würde zu leben. Daraus folgt: Wenn Freiheit nicht für alle umgesetzt wird, ist niemand frei. Ausgehend von einem solchen Freiheitsbegriff ist es konsequent, wenn wir Freiheitskämpfe als verbunden, auch als global verstehen. Befreiungskämpfe müssen über individuelle Interessen hinausgehen und sich auch mit den Kämpfen an anderen Orten, mit anderen Ausgangslagen verbinden. Es stellt sich aber die Frage, wie genau wir die verschiedenen Kämpfe verbinden können. Welche Rolle spielt Schwesternschaft dabei?

Mitte der 1970er-Jahre gewann der Slogan »Sisterhood is global« in weiten Teilen der europäischen und US-amerikanischen Frauenbewegungen an Bedeutung. Auch die UN-Weltfrauenkonferenzen befeuerten die Notwendigkeit, sich weltweit feministisch zu verbünden.

Die US-amerikanische Wissenschaftlerin und Aktivistin Robin Morgan veröffentlichte 1984 ihr wegweisendes Buch »Sisterhood is global«. Dieses mehr als 800 Seiten schwere Werk enthält 68 Länderkapitel mit Informationen zu Themen wie Demografie, politische Situation, Wirtschaft, die rechtliche Situation zu Ehe, Scheidung, Verhütung, Abtreibung, Homosexualität und Gewalt. Morgans Buch erschien vor der digitalen Epoche, das heißt zu einer Zeit, als man zu diesen Themen kaum Informationen fand. Ihr Anliegen war es, die feministischen Kämpfe international zu vernetzen, und zwar basierend auf der Annahme, dass Frauen weltweit etwas gemeinsam haben: Sie sind eine unterdrückte Mehrheit. Sie plädiert für eine transnationale feministische Solidarität, die Differenzen überschreitet und sich auf gemeinsame Probleme und Ziele konzentriert, sie fordert eine globale Schwesternschaft.

Auch heute ringen wir wieder darum, die weltweiten Kämpfe gegen patriarchale Unterdrückung miteinander zu verbinden. Seit der Veröffentlichung von »Sisterhood is global« wurde Morgans Idee innerfeministisch immer wieder scharf kritisiert. Das Ideal der Schwesterlichkeit suggeriere, so hielt man Morgan vor, dass alle Frauen das gleiche Schicksal teilen, und blende die Machtverhältnisse zwischen verschiedenen globalen Regionen (Nord-Süd) aus, obwohl diese das Verhältnis zwischen Frauen oft maßgeblich beeinflussen. Auch historische Kontexte wie Kolonialismus und Imperialismus würden im Konzept von *Sisterhood* unsichtbar gemacht.

Gemäß der postkolonialen Theoretikerin Chandra Mohanty[7] konstruiert Morgan in ihrem Plädoyer für *Sisterhood* sowohl eine sachlich falsche wie auch eine politisch zweifelhafte Vorstellung von Frauen als einheitlicher Gruppe mit gemeinsamen politischen Bestrebungen. In ihrem berühmten Text »Under Western Eyes« (1984) problematisierte Mohanty zudem, dass westliche Feminist:innen oft eine vereinheitlichende Sicht auf die sogenannte »Dritte-Welt-Frau« haben und damit häufig rassistische Stereotype und Zuschreibungen reproduzierten. Die Schwesterlichkeit westlicher Feminist:innen komme von oben herab und meine zu wissen, was für die »arme Schwester« im

Süden richtig wäre. Mohanty kritisierte auch, westliche Feminist:innen würden sich einseitig auf die Kategorie Geschlecht konzentrieren und andere Dimensionen der Unterdrückung wie Rassismus oder Eigentumsverhältnisse nicht ausreichend thematisieren. Nicht zuletzt würden sie nicht berücksichtigen, dass die paternalisierten »Dritte-Welt-Frauen« oft diejenigen sind, von denen widerständige Mobilisierungen und Transformationsprozesse ausgehen. Die Frauen im Globalen Süden wären alles andere als einfach Opfer, sondern könnten und würden sehr wohl für sich selbst sprechen. Wenn man ihnen denn zuhörte.

Aber nicht nur aus der Sicht des Globalen Südens, auch in Europa und den USA wurde die Idee der Schwesterlichkeit problematisiert, da sie die gravierenden Ungleichheiten zwischen Frauen ausblende – etwa, dass die einen bei den anderen als schlecht bezahlte Care-Arbeiterinnen angestellt sind, das heißt, unter prekären Bedingungen die Karrieren privilegierterer Frauen ermöglichen. Afroamerikanische Frauen wie etwa die Schriftstellerin Toni Morrison waren die schärfsten Kritiker:innen einer übergreifenden Schwesterlichkeit, da sich ihnen zufolge *weiße* Feminist:innen zu wenig um Rassismus kümmerten oder selbst rassistisch handelten. Aber auch *weiße* beziehungsweise westliche Feministinnen formulierten Zweifel am Modell der Schwesterlichkeit, dass Frauen in einer patriarchal strukturierten Gesellschaft sehr oft gespalten und zu Konkurrent:innen gemacht werden.

Die Politikwissenschaftlerin Jo Freeman, deren Artikel »Trashing: The Dark Side of Sisterhood« bereits 1976 erschien, konstatierte, die Frauenbewegung sei mit ihren süßen Versprechungen einer Gemeinschaft verführend, aber die Rhetorik der Schwesterlichkeit verdecke die Ausgrenzungen, die auch innerhalb dieser Bewegung stattfinden. Freeman problematisierte den Widerspruch, dass der Feminismus einerseits Frauen ermutige, ihre Stimme zu erheben und ihre Meinung zu äußern, andererseits aber auch dazu neige, Frauen auf ein Kollektiv zu verpflichten und ihnen zugunsten der Schwesterlichkeit eine einheitliche Meinung aufzudrücken.

Aber es ist kompliziert, denn nicht alle lehnten die Idee der Schwesterlichkeit ab; es erschienen auch weiterhin Bücher, die sich für *Sisterhood* starkmachten, zum Beispiel »Sisterhood, Feminism and Power. From Africa to the Diaspora« (1998) von Obioma Nnaemeka. Auch die bekannte afroamerikanische Theoretikerin bell hooks bezog sich positiv auf die Schwesterlichkeit. Und Audre Lorde? Sie versuchte den Spagat: Sie distanzierte sich einerseits von dem Konzept wegen der Unmöglichkeit einer schwesterlichen Verbindung zwischen Schwarzen und *weißen* Frauen,[8] und auch die Schwesterlichkeit unter Schwarzen Frauen empfand sie als ein zu homogenisierendes Modell. Andererseits nannte sie eines ihrer Bücher »Sister outsider« und schrieb zahlreiche Texte und Reden zu der Frage, wie Koalitionen unter Frauen gestaltet werden können.

Andere afroamerikanische, aber auch lateinamerikanische Feminist:innen wollten die Familienmetaphern (Sisterhood) als Symbol der Solidarität rehabilitieren, weil sie darin ein Kontrastprogramm zum *weißen* Feminismus sahen, dessen Grundlage immer die Kritik der bürgerlichen Kleinfamilie gewesen war. Demgegenüber wäre es für Women of Color wichtig, eine Form von »politischem Familialismus« als emanzipatorische Praxis beizubehalten. Denn ihre Geschichte als Sklav:innen, kolonial Unterdrückte oder Geflüchtete hatte gerade darin bestanden, *keine* Familie haben zu dürfen, fragmentiert, verkauft und auseinandergerissen worden zu sein. Für sie konnte die Familie auch ein Ausdruck von Emanzipation sein; das, was westliche Frauen am stärksten kritisierten, war für andere gerade Gegenstand von politischer und persönlicher Sehnsucht.

Machtausübung unter Frauen

Für meine eigene politische Auseinandersetzung ist es eine schmerzhafte, aber auch wichtige Erkenntnis, dass weder der Feminismus noch sonst eine Befreiungsbewegung gefeit davor ist, selber Machtstrukturen auszubilden. Damit meine ich: Auch Frauen können gegenüber anderen Frauen Macht ausüben, selbst dann, wenn sie sich den Ideen von Inklusion und Gleichheit verschrieben haben. Immerhin ist der Feminismus aber auch jene Bewegung, in der zu diesen Widersprüchen immer wieder selbstkritische, lebendige und anhaltende Debatten geführt werden.

Auch wurde und wird zu Machtfragen innerhalb feministischer Bewegungen eingehend geforscht: Für den deutschsprachigen Raum hat etwa die Soziologin Margit Göttert in ihrem Buch »Macht und Eros« herausgearbeitet,[9] wie sich in der frühen deutschen Frauenbewegung während des Fin de Siècle neben Schwesterlichkeit, Gemeinschaft und Solidarität auch autoritäre Strukturen und Hierarchien etablierten. Sie beschreibt ein System von Differenz, Macht und Unterwerfung am Beispiel der beiden Frauenrechtlerinnen Helene Lange (1848–1930) und Gertrud Bäumer (1873–1954): Die beiden versuchten, weibliche Orte der Gemeinschaft zu etablieren, an denen Frauen sich auf Augenhöhe begegnen und aufeinander beziehen konnten. Schnell aber entwickelten sich Anführerin-Jüngerinnen-Verhältnisse.

Die damalige Gesellschaft befand sich in einem tiefschürfenden Umbruch weg von der Monarchie und hin zur Moderne, und die Frage, wie Führung unter demokratischen Prämissen aussieht, wurde heftig diskutiert. Auch emanzipatorische Ideen waren noch stark von einer monarchischen Prägung gefärbt, man wünschte sich »charismatische Führerpersönlichkeiten« und griff trotz einer großen Sehnsucht nach Veränderung auf einen tief verwurzelten Autoritarismus zurück, auch in der

Frauenbewegung. Gerade *weil* Frauen diskriminiert und unterdrückt wurden, so Göttert, waren sie besonders verzweifelt auf der Suche nach einer eigenen Identität, nach Vorbildern, Orientierung und Halt. Daraus resultierte teilweise ein Hang zum Personenkult. Interessanterweise waren es besonders jene, die bereits etwas mehr Privilegien hatten, die oft zu fragwürdigen Methoden griffen gegenüber jenen Frauen, etwa Arbeiterfrauen, die weniger begünstigt waren. Manche Frauenrechtler:innen der Weimarer Republik kollaborierten auch mit nationalsozialistischen Frauen.

Ähnliche problematische Kollaborationen sehen wir auch bei US-Frauenrechtlerinnen: Die bekannte Aktivistin Margaret Sanger (1879–1966), die in den USA maßgeblich daran beteiligt war, dass Verhütung legalisiert wurde, war mehrfach angeklagt, verurteilt, sogar physisch angegriffen und angefeindet worden. Sie war also ein Opfer der extrem patriarchalen Verhältnisse jener Zeit. Gleichzeitig argumentierte sie in ihrer Propaganda für Verhütung oft rassistisch: Verhütung habe den positiven Effekt, dass sich die sogenannten unfitten Klassen, das heißt vor allem Schwarze Menschen, nicht mehr unkontrolliert fortpflanzten. Um ihre Ziele durchzubringen, stützten sich also *weiße* Frauenrechtlerinnen auf rassistische Argumente.

Wir müssen also festhalten, dass es zwar – bis heute – eine weltweit wirksame patriarchale Machtasymmetrie zuungunsten der Frauen gibt, gleichzeitig müssen wir akzeptieren und ernst nehmen, dass es auch aufseiten der Unterdrückten Unterdrücker:innen gibt und ungleiche Machtverteilungen.

Spätestens ab den 1970er-Jahren wurde die Frage diskutiert, ob Frauen in ihrem Mitwirken an patriarchaler, rassistischer, kolonialer und nationalsozialistischer Macht als Opfer oder Mittäterinnen zu verstehen sind: Sind Frauen bei eigenem Fehlverhalten noch Opfer?[10] Sind Frauen aus eigenem Antrieb antisemitisch oder weil sie sich männlichen Modellen angepasst haben, wie Margarete Mitscherlich in »Antisemitismus: Eine

Männerkrankheit?« argumentiert?[11] Werden Frauen nur Mittäterinnen, weil sie dem männlichen Einfluss erliegen, wie Christina Thürmer-Rohr fragt (ein Standpunkt, den sie später modifiziert hat)?[12] Was gewinnen Frauen, wenn sie an repressiven Strukturen mitwirken oder diese sogar aktiv herstellen?

Wir sollten die Tatsache, dass es auch unter minorisierten Menschen Verrat, Aggression, Machtausübung und Unterdrückung geben kann, ernst nehmen,[13] wenn wir versuchen auszuloten, ob Schwesterlichkeit überhaupt funktionieren kann. Wie Cherríe Moraga 1981 schrieb:

> »[...] each of us in some way has been both oppressed and the oppressor. We are afraid to look at how we have failed each other. We are afraid to see how we have taken the values of our oppressor into our hearts and turned them against ourselves and one another. We are afraid to admit how deeply ›the man's‹ words have been ingrained in us.«[14]

Wir sollten uns also keine Illusionen darüber machen, wie tief misogyne Haltungen in uns allen verankert sind. Moraga schreibt, dass Frauen die »Männersicht« tief verinnerlicht haben. Eine inhärente Logik solcher Männersichtweisen ist es zum Beispiel, Frauen in »gute« und »schlechte« Frauen einzuteilen. Jene, die eher für »gut« befunden werden, sind etwa *weiße* bürgerliche Frauen, die bestimmten Schönheitsnormen entsprechen. Aber auch sie stehen unter Druck, es allen recht zu machen, perfekt zu sein und ihren Status der »guten Frau« nicht zu verlieren.[15] Frauen übernehmen also männliche Bewertungsmuster und wenden sie auf sich selbst und auf andere Frauen an. Und diese »guten« Plätze in der Gunst der Männer sind rar, weshalb Frauen sich darum streiten und versuchen, ihre Konkurrent:innen auszuschalten. Wir kennen diese Szenerie aus »Schneewittchen«, wenn die Königin fragt: »Spieglein, Spieglein an der Wand, wer ist die Schönste im ganzen Land?« Das Märchen erzählt davon, was Frauen bereit sind zu tun, um »die Schönste« zu sein, so ist die Stiefmutter gar bereit, ihre Stieftochter zu ermorden. Oder nehmen wir das Märchen »Frau Holle«, dort werden zwei Mädchen von einer erwachsenen Frau in »fleißig« und »faul« eingeteilt und am Schluss mit einem Goldregen belohnt beziehungsweise mit einem Pechregen bestraft. Es ist die Logik vieler Märchen und Mythen: Frauen werden zu Konkurrent:innen, ja Feind:innen gemacht.

Und es ist nicht nur ein Märchen: Wenn Frauen »besser« sind als andere Frauen, wenn sie die Vorstellungen von einer »guten Mutter«, einer »schönen« oder »fleißigen« Frau besonders gut erfüllen, sind ihre Chancen, im Patriarchat einigermaßen gut über die Runden zu kommen, besser, vielleicht werden sie sogar mit einem »Goldregen« belohnt. Es kann also eine Überlebensstrategie sein, sich unsolidarisch mit anderen Frauen zu verhalten, patriarchale Muster zu übernehmen und selbst anzuwenden. Letztlich ist es wohl so, dass niemand immun dagegen ist, unsolidarisch zu handeln. Marginalisierte Menschen haben immer wieder – teilweise aus Not, teilweise aus Machthunger, teilweise aus Gewohnheit – rücksichtslos gehandelt. Oder sie haben mit fragwürdigen Akteur:innen zusammengearbeitet, wenn diese Kollaborationen, Vorteile und Einfluss versprachen.

Frauen können Opfer und Täter:innen zugleich sein, Diskriminierte und Diskriminierende in einem. Wenn wir nicht nur das Geschlechterverhältnis als Herrschaftsverhältnis im Blick haben, sondern auch Antisemitismus, Rassismus oder Klassenverhältnisse betrachten, dann stehen Frauen oft auch auf der Seite der Herrschenden. Sie waren, wie ich schon erwähnt habe, zum Beispiel Unterstützerinnen und Propagandistinnen der nationalsozialistischen Ideologie.

Die meisten Frauen in Deutschland haben sich dem Nationalsozialismus und dem Antisemitismus nicht widersetzt, sondern haben mitgemacht, kollaboriert, sie haben das nazistische Gefüge stabilisiert, mehr noch: ermöglicht. *Gleichzeitig* waren sie Opfer einer extrem frauenfeindlichen Politik, die sie bevölkerungspolitisch missbrauchte, sie auf die Rolle der sich reproduzierenden Mütter reduzierte und ihre Mutterschaft in den Dienst des Krieges und des Nationalismus stellte. Besonders am Ende des Krieges waren sie zudem häufig Opfer von patriarchaler Kriegsgewalt durch Vergewaltigungen. Es gibt unzählige Beispiele, in denen Frauen auch heute Täter:innen und Opfer zugleich sind: Frauen, die Genitalbeschneidungen durchführen und somit Gehilf:innen patriarchaler Macht sind, etwa waren als Mädchen meist selbst Opfer dieser Praxis und litten ein Leben lang darunter.

Aber wie kann unter solchen spaltenden Bedingungen eine Praxis der weiblichen Solidarität entstehen? Ich finde es hilfreich, die Geschichte der Schwesternschaft als feministische Idee zu kennen. Dabei ist die Kritik an *Sisterhood* aus meiner Sicht genauso wichtig wie die Kenntnis davon, in welchen historischen Momenten und Zusammenhängen Schwesternschaft fruchtbar war und emanzipatorische Sprünge ermöglichte. In meiner Auseinandersetzung mit *Sisterhood* hatte ich das Bedürfnis, Perspektiven aufzutun, die Schwesternschaft weder naiv romantisieren und abfeiern noch rigide ablehnen oder vollständig dekonstruieren.

Kurze Geschichte der Schwesterlichkeit

Es gibt nicht den *einen* Ursprung der feministischen Schwesternschaft. Der Begriff hatte zu verschiedenen Zeiten und an verschiedenen Orten mehrere Bedeutungen und wurde unterschiedlich verwendet. Zentral war die gegenseitige Bezeichnung als *Sister* oder *Brother* in der Antisklaverei-Bewegung: Die Begriffe beschrieben eine Verbindung zwischen Menschen, die sich aufgrund ähnlicher Erfahrungen familiär verbunden fühlten. Die Sklaverei hatte Familien, Freundschaften und Beziehungen auseinandergerissen und fragmentiert. Die Anrufung als *Sister* oder *Brother* wurde eine widerständige Praxis, um ein Gefühl von Familie zu erzeugen, auch wenn man mit seinem Gegenüber nicht biologisch verwandt war.[16]

Wir wissen heute, dass viele der Protagonistinnen der ersten organisierten US-Frauenbewegungen sich zuerst in der Antisklaverei-Bewegung engagierten und dort politisch sozialisiert wurden. Forscher:innen nehmen an, dass diese Aktivistinnen die Terminologie der Schwesternschaft von dort übernahmen. Die US-amerikanische Frauenbefreiung zum Beispiel war von Beginn an stark motiviert durch das *Black Power Movement,* auch in Europa war die Frauenbewegung von kolonialen Befreiungskämpfen beeinflusst. Gloria Steinem schrieb später den Satz: »Ohne Schwarze Frauen würde der Feminismus nicht existieren.«[17] Sie meinte damit, dass die Befreiungskämpfe von Women of Color am Anfang antipatriarchaler Bewegungen stehen.

Die Metapher der Schwesternschaft hatte in diesen ersten Frauenbewegungen eine doppelte Bedeutung: Einerseits sollte sie auf ähnliche Unterdrückungserfahrungen aller Frauen verweisen, andererseits war sie ein Bild für eine Grenzen überwindende Solidarität. Schwesternschaft wurde damals durchaus über Klassengrenzen und rassistische Barrieren hinweg gedacht, in der *National American Women's Suffrage Association* etwa war die Rede von »our native american sisters«.[18] Gleichzeitig wurden die Grenzen einer solchen Verschwesterung schon früh deutlich, etwa als ein Teil der Frauenbewegung in den 1890er-Jahren die rassistischen Gesetzgebungen in den Südstaaten unterstützte.

Der Begriff der Schwesternschaft wurde damals auch benutzt, um eine transnationale Schwesternschaft zwischen der britischen und der US-amerikanischen Frauenwahlrechtsbewegung zu betonen und der Bewegung eine kollektive Identität zu verleihen.[19] Allerdings bekam die Schwesternschaft auch immer wieder Risse, unter anderem, weil die Amerikanerinnen die Britinnen als zu militant empfanden. Emmeline Pankhurst, eine der federführenden britischen Suffragetten, schwebte eine militante Schwesternschaft vor, die Amerikanerinnen aber befürchteten, die Legitimität ihrer Forderungen aufs Spiel zu setzen, wenn sie zu sehr von den vorherrschenden Frauenbildern abrückten.

Das war übrigens auch einer der Gründe, warum sich viele Suffragetten öffentlich immer mit Hütchen und möglichst fraulichen Röcken zeigten und damit offensiv Weiblichkeit inszenierten. Denn sie waren ständig mit dem Vorwurf konfrontiert, keine »richtigen Frauen« zu sein, besonders in den puritanischen USA standen sie unter dem Druck zu beweisen, dass Emanzipation nicht zu einer Vernachlässigung der häuslichen Verpflichtungen der Frau führen würde. Durch die Schwesternschaft mit den Britinnen riskierten die Amerikanerinnen, als unweiblich zu gelten. Konnte man sich die militanten Schwestern aus England leisten? Die Britinnen riefen die Amerikanerinnen immer wieder dazu auf, Schwestern zu bleiben, auch wenn diese andere, weniger militante Strategien verfolgten.

Wenn wir in der Geschichte noch weiter zurückblicken, begegnen wir einer anderen Variation des Geschwisterthemas im Slogan der Französischen Revolution: »Liberté, Égalité, Fraternité« (Freiheit, Gleichheit, Brüderlichkeit). Die »Brüderlichkeit« stand damals für die gleichgestellte Beziehung unter den befreiten Menschen, sie betonte eine übergreifende Solidarität und den Zusammenhalt auch jenseits von Verwandtschaft. Wie der Begriff »Brüderlichkeit« aber schon zeigt, wurde diese gleichwertige Beziehung auf Männer begrenzt.

Frauen waren von dieser Geschwisterlichkeit zunächst ausgenommen und bezahlten mit dem Leben, wenn sie den Anspruch erhoben, ebenfalls als »Gleiche« oder eben als »Schwestern« anerkannt zu werden: Am 3. November 1793 wurde die französische Revolutionärin und Frauenrechtlerin Olympe de Gouges auf der Place de la Concorde in Paris vom Revolutionsregime geköpft. De Gouges hatte gefordert, dass die Prämissen der Revolution auch für Frauen gelten müssen.

In ihren Schriften wandte sie sich auch gegen die Sklaverei und damit gegen eine Revolution, die bis zu diesem Zeitpunkt nur bürgerlichen *weißen* Männern Menschenrechte zugestand. Im Jahr 1791 verfasste de Gouges ihre berühmte Protestschrift, die »Erklärung der Rechte der Frau und Bürgerin«, und ließ Plakate und Flugblätter drucken, auf denen sie ihre Positionen gegen die Sklaverei und für Frauenrechte verbreitete. Sie sprach sich auch für sozialistische Ideen aus, etwa für eine Mehrbesteuerung von Reichen, für die Einrichtung landwirtschaftlicher Genossenschaften und für eine staatliche Fürsorge. Da die neue bürgerliche Verfassung Frauen ausschloss, nannte Olympe de Gouges das neue Regime »Tyrannei«. Sie forderte von der Nationalversammlung im Namen der Mütter, Töchter und Schwestern die Anerkennung privater und politischer Bürgerinnenrechte und erklärte die neue Verfassung für illegitim und nichtig. Für ihre Ideen wurde de Gouges verfolgt und verleumdet und am Ende ermordet.

Die vermeintlich universellen Prämissen der Aufklärung wurden also nicht universell umgesetzt – und sie werden es bis heute nicht. Gleichzeitig war die Französische Revolution gerade deshalb erfolgreich, *weil* Frauen mitmachten, weil Marktfrauen, Händlerinnen, Dirnen, Mütter 1789 zu Tausenden an den Hof von Versailles marschierten und den Sturz der Monarchie forderten.

»Die Männer haben die königliche Bastille eingenommen, die Frauen haben das Königtum selbst überwunden, haben es in die Hände von Paris, das heißt der Revolution gebracht«, schreibt der französische Historiker Jules Michelet.[20] Trotz dieser wichtigen Rolle waren Frauen von den neuen Gesetzgebungen der Republik ausgeschlossen. Dieser Ausschluss ist vermutlich einer der Gründe, warum sich französische Frauenrechtlerinnen später seltener auf »Liberté, Égalité, Fraternité« bezogen als deutsche Frauenrechtlerinnen, die durchaus Slogans wie »Freiheit, Gleichheit, Schwesterlichkeit« benutzten.

In Deutschland griff die erste Generation der Frauenrechtlerinnen die Metapher der Schwesterlichkeit sowohl in Anlehnung an die Engländerinnen und Amerikanerinnen als auch in Anlehnung an den Slogan der Französischen Revolution auf. Louise Otto-Peters (1819–1895) schrieb in ihrer politischen Frauenzeitung: »Wohlauf denn, meine Schwestern, vereinigt Euch mit mir, damit wir nicht zurückbleiben, wo alles um uns und neben uns vorwärts drängt und kämpft.«[21]

Auch in den von Frauen angeführten Friedensbewegungen zu Beginn des 20. Jahrhunderts war immer wieder von Schwesterlichkeit die Rede. Die bekannte Pazifistin Bertha von Suttner schrieb: »Vielleicht ist eine weltumfassende Schwesterlichkeit notwendig, ehe eine brüderliche Verständigung der gesamten Menschheit möglich wird.«[22] Suttner spielte mit diesem Satz darauf an, dass sie ihre Hoffnung eher in die Frauen als in die Männer setzte. Anders gesagt: Wären die Frauen weltweit frei und miteinander verbunden, würden die Menschen insgesamt in der Lage sein, sich zu verständigen und weniger zerstörerische Lebensweisen zu etablieren.

Große Beliebtheit erhielt die Schwesternschaft allerdings erst in der zweiten feministischen Welle der 1960er- und 1970er-Jahre. Aus dieser Zeit finden wir in unterschiedlichen Kontexten zahlreiche und sehr positive Bezugnahmen auf *Sisterhood* beziehungsweise Schwesternschaft.[23] In Deutschland wurden etwa Werke mit dem Titel »Freiheit, Gleichheit, Schwesterlichkeit« veröffentlicht oder »Von der Brüderlichkeit zur Schwesterlichkeit«.[24] Diese Texte diskutierten den demokratischen Gleichheitsgrundsatz und was dieser für Frauen bedeutete.

Eine Frage lautete zum Beispiel: Kann es das emanzipatorische Ziel der Frauen sein, so zu werden wie Männer? Oft lautete die Antwort: Nein, wir wollen nicht alle »Brüder« werden. Das Plädoyer für die Schwesterlichkeit ging im deutschsprachigen Feminismus der 1970er-Jahre einher mit einer Politisierung der Differenz zu Männern. Frauenanliegen sollten nicht einfach aufgehen im Universalismus der von Männern formulierten politischen Programme. Teile der Frauenbewegung wollten gerade *keine* Angleichung an das bestehende System, sondern die Veränderung dieses Systems.

Schwesterlichkeit wurde zu einer Metapher für die Vision, eine andere Gesellschaft mit anderen Prämissen aufzubauen. Eine Gesellschaft, in der Werte wie Zwischenmenschlichkeit, Empathie, Sorge- und Beziehungsarbeit im Vordergrund stehen sollten – Elemente also, die in den von Männern formulierten politischen Ideen und Revolutionen gänzlich fehlten. Die Feministin Brigitte Rauschenbach schrieb 1989:

> »Es geht mir mit der Kategorie der Schwesterlichkeit mitnichten darum, Frauen aufs Abstellgleis weiblicher Beziehungsarbeit zurückzuführen. Wohl geht es mir aber darum, sichtbar zu machen, dass die Versäumnisse der Französischen Revolution nicht nur im Hinblick auf uns Frauen, sondern als strukturelles Defizit existieren und nachzuholen sind.«[25]

Aus ihrer Sicht ist es mit den Paradigmen der Freiheit und Gleichheit nicht getan, auch dann nicht, wenn es Frauen gelänge, gleichberechtigt in das männliche Gefilde der Spitzenpositionen vorzudringen. Vielmehr brauche es auch eine veränderte Gesellschaftsstruktur, die den Fokus auf die Beziehung, die Sorge umeinander, auf die »Vulnerabilität« der Menschen und des Planeten legt. Zahlreiche feministische Denker:innen, Aktivist:innen und Forscher:innen – etwa Judith Butler oder in Deutschland Bini Adamczak – haben die Utopien der Verbundenheit und Fürsorge seither weiterentwickelt. Allerdings liegt der Fokus heute nur noch selten auf der Schwesterlichkeit, bevorzugt werden weniger vergeschlechtlichte Begriffe wie Solidarität, Beziehung oder Care.

Im Verlauf der 1970er-Jahre wurden in Deutschland – ähnlich den US-amerikanischen *consciousness-raising groups* (CR-Gruppen) – Selbsterfahrungsgruppen gegründet, in denen Frauen sich gegenseitig zuhörten, halfen und unterstützten. Feminismus wurde nun als eine konkrete Lebenspraxis verstanden, in der Frauen sich positiv, zärtlich und solidarisch aufeinander beziehen. Das Persönliche wurde politisch, das heißt, Frauen entwickelten ein Bewusstsein dafür, dass ihre Erfahrungen nicht einfach biografisches Pech waren, sondern historisch entstandenen Machtverhältnissen entsprangen. In diesen Gruppen brachten Frauen sich gegenseitig bei, sich mit anderen Frauen zu identifizieren – so unterschiedlich sie auch sein mochten. Die Frauen ermutigten sich zu einem selbstbestimmten Leben, und nicht selten entstanden aus diesen Gruppen Aktionen und Demonstrationen.

Die Arbeit an der Schwesterlichkeit bedeutete auch verlernen, was Frauen *übereinander* beigebracht worden war, nämlich: anderen Frauen nicht zu trauen, sie nicht interessant, nicht wichtig, nicht wertvoll zu finden. Die Praxis der Schwesterlichkeit bedeutete, sich vom männlichen Blick zu distanzieren, sich diesen Blick abzugewöhnen, der Frauen dazu bringt, sich selbst und einander zu misstrauen.[26]

Die Verbindungen, die in diesen Gruppen entstanden, waren, wie die Historikerinnen Kelli Zaytoun und Judith Ezekiel herausarbeiten,[27] emotionaler, politischer, aber auch materieller Natur. Denn in zahlreichen Zusammenschlüssen unterstützten sich die Frauen auch finanziell oder psychologisch, zum Beispiel, um für ein Studium aufzukommen, eine Scheidung durchzustehen oder eine Vergewaltigung zu verarbeiten. Die Verbindungen hielten teilweise ein Leben lang, und sie gingen auch oft über bestimmte Gruppengrenzen hinaus: In Abtreibungsnetzwerken zum Beispiel organisierten sich Frauen aus extrem unterschiedlichen Milieus, ähnlich verhielt es sich bei der Bildung von Unterstützungskomitees für streikende Arbeiterinnen. Entgegen der heute manchmal verbreiteten Meinung waren die Mitglieder dieser Gruppen nicht alle *weiß* und kamen nicht ausschließlich aus der Mittelschicht, und ihre Arbeit kam auch nicht nur privilegierten Frauen zugute.

Es gab auch Gruppen, in denen sich Schwarze oder anders rassifizierte Frauen über ihre Erfahrungen an der Schnittstelle von Rassismus, Sexismus und Klasse austauschten.[28] Zwar waren Schwarze Frauen mit der Idee der Schwesterlichkeit aus ihrer Bewegungsgeschichte heraus längst vertraut, aber gleichzeitig waren sie auch mit dem Problem konfrontiert, dass sie – stärker als *weiße* Frauen – permanent kollektiviert und als homogene Gruppe betrachtet wurden. Das stellte sie vor die Herausforderung, ihre Anliegen einerseits schwesterlich zu »kollektivieren« – und sich gleichzeitig dagegen zu wehren, vorschnell als einheitliche »Gruppe«, als »Kollektiv von Schwestern« homogenisiert zu werden. Diese komplizierte Doppelbewegung, sich schwesterlich zu solidarisieren und sich gleichzeitig als Individuen zu positionieren, ist eine Gratwanderung, die bis heute anhält.

Zaytoun und Ezekiel kommen zum Schluss, dass die feministischen Bewegungen der 1970er- und 1980er-Jahre ohne die organisierte Schwesterlichkeit in den CR-Gruppen nicht annähernd so stark gewesen wären.[29] Aber auch innerhalb dieser Netzwerke gab es immer wieder kritische Stimmen, nicht nur die Frage des Rassismus spielte dabei eine Rolle, sondern auch die Frage der Biologie.

Zahlreiche Feminist:innen bemängelten bereits damals die Gefahr einer Biologisierung: Wenn feministische Schwesterlichkeit beinhaltet, dass diejenigen, die dazugehören, einen bestimmten Körper und eine bestimmte Identität haben müssen, wenn definiert werden soll, was und wer genau eine »Schwester« oder eine »Frau« sei, führt dies zwangsläufig zu Ausschlüssen. Wissenschaftler:innen der Queer und Trans Studies, aber auch Aktivist:innen kritisierten, dass dem Konzept der Schwesterlichkeit eine binäre Zwei-Geschlechter-Einteilung zugrunde liege. Der Rückbezug des Schwestermodells auf »Frausein« basiere auf einer Vorstellung von Solidarität, die nicht cisgeschlechtlich verortete Menschen ausschließen würde und dabei vernachlässige, dass diese ebenfalls von patriarchalen Strukturen diskriminiert werden.

Bereits in den 1970er-Jahren gab es kontroverse feministische Auseinandersetzungen zum Thema Transgeschlechtlichkeit, schon damals wurden trans-inklusive feministische Schriften und Manifeste publiziert, aber auch solche, die sich *gegen* eine feministische Allianz mit den Anliegen von trans Menschen aussprachen.[30]

Während die einen für eine Rekonzeptualisierung von Geschlecht und Sexualität als nicht binäre, nichtlineare und vorläufige Existenzweisen plädierten, hielten die anderen an einem Begriff von Geschlecht fest, der sich auf bestimmte, cisgeschlechtliche biologische Merkmale beruft. In ihrem Artikel mit dem Titel »Divided Sisterhood« (1980) argumentierte Carol Riddell gegen Janice Raymonds trans-exklusive Haltung: Der Feminismus könne »ein breites Spektrum an Positionen« vereinen, er sei breit genug, um trans Menschen einzuschließen.

Aber kann das Konzept der Schwesterlichkeit das? Wer ist eine »Schwester«? Und wer nicht? Wenn wir sagen, dass mit »Schwestern« alle gemeint sind, die sich als Frauen definieren, wie gehen wir dann zum Beispiel damit um, dass es einen Unterschied macht, ob eine Person ihr Leben lang als Frau beziehungsweise Mädchen wahrgenommen, sozialisiert, sexualisiert, belästigt wurde oder erst zu einem späteren Zeitpunkt ihres Lebens? Und wie gehen wir umgekehrt damit um, dass manche Frauen eine bestimmte Form des Frauenhasses, nämlich Transmisogynie erfahren, also eine Kombination aus Frauenhass und Queer- beziehungsweise Transfeindlichkeit, die nicht selten tödlich endet?[31] Eine Form von Hass, den wiederum cis Frauen nicht kennen? Und was ist mit nicht binären Menschen oder trans Männern? Welche Erfahrungen mit frauenfeindlicher Gewalt und Diskriminierung machen sie? Denn unabhängig von der Identität eines Menschen werden trans Männer oder nicht binäre Personen zum Teil noch als Frau gelesen und erfahren entsprechend frauenfeindliche Formen von Gewalt, Belästigung und Diskriminierung. Sind trans Männer dann nicht ganz klar im Konzept der »Schwesterlichkeit« mitgemeint? Und inwiefern ist Schwesterlichkeit angesichts dieser Komplexität tatsächlich ein überholter Begriff, weil er einfach nicht inklusiv genug ist, um die vielfältigen Formen des Leidens am Patriarchat solidarisch zu bekämpfen?

Schritte ins Ungewisse: Schwesternschaft jenseits von Identität?

Die Metapher der Schwesterlichkeit scheint angesichts der unterschiedlichen Ausgangslagen von Frauen und der Diversität von Geschlecht keine adäquate Grundlage zu sein, um feministische Verbündung zu begründen. Gleichzeitig denke ich: Auch wenn der Begriff »Schwesterlichkeit« Probleme mit sich bringt und dem eigenen Anliegen nicht gerecht wird, so ist es doch genau dieses Anliegen, das wir nicht leichtfertig aufgeben dürfen: Die Idee der Schwesterlichkeit enthält im Kern die Idee, patriarchale Gewalt über Grenzen und Unterschiede hinweg zu bekämpfen. Das heißt, immer auch für die Freiheit anderer zu kämpfen – »auch wenn deren Fesseln ganz andere als meine sind«.[32]

Die Notwendigkeit der übergreifenden Solidarität liegt, mit der französischen Autorin Minna Salami gesprochen, auch darin begründet, dass sich Machtstrukturen in Einzelkämpfen schlicht nicht ausreichend auflösen lassen.[33] Wir sind zwar unterschiedlich positioniert in diesen Machtstrukturen und nicht einfach »gleich« davon betroffen. Aber die Machtstrukturen wiederum sind miteinander verbunden, die Welt ist verbunden, wir können diese Kämpfe nicht einzeln führen. Salami antwortet auf die Frage, ob Schwarze und *weiße* Frauen zusammenarbeiten sollen: Ja, aber gewissenhaft. Das heißt, ohne Machtmissbrauch zu tolerieren. Denn genauso wie Schwarze Frauen den Kampf gegen Rassismus nicht ohne ihre Schwarzen »Brüder« gewinnen können, werden wir patriarchale Strukturen nicht ohne alle patriarchal unterdrückten Menschen bekämpfen können.[34] Die Metapher der Schwesternschaft ist für eine übergreifende Solidarität vielleicht nur begrenzt geeignet, gleichwohl würde ich dafür plädieren, das Anliegen der Grenzen überschreitenden Solidarität nicht aufzugeben.

Cherríe Moraga und Gloria Anzaldúa führten in ihrem Band »This Bridge Called My Back« (1981) das Symbol der Brücke als eine mögliche Alternative zum Modell der Schwesternschaft ein und rückten die Verbindungen zwischen unterschiedlich rassifizierten Frauen ins Zentrum.[35] Anzaldúa sprach auch von »bridging« – also als Verb – und betonte damit, dass Solidarität nie abgeschlossen ist, wir müssen immer wieder von Neuem Brücken bauen zwischen uns und anderen.

Vielleicht ist die »Brücke« tatsächlich eine geeignetere Metapher als »Schwesterlichkeit«. Brücken kann man zwischen sehr verschiedenen Frauen schlagen, die Brücke ist ein Sinnbild für eine Koalitionsform, die nicht in Identitätskategorien wurzelt, sondern in einer Praxis der Überschreitung von Grenzen, des Überwindens von Schwierigkeiten, auch ein Bild des Aufeinander-Zugehens. Mir persönlich gefällt die Metapher der Brücke auch deshalb, weil sie Unsicherheit zulässt. Man baut Brücken nicht nur zu vertrauten Orten, sondern man baut auch ins Unbekannte, es ist eine Verbindung mit dem Fremden, dem noch Unbekannten. Wir überqueren eine Brücke, ohne sicher zu wissen, was am anderen Ende auf uns wartet. Dieser Moment der unsicheren Überquerung *selbst* ist der Moment, der uns, wenn ich Anzaldúa richtig verstehe, verbindet.

Wenn wir Schritte ins Ungewisse machen, aufeinander zugehen, ohne zu wissen, was uns erwartet, setzen wir uns dem Unsicheren und anderen aus, und genau das hat einen verbindenden Effekt. Es ist dabei nicht das Ankommen, das verbindet, sondern das Wagnis, die Brücke überhaupt zu betreten und sich auf etwas anderes einzulassen.

Wenn wir unsere Verwobenheit in Machtstrukturen ernst nehmen, ist feministische Solidarität nicht erholsam, sondern anstrengend, ein Wagnis eben. In einer häufig zitierten Rede über Koalitionspolitik argumentierte Bernice Johnson Reagon, eine afroamerikanische Aktivistin, Anthropologin und Musikerin, dass Koalitionen sich nicht an der Idee eines Zuhauses oder der Heimat orientieren können.[36]

> »Es gibt Leute, die beteiligen sich an einem Bündnis und messen seinen Erfolg daran, ob sie sich wohlfühlen, wenn sie da sind. Diese Leute suchen kein Bündnis, sie suchen ein Zuhause! Sie suchen eine Flasche mit Milch und einem Sauger, aber das gibt es nicht in einem Bündnis. Du wirst nicht viel gefüttert in einem Bündnis. In einem Bündnis musst du hergeben, und es ist anders als zu Hause. Du kannst nicht die ganze Zeit dableiben. Du gehst ein paar Stunden lang zu dem Bündnis, und dann gehst du zurück und nimmst die Flasche, wo auch immer sie sein mag, und dann gehst du zurück zu dem Bündnis und betreibst wieder Bündnispolitik.«[37]

Sosehr die Sehnsucht nach einem Zuhause und damit auch nach Schwestern nachvollziehbar ist, für die politische Verbündung eignet sich diese Sehnsucht Reagon zufolge eher weniger. Das heißt nicht, dass wir nicht ein Zuhause, einen Schoß oder ein Zimmer – »a womb or a room«[38] – brauchen, wo frau sich zurückziehen, nähren und wieder aufrichten kann. Aber die *politische* Verbündung kann in einer Welt mit vielen »Völkern« nicht als ein Zuhause gedacht werden,[39] wir sollten politische Bündnisse und Räume nicht verheimatlichen. Wenn die vielen dieser Weltgesellschaft in deinen Raum kommen, wird er eben kein Zuhause mehr sein, es wird wimmeln von Menschen, die nicht identisch sind, die verschieden sind, die an deinen Vorstellungen zerren und rütteln, die sich gegenseitig Verletzungen zufügen oder im Laufe der Geschichte zugefügt haben. Die Sehnsucht nach einem politischen Zuhause, nach Wohlbefinden und Trost kann, wenn wir Reagon folgen, deshalb nicht die Basis für politische Beziehungen sein.

Der Wunsch, von allen gemocht zu werden, nicht verletzt, nicht irritiert, nicht herausgefordert zu werden, wird den Differenzen und dem Pluralismus realer Menschen nicht gerecht, und er wird der Tatsache nicht gerecht, dass auch in politischen Koalitionen Machtstrukturen und Ungleichheiten fortbestehen. Nicht zuletzt wird der Wunsch nach einem Zuhause auch nicht dem Umstand gerecht, dass wir auch in solidarischen Koalitionen bei manchen Themen widersprüchliche Interessen verfolgen.

Ich denke also, dass wir zwar den Wunsch haben dürfen und auch daran arbeiten sollten, dass wir uns in politischen Koalitionen wohlfühlen. Sie können aber nicht den *Zweck* haben, ein Zuhause zu sein, das kann nicht ihr *eigentliches* Ziel, nicht das Wesen der politischen Beziehung sein. Wir sollten politische Bündnisse, Solidarität oder *Sisterhood* nicht zu Geborgenheitsillusionen machen, nicht als Entlastungsbeziehungen führen.

Aber was bedeutet das nun für die Frage nach einer transnationalen, einer *global sisterhood,* wie Robin Morgan sie 1984 ausrief? Ich habe in diesem Kapitel beschrieben, wie die postkoloniale Kritik den Glauben an eine übergreifende Schwesterlichkeit zu Recht erschütterte.

Diese Kritik ist zweifellos berechtigt, wir müssen die grundlegenden globalen Machtasymmetrien in Solidaritätskonzepten und Bündnissen berücksichtigen. Zugleich hatte die postkoloniale Kritik aber teilweise den Effekt, dass wir uns – aus lauter Sorge, etwas falsch zu machen – immer seltener solidarisierten.[40] Die postkoloniale Forscherin Ina Kerner schreibt in diesem Zusammenhang von der Gefahr eines »feministischen Provinzialismus«:[41] Feminist:innen ziehen sich auf jene Kämpfe zurück, die nur unmittelbar sie selbst betreffen, die sich in ihren eigenen Ländern, Gesellschaften und Milieus ausspielen. Kerner schreibt: »Eine Kritik von Sexismus anderswo, jenseits des je eigenen Kontextes, ist nicht nur aus der Mode gekommen, sondern gilt zudem oft als moralisch verdächtig – geht eine solche Kritik doch immer mit dem Risiko einher, eine imperiale Geste zu reproduzieren.«[42]

Ihre Erkenntnis entsprang einem längeren Lernprozess, initiiert durch einen Aufenthalt als Gastforscherin an der Quaid-i-Azam-Universität in Islamabad in Pakistan. Sie war damals noch der Ansicht, der Idee einer globalen Schwesterlichkeit liege ein bevormundender, letztlich postkolonialer und antimuslimischer Gedanke zugrunde. Aber Farzana Bari, eine pakistanische Feministin und damals Direktorin des Zentrums für Geschlechterstudien in Islamabad, widersprach Kerner: Die Infragestellung einer globalen Schwesterlichkeit mache es immer schwerer, internationale Unterstützung für politische Kampagnen vor Ort zu finden, etwa für die Kämpfe gegen frauendiskriminierende Gesetze.

Wie gehen wir wiederum mit *dieser* Kritik um? Im Kampf gegen die Politisierung des Islam fühlen sich Feministinnen wie Farzana Bari von den postkolonial selbstkritisch-reflektierenden westlichen Feminist:innen alleingelassen. Feministinnen aus migrantischen Milieus in Europa formulieren ähnliche Kritik: Für sie ist es nicht nachvollziehbar, wenn *weiße* Feministinnen erklären, sie könnten nur ihre eigene westliche, patriarchal-christliche Gesellschaft kritisieren, nicht aber andere Gesellschaften und Communitys, weil dies rassistisch sei. Kerner, die sich selbst dem intersektionalen Feminismus zuordnet, plädiert heute dafür, dieses Problem ernst zu nehmen. Aus ihrer Sicht lässt sich daran ein nicht zu Ende gedachter Intersektionalismus ablesen: Das Bestreben, rassistische Handlungen zu vermeiden, habe den Weg für eine »Semi-Intersektionalität« geebnet, die dazu führe, dass der globale beziehungsweise transnationale Feminismus den Blick einseitig auf das Problem des Rassismus und des Imperialismus richte und dadurch verpasse, Sexismus zu adressieren.[43]

Es gibt inzwischen viel Forschung zu den globalen Formen von Ungleichheit, die sich im Verlauf der Geschichte des Kolonialismus und Imperialismus herausgebildet haben und die bis heute fortbestehen. Es gibt auch wichtige Forschung zum westlichen Bias vieler feministischer Bewegungen, zum Rassismus und auch zum Antisemitismus innerhalb des Feminismus. Ebenso wurde viel darüber geschrieben, auf welche Weise Feminismus imperialistisch instrumentalisiert wurde. Gewalt gegen Frauen wurde oft als rassistisches Argument missbraucht: Koloniale Eroberungen fanden auch unter dem Vorwand statt, man wolle Schwarze Frauen von Schwarzen Männern befreien. Gayatri Spivak kritisierte den Anspruch, unterdrückte Frauen im Globalen Süden vor dem Patriarchat retten zu wollen und damit Kriege, etwa den »Krieg gegen Terror«, zu rechtfertigen mit ihrer berühmten Aussage: »White men saving brown women from brown men.«[44] Der Feminismus diente aber auch innerhalb der westlichen Länder als Steigbügelhalter für rassistische Vorhaben: Bis in die 1940er-Jahre wurden Lynchmorde an afroamerikanischen Männern mit dem Argument verübt, *weiße* Frauen vor sexualisierter Gewalt schützen zu wollen.[45] Auch heute argumentieren viele rechtsextreme Parteien wieder mit pseudofeministischem Anschein, wenn sie versprechen, sie würden die Grenzen schließen oder Migranten abschieben, um hiesige Frauen zu schützen.

Die Instrumentalisierung der Geschlechterpolitik durch autoritäre Akteur:innen nimmt stetig zu, gerade im Zusammenhang mit dem Aufstieg des Rechtspopulismus. Wir müssen das ernst nehmen. Aber diese Indienstnahme darf kein Argument sein, zur Gewalt gegen Frauen anderswo in Schweigen zu verfallen. Schweigen ist keine gute Entscheidung, auch dann nicht, wenn das Sprechen mit Risiken einhergeht – zumal auch das Schweigen instrumentalisiert werden kann und wird. Um es mit der pakistanisch-amerikanischen Theoretikerin Sadia Abbas zu sagen: Die rassistische Instrumentalisierung feministischer Anliegen muss man kritisieren, sie ist ein Problem, ebenfalls ein Problem sei es aber, dass feministische Kritik von westlichen Menschen an »anderen Kulturen« oft bevormundend daherkommt und rassistische Hierarchien und Vorstellungen, etwa vom aufgeklärten Westen und den unzivilisierten anderen, reproduziert.[46] Es wird also oft so getan, als wäre patriarchale Gewalt nicht ein Problem aller Gesellschaften, Kulturen und Milieus, sondern nur von manchen.

All das wiederum heißt aber nicht, dass nicht *tatsächlich* Unterdrückung von und Gewalt an Frauen in religiös-fundamentalistischen Strukturen bestehen können. Sadia Abbas merkt an, dass es eine problematische Geste ist, wenn *weiße* Männer braune Frauen vor braunen Männern retten wollen, fügt allerdings hinzu, dass Menschen im Globalen Süden, im Nahen Osten oder anderen Weltregionen auch untereinander Macht, Rassismus, Antisemitismus und Gewalt ausüben, so unterdrücken braune Männer (»brown men«) braune Frauen (»brown women«) – und auch braune Frauen können für die Aufrechterhaltung von misogynen Strukturen mitverantwortlich sein.[47] Feministische Kritik und Solidarität darf vor dieser Feststellung nicht haltmachen. Sie zu formulieren, erfordert aber Sensibilität und ein Bewusstsein für die Komplexität öffentlicher Debatten.

Wir können feministische Solidarität auch nicht einfach darauf begrenzen, nur die eigene Mittäter:innenrolle zu reflektieren. Die Angst, etwas falsch zu machen, kann dazu führen, dass wir uns vor allem mit uns selbst beschäftigen anstatt mit der globalen Bekämpfung der ungleichen gesellschaftlichen Macht- und Besitzstrukturen. Natürlich ist eine Auseinandersetzung mit den eigenen Privilegien etwa als *weiße* Frau, als Person mit einem europäischen Pass, als cis Mann, als Mitglied einer bestimmten Einkommensschicht usw. unabdingbar, wir müssen uns damit befassen, aus welcher Position heraus wir sprechen und handeln und welche Machtverhältnisse wir dadurch reproduzieren. Es darf aber nicht dabei bleiben, das wäre ebenjene provinzialistische Engführung, bei der globale Solidarität auf der Strecke bleibt, von der Ina Kerner schreibt. Die (berechtigte) Sorge, dass die Solidarität mit den Kämpfen von Frauen, die nicht der eigenen Bubble entstammen, rassistisch instrumentalisierbar ist, kann nicht darauf hinauslaufen, dass wir keine Kämpfe mehr führen. Im Gegenteil, man könnte argumentieren: Gerade *weil* sich für manche aus der »Birthright Lottery«[48] Privilegien ergeben und sie im Vergleich zu anderen Menschen zufälligerweise ein vergleichsweise komfortables Leben führen können, erwächst daraus eine Verpflichtung, sich denjenigen gegenüber solidarisch zu zeigen, die sich in einer weniger privilegierten Lage wiederfinden.

Kerner verweist auf eine Debatte in der Zeitschrift *Critical Studies on Terrorism* aus dem Jahr 2013, in der diskutiert wurde, inwiefern der »Krieg gegen den Terror« Frauenbefreiungskämpfe rassistisch vereinnahme. Diskutiert wurde auch das Problem, inwiefern westliche Feministinnen Komplizinnen einer rassistischen Politik werden, wenn sie sich vor dem Hintergrund des »War on Terror« mit Frauenbefreiungskämpfen in islamisch geprägten Gesellschaften solidarisieren. Die in Großbritannien lehrende Politikwissenschaftlerin Nicola Pratt sah in einem strategischen Schweigen über Frauenrechte die einzige Möglichkeit, sich nicht vereinnahmen zu lassen.[49] Aus Kerners Sicht ist diese Position nicht sinnvoll, und ich folge ihr in dieser Einschätzung: Das strategische Schweigen entzieht sich leichtfertig der globalen Solidarität und Verantwortung. In Kerners Worten opfern wir auf diese Weise Solidarität auf dem »Altar einer Politik der sauberen Hände«.[50] Auch Afiya Shehrbano Zia, eine pakistanische Forscherin, ist der Meinung, dass strategisches Schweigen in die falsche Richtung weist und in der Konsequenz eine Kollaboration mit patriarchalen Strukturen bedeutet.[51] Pakistanische Frauen hätten jahrzehntelang gegen die Politik konservativer religiöser Nationalisten gekämpft, die Frauen zum Schweigen bringen wollen. Eine feministische Politik des strategischen Schweigens sei zynisch für all jene Frauen, die darum ringen, ihre Stimme zu erheben. Außerdem erhebe die postkoloniale Selbstkritik des westlichen Feminismus sich in eine viel zu mächtige Position: Frauen of Color wären mitnichten einfach Opfer des *weißen* Feminismus, sie hätten ihre eigene Agenda und ließen sich nicht einfach passiv vom Westen dominieren. Westliche Feministinnen würden sich mit der postkolonialen Selbstkritik oft selbst überschätzen und sich, in postkolonialer Tradition, erneut in eine erhöhte Position gegenüber dem Globalen Süden setzen.

Aus Zias Sicht muss der Kampf gegen patriarchale Strukturen immer und ausnahmslos geführt werden, auch dann, wenn antimuslimischer Rassismus zunimmt. Schweigen sei nie eine Option.[52] Wie auch Audre Lorde festhielt: »Denn es sind nicht die Unterschiede, die uns lähmen, sondern das Schweigen.«[53] Gleichwohl ist es eben auch wahr, dass es Machtgefälle zwischen

Nord und Süd gibt, dass die Geschichte westlicher Einmischung von imperialistischen Interessen und Rassismus geprägt ist. Dass manche sexistischen »Traditionen« in den Gesellschaften des Globalen Südens erst durch den Kolonialismus entstanden sind oder verstärkt wurden. Wie also kann eine internationale feministische Solidarität, eine »Schwesterlichkeit 2.0« aussehen, in der nicht geschwiegen wird, die patriarchale Strukturen nirgendwo von der Kritik verschont, die aber zentrale intersektionale und postkoloniale Einsichten und Kritiken nicht einfach aufgibt? Ina Kerner formuliert einige Prämissen für einen solchen globalen solidarischen Feminismus, die ich an dieser Stelle sinngemäß zusammenfasse:[54]

Erstens: Sexismus und patriarchale Strukturen müssen überall kritisiert werden. Aber: Frauen leiden nicht alle unter der *gleichen* Logik des Patriarchats. Intersektional denken heißt anzuerkennen, dass zum Beispiel die Diskriminierungserfahrungen von Frauen of Color an der Schnittstelle von Rassismus und Sexismus oder die Erfahrungen von Armut betroffenen Frauen an der Schnittstelle von Armut und Sexismus oder privilegierte Frauen an der Schnittstelle zwischen »gläserner Decke« und Sexismus unterschiedlich sind. Das heißt, die Logik der Frauenverachtung ist eine andere, wenn sie mit Armut, Migration, Rassismus, Antisemitismus usw. verbunden ist. Wir müssen uns bemühen, diese spezifischen Unterdrückungsmuster zu verstehen.

Zweitens: Sexismus und patriarchale Strukturen lassen sich nie auf *einen* kulturellen Faktor zurückführen. Intersektional denken heißt anzuerkennen, dass die Gründe multifaktoriell sind und immer auch beeinflusst von globalen Faktoren wie Kolonialismus, Imperialismus, Kapitalismus bis hin zu entwicklungspolitischen Interventionen. Die Politisierung des Islam etwa bedeutet weder, dass der Islam als Religion an sich auf fundamentalistische Positionen reduziert werden kann, noch bedeutet sie, dass islamische Gesellschaften allein von religiösen Faktoren beeinflusst wäre. Es gibt ein breites Bündel von Faktoren, die sich auf die geschlechterpolitische Lage auswirken.

Drittens: Es ist falsch, Rückständigkeit allein in einer »Kultur der anderen« zu verorten.

Die Einteilung in ein fortschrittliches, freiheitliches, demokratisches Abendland auf der einen und einen rückschrittlichen Orient auf der anderen Seite trifft nicht zu. Der europäische Kolonialismus und der westliche Imperialismus haben seit jeher auch jene Dinge in die Kolonien exportiert, von denen Europa in seiner fortschrittlichen Selbstinszenierung behauptet, nichts damit zu tun zu haben: zum Beispiel Homosexuellenfeindlichkeit, patriarchale Religionen, eine sexistische bürgerliche Geschlechterordnung und Ehemodelle, Abtreibungsverbote und nicht zuletzt Dinge wie Korruption und Selbstbereicherung.

Viertens: Wir müssen die Gleichsetzung von Islam und Unterdrückung vermeiden. Konservative Geschlechterbilder gibt es in allen Religionen – auch im Christentum. Den Sexismus und die Frauenfeindlichkeit, die in fundamentalistischen Strömungen von Religionen verbreitet werden, muss man überall ernst nehmen, ebenso die politische Indienstnahme von Religionen durch rechtsextreme, autoritäre politische Kräfte überall auf der Welt. Im pakistanischen Feminismus, aber auch im iranischen, kurdischen, jüdischen usw., ist der religiöse Fundamentalismus seit Längerem Thema. Ihre Religionskritik macht diese Feminismen zur globalen Avantgarde. In westlichen Ländern wurde die reaktionäre Geschlechterpolitik religiöser fundamentalistischer Player und Institutionen, vor allem katholischer und evangelikaler Provenienz, erst in jüngerer Zeit explizit zum Thema. Hier besteht bei uns Nachholbedarf.

Fünftens: Die praktische Arbeit eines globalen Feminismus muss im Dialog mit Akteur:innen vor Ort stattfinden und nicht in den (europäischen) Zentralen entwicklungspolitischer Firmen, Behörden und Projekte.

Sechstens: Menschen können gleichzeitig Opfer und Täter:innen sein. Wir müssen dem weltweiten antimuslimischen Rassismus entgegentreten und gleichzeitig solidarisch sein mit feministischen Kämpfen innerhalb von islamisch geprägten Gesellschaften und Communitys. Trotz der ungleichen Machtstrukturen zwischen der *weißen* Mehrheitsgesellschaft und migrantischen Communitys müssen auch die Verhaltensweisen und Praktiken von Minderheiten kritisiert werden. Männer können Opfer von rassistischen Ausschlüssen, Marginalisierung und Diskriminierung sein und gleichzeitig Täter, weil sie Gewalt gegen Frauen ausüben oder weil sie sich ihrerseits rassistisch und/oder antisemitisch gegenüber anderen rassifizierten Menschen verhalten. Es ist wichtig, den ungleichen Status von Menschen in unserer Gesellschaft zu berücksichtigen. Gleichzeitig können wir Menschen oder Gruppen nicht nur deshalb aus der Verantwortung entlassen, weil sie marginalisiert sind. Es geht darum zu sagen: Das Problem des antimuslimischen Rassismus ist real, wir müssen gegen die Marginalisierung und Diskriminierung, die migrantische Menschen in Europa erfahren, vorgehen, mit allen Mitteln. Und selbstverständlich gehört der Islam zu Europa. Es darf nicht sein, dass zum Beispiel Frauen, die ein Kopftuch tragen, beschimpft oder auf dem Arbeitsmarkt diskriminiert werden. Wir dürfen keine Parteien wählen, die antimuslimischen Rassismus befeuern. Gleichzeitig müssen auch sexistische, antisemitische und gewalttätige Praxen innerhalb islamisch geprägter Gesellschaften und Communitys kritisiert und benannt werden. Genauso, wie die Einflüsse von konservativen christlich-evangelikalen Organisationen und Kräften auf unsere Gesellschaft kritisiert werden müssen.

Zum Schluss plädiert Kerner dafür, dass wir in unseren Solidaritätsmodellen nicht hinter die Erkenntnis zurückfallen sollten, immer in ein komplexes Gefüge von (globalen) Machtstrukturen verstrickt zu sein. Es gibt keinen »unschuldigen« Blick auf die Welt, keine Position, von der aus wir eine allgemein gültige Wahrheit entwickeln können. Im Anschluss an Susan Buck-Morss[55] plädiert Kerner dafür, die Welt als einen Ort zu verstehen, zu dem es kein Außerhalb gibt. Wir sprechen, denken und handeln immer als Situierte. Das bedeutet, dass es eine moralische Verantwortung gibt, stets sorgsam zu sein in Bezug auf die Möglichkeit, *selbst* Macht, Unterdrückung und Vorurteile zu reproduzieren und auszuüben. Auch und gerade dann, wenn wir es gut meinen.

Selbst wenn wir uns dieser Fallstricke gewahr sind, unsere Privilegien reflektieren, und auch dann, wenn wir alle oben genannten Punkte berücksichtigen, werden feministische Bündnisse, wird *Sisterhood* trotzdem nicht mit dauerhaft sauberen Händen zu haben sein. Ich halte dies für eine zentrale Antwort auf die Frage, auf welche Weise wir möglichst gewissenhafte Solidarität leben können: Wir können der Reproduktion von Machtstrukturen nie gänzlich entkommen. Wir sollten uns darum bemühen, müssen uns aber darüber im Klaren sein, dass uns dies nie vollständig gelingen kann. Wann immer wir versuchen, Dinge richtig zu machen, wann immer wir versuchen, gute Verbündete und verlässliche Schwestern zu sein, wird es immer auch wieder falsch sein, immer wieder auch Schmerz verursachen oder Kritik auslösen. Wir dürfen uns davon aber nicht lähmen lassen, uns nicht davon abhalten lassen, weiterhin solidarische feministische Praxen auszuprobieren.

Solidarität und Verletzlichkeit

Die Frage, wie wir Schwesternschaft beziehungsweise Solidarität global denken und praktizieren können, bleibt eine wichtige, aber auch schwierige. Sie muss immer wieder neu ausgelotet, neu verhandelt werden. Besonders in Zeiten von zunehmenden Kriegen, von Kriegsverbrechen, gewalttätigen Konflikten und Terror erhält die Frage nach dem »Wie« einer globalen feministischen Solidarität auf vielen weiteren Ebenen Bedeutung, die an dieser Stelle unverhandelt bleiben müssen. Aber auch hier beginnen wir nicht bei null, sondern können auf die Geschichte lokaler feministischer Bewegungen und Friedensdenker:innen zurückgreifen und von ihnen lernen.

So schwer und unmöglich Solidarität und Schwesternschaft manchmal scheinen mögen, wir können uns daran erinnern, dass Frauen in der Vergangenheit – oft unter widrigsten Umständen – Transformationen durch Beziehungen und Bündnisse bewirkt haben. Frauen beziehungsweise FLINTA*-Personen waren einander Schwestern, Kritiker:innen, Liebhaber:innen, Freund:innen, Mütter, Töchter oder strategische Verbündete. Indem sie sich aufeinander bezogen, bewirkten sie große wie kleine Veränderungen. Emanzipatorischer feministischer Wandel hat sich immer in Netzwerken von Frauen entsponnen, es ist die Verbindung, nicht die Trennung, die Transformationen bewirkt.[56] Das wird auch weiterhin so sein, deshalb müssen wir auch weiterhin das Wagnis der Koalitionen und der Zusammenschlüsse eingehen – über Grenzen und Gräben hinweg.

Einige Ideen zum Umgang mit Gräben und Unterschieden habe ich bis hierher bereits dargelegt, zum Schluss möchte ich das Thema der Schwesternschaft beziehungsweise der Solidarität nochmals universalisieren. Gibt es trotz aller Komplexität, trotz der Spezifik von Situationen und Themen universelle Prinzipien, an denen wir solidarische Praxen ausrichten können?

Die postkoloniale Feministin Chela Sandoval hat in ihren

wegweisenden Texten zur »Methodologie der Unterdrückten« herausgearbeitet, wie oppositionelles Bewusstsein entstehen kann, das nicht auf fixierten Identitäten beruht,[57] sondern das Bewusstwerden oder Begreifen von Herrschaft ins Zentrum rückt und das Ziel, diese zu überwinden. Sandoval geht dabei von einem gegenseitigen Abhängigkeitsverhältnis aus: Wir sind als Menschen nicht aus uns selbst heraus diejenigen, die wir sind, sondern wir werden, was wir sind, im Bezug zu anderen. Die Geschichte der Menschen ist global verknüpft, aber auch in ihrem lokalen Alltag sind Menschen voneinander abhängig. Wir sind also keineswegs autonome Wesen, wie es das abendländische Denken oft fälschlicherweise nahelegt. Die meisten Dinge, die wir tun, können wir nur tun, weil auch andere beteiligt sind, das ist beruflich so, privat, politisch. Wir existieren quasi nur durch andere Menschen. Diese Abhängigkeit von anderen macht uns verletzlich, körperlich wie psychisch; und sie bedeutet auch, dass wir keine festen, abgeschlossenen Identitäten haben können. Wir sind keine fertigen »Ichs«, sondern in unserem Verhältnis zur Welt und zu anderen immer im Begriff, uns zu verändern. Wir sind immer »viele« und nicht nur »eine Person«.

In diesem Gedanken der Relationalität liegt, wie Sandoval und andere feministische Denker:innen betonen, eine Chance für *Sisterhood* beziehungsweise Solidarität: Wir können in Koalitionen an die relationale und verletzliche Tatsache des Menschseins anknüpfen, sie lässt es eigentlich zu, Koalitionen zu entwickeln, die – im Unterschied zur vorherrschenden Kultur der Hierarchie und Unterdrückung – weniger herrschaftlich sind. Wenn wir versuchen, einander nicht als abgeschlossene, souveräne Ichs zu begegnen, sondern den Fokus darauf zu richten, einander in unserer Verletzbarkeit und Abhängigkeit zu sehen, können wir Koalitionen bilden, in denen wir uns nicht gegenseitig dominieren, sondern fürsorglicher miteinander umgehen.

Allerdings wird uns in der aktuellen Gesellschaft genau das

Gegenteil antrainiert: Wir müssen unsere Verletzlichkeit und Abhängigkeit verleugnen und machen sie oft dadurch erträglich, indem wir uns gegen und über andere stellen. Wir lernen, Gefühle der Verletzlichkeit mittels der Abwertung anderer erträglicher zu machen, und stabilisieren unser vulnerables Selbst, indem wir andere herabsetzen oder gar hassen.[58] Demgegenüber würde eine feministische Solidarität bedeuten, dass wir versuchen, ein Verständnis dafür auszubilden, wie fragil wir selbst sind, um dadurch auch die Fragilität und Verletzbarkeit anderer zu begreifen. Wie Gloria Anzaldúa schrieb: Wir müssen versuchen zu verstehen, wie es ist, »die andere zu sein«.[59]

In ihrer Auseinandersetzung mit Theodor W. Adorno schlägt die Philosophin Dagmar Wilhelm eine Art emotionale Solidarität vor, ausgehend von dem menschlichen Impuls, dass wir alle in der Lage sind, affektiv die Leidensfähigkeit anderer Menschen nachzuempfinden.[60] Daraus lässt sich ableiten, dass wir im Prinzip dazu in der Lage sind zu wollen, dass niemand Leid erfahren muss. Es ist ein instinktiver Impuls von Mitgefühl mit jenen, die leiden, und ein emotionales Wissen darüber, dass es falsch ist, wenn Menschen Qualen zugefügt werden.

An diesem menschlichen Impuls setzt Adorno an, wenn er dafür plädiert, dass wir nicht (nur) aufgrund von rationalen Überlegungen zu dem Schluss kommen sollten, dass das Leiden von anderen Menschen falsch sei – dass etwa Auschwitz falsch sei.

Wenn wir dieses Falsche nur auf der Grundlage von rationalistischen Überlegungen ablehnen, setzen wir gemäß Adorno[61] letztlich voraus, dass es so etwas wie ein argumentatives Verhandeln über das Für und Wider der nationalsozialistischen Ausrottung der Juden und Jüdinnen geben könnte – was eine vollkommen obszöne Idee sei. Adorno hält die Rationalisierung von Recht oder Unrecht für den Ausdruck von »Kälte und Gleichgültigkeit«,[62] deshalb besteht er darauf, dass die Beurteilung, dass etwas wie Auschwitz falsch sei, auch auf einem »somatischen Impuls« beruhen müsse, jenem moralischen, zutiefst menschlichen Empfinden nämlich, dass etwas falsch ist, weil es Leid verursacht.

Adorno zufolge haben alle Menschen die Fähigkeit zur affektiven Empathie. Wir haben ein »empathisches Wissen« über unsere »quälbaren Körper«[63] und sind deshalb in der Lage, andere als frei, als einzigartig und eben auch als leidensfähige Körper wahrzunehmen. Allerdings ist diese Art der Wahrnehmung innerhalb des vorherrschenden Systems keineswegs automatisch gewährleistet, denn dieses richtet die Menschen auf Konkurrenz und Gegner:innenschaft aus, darauf, die eigenen Interessen in den Vordergrund zu stellen, Macht auszuüben oder andere auszunutzen. Die Fähigkeit, andere als leidensfähig zu empfinden, ist uns also oft verstellt, weil unsere Gefühle in einer stark hierarchisch strukturierten Gesellschaft nicht auf diese Weise »trainiert« oder gefördert werden. Wir werden nicht dahin gehend sozialisiert, andere als so verletzlich, wie wir es selbst sind, wahrzunehmen, sondern sie als Bedrohung, als Konkurrent:innen, als fremd zu empfinden. Die kapitalistisch strukturierte Gesellschaft produziert fortlaufend Antagonismen und Spaltungen, zum Beispiel widersprüchliche Klasseninteressen zwischen Besitzenden und Lohnabhängigen, männliche Gewalt und Ausbeutung gegenüber Frauen und vieles mehr. Alldem zum Trotz, und das ist Grund zur Hoffnung, bleiben aber unsere »somatischen Impulse«[64] – die Leidensfähigkeit anderer zu fühlen und das Leid stoppen zu wollen – erhalten.

Mit anderen Worten: Wir können auch im »falschen System« fühlen, was nicht richtig ist. Auch wenn alles dagegenspricht und uns Empathie im Prinzip abtrainiert wurde, bleiben die Abscheu vor Schmerz[65] und Leid und die Fähigkeit, das Leid anderer nachzuempfinden, ein Stück weit erhalten.

Diese Abscheu können wir, so Dagmar Wilhelms Vorschlag, als Grundlage für Solidarität nehmen, denn sie kann über Grenzen, über große Unterschiede und Spaltungen hinauswirken.

Als Basis für Solidarität sollten deshalb weniger rationale oder politisch-strategische Überlegungen stehen. Vielmehr sollten wir das Gefühl, dass Schmerz nicht sein darf, mobilisieren. Wie Adorno in seinem berühmten Plädoyer formulierte, sollen Menschen ihr »Denken und Handeln so einrichten, dass Auschwitz sich nicht wiederhole, nichts Ähnliches geschehe«, in der »praktisch gewordenen Abscheu vor dem unerträglichen physischen Schmerz«.[66]

Obwohl Adornos Verständnis von Solidarität nicht als Programm für konkretes politisches, geschweige denn feministisches Solidaritätshandeln gedacht ist, kann sein Ansatz Wilhelm zufolge Orientierung geben: Ausgangspunkt feministischer Solidarität wären dann zum Beispiel die grundlegende Abscheu gegenüber geschlechtsspezifischer Gewalt und der Wille, dieses Leid zu verhindern.[67]

Aus diesem Impuls lässt sich aus meiner Sicht aber nicht nur Solidarität entwickeln, sondern er ist auch die Voraussetzung für utopisches Denken, überhaupt für die Idee von einer gerechteren Gesellschaft. Diese Idee können wir nur aufrechterhalten, wenn wir die Vulnerabilität anderer empfinden und damit verbunden auch das Vertrauen pflegen, dass andere auch *unsere* Vulnerabilität empfinden können. Anders ausgedrückt: Menschen tun einander im vorherrschenden spaltenden System schreckliche Dinge an, aber wahr ist auch, dass sie in der Lage sind zu wollen, dass es anderen nicht schlecht geht.

Es gilt also, eine Art Glauben aneinander zu pflegen. Den Glauben daran, dass Menschen einander wohlgesonnen sein können. Aus meiner Sicht ist dies auch ein Kernelement der antifaschistischen Haltung: Das faschistische Menschenbild ist im Kern negativ, es erzählt davon, dass wir von Feinden umzingelt sind, dass andere uns an den Kragen wollen, uns etwas wegnehmen, uns auslöschen wollen. Wir sollten versuchen, uns dagegen zu verwehren. Wenn wir nicht glauben, dass andere Menschen es gut meinen können, werden wir offen für autoritäre

Versprechungen, nämlich für jene Versprechungen, dass jetzt mal »ein Führer« für Ordnung sorgen muss oder eine Partei so »richtig durchgreift«. Ferner werden wir offen für Umsturz-, Untergangs-, Auslöschungs- und Vernichtungsfantasien. Wenn »der Mensch« so mies ist, kann er untergehen, kann er weg, können *manche* weg. Es handelt sich, wie Adorno und Horkheimer in ihren Untersuchungen zur autoritären Persönlichkeit herausstellen, um eine Persönlichkeitsstruktur, die gewissermaßen die Katastrophe will und sich an der Katastrophe ergötzt, weil das ihr Weltbild bestätigt, dass die Welt und der Mensch schlecht sind.

Im Bild von der Schlechtheit des Menschen kann man es sich behaglich einrichten. Man muss sich zum Beispiel nicht mehr um Solidarität bemühen – schau dir doch an, was Menschen einander antun! Wenn »der Mensch« schlecht ist, muss man sich auch selbst nicht mehr bemühen, das eigene Handeln an ethischen Standards zu messen. Wenn der Mensch schlecht ist, kann er ausgegrenzt, ausgebeutet, vernachlässigt oder vernichtet werden.

In ihrer bekannten Studie »Fremd in ihrem Land« über die Denkweise von Rechtsextremen beschreibt die Soziologin Arlie Hochschild[68] die Sehnsucht von Rechtsextremen, endlich nicht mehr empathisch mit Schwächeren sein zu müssen. Hier wird eine nihilistische Desintegration gegenüber einem sozialen Kompass sichtbar, eine Abkehr von Utopie und Solidarität, eine Abwendung von dem Glauben an eine gerechtere Welt. Rechte Ideologie bedeutet im Kern eine Entsolidarisierung und Dehumanisierung, sie will, dass wir kein moralisches Gewissen haben gegenüber dem Leiden von anderen.

Für mich folgt aus diesen Überlegungen, dass wir autoritäre Ideologien aller Ausrichtungen nicht oder nur bedingt durch Appelle an die Vernunft zurückdrängen können. Es reicht nicht, rational zu argumentieren, welche Leben es wert sind, gerettet zu werden, ernst genommen, für wichtig befunden zu werden.

Es braucht auch eine moralisch-ethisch begründete Utopie, die ein gutes Leben für *alle* fordert. Universalistische (feministische) Solidarität würde bedeuten, immer wieder zu versuchen, jenen von Adorno beschriebenen Impuls zu mobilisieren, der empfindsam ist gegenüber der Leidensfähigkeit anderer Lebewesen, ein Impuls, der Leiden stoppen will und auch die Hoffnung auf eine Welt enthält, in der ein gutes Leben für alle möglich ist. Adorno nennt es der »Kindheit die Treue halten« und meint damit, »dass Sie sich nicht den Traum eines richtigen, unentstellten Lebens, den Traum des ganzen Glücks für sich und alle, verkümmern lassen dürfen«.[69]

Das vielleicht naive Gefühl, es könnte das »ganze Glück für alle« geben, sollten wir uns nicht nehmen lassen, es ist die Basis für Solidarität, für *Sisterhood,* für eine Politik der Beziehungen – ich bin nicht frei, solange eine einzige Frau unfrei ist. Vielleicht müssen wir es so sehen: Der stärkste Gegner einer faschistisch-patriarchalen Gesellschaft ist die menschliche Fähigkeit, das Leiden anderer Lebewesen nachzuempfinden und der daraus resultierende Gerechtigkeitsimpuls, dass das Zufügen von Leid falsch ist. Der Erfolg autoritärer Politik, die Legitimität von (Frauen)Unterdrückung und Diskriminierung hängt maßgeblich davon ab, wie weit der Mensch vom Impuls der Solidarität abgebracht werden kann.

5
WEIBLICHE VERWEIGERUNG: SEPARATISMUS, AUTONOMIE UND AUSSTIEG

»Frauen erhalten Freiheit von anderen Frauen,
oder sie erhalten sie gar nicht.«[1]

(Libreria delle Donne di Milano)

Liebe Mareike Fallwickl,

das erste Mal haben wir uns auf einem Literaturfestival in Frankfurt getroffen, wir waren eingeladen zu einer Doppellesung mit anschließendem Gespräch. Es ging um die Thematik unserer beiden Bücher: unbezahlte Sorgearbeit. Die Veranstaltung war ausgebucht, danach gingen wir essen.

Im Laufe des Abends setzte sich ein (mir unbekannter) Mann zu uns an den Tisch. Er fragte, worum es bei unserer Lesung gegangen sei. Ich erklärte es kurz – und der Mann fühlte sich sofort provoziert. Er begann, alle möglichen kritischen Fragen zu stellen. Ich versuchte, freundlich zu bleiben, und bemühte einige Fakten zur Sorgearbeit.

Der Mann hatte etwas Invasives, was immer ich sagte, er kam mit einer neuen Annahme, einer neuen Behauptung – seine Grundthese aber blieb immer die gleiche: Eigentlich sind es Frauen, die in den aktuellen Verhältnissen im Vorteil sind.

Irgendwann platzte dir, Mareike, der Kragen. Du sagtest, mit ruhiger Stimme, aber dem Mann direkt ins Gesicht, dass es in un-

seren Büchern um genau diese Situation gehe: Ein vollkommen uninformierter Mann präsentiert seine Meinung mit dem Anspruch, dass Frauen sich ihm erklären. Genau das, fuhrst du fort, sei so verdammt erschöpfend: diese männliche Anspruchshaltung, dass Frauen immer einfach zur Verfügung stehen.

Du holtest noch mal Luft: Es sei diese Art weibliche Beziehungsarbeit, die er hier gerade von uns einfordere und abschöpfe, die wir in unseren Büchern kritisieren. Und zum Schluss sagtest du noch: Er solle jetzt einfach mal die Klappe halten.

Ich war beeindruckt. Niemals hätte ich mich das getraut. Ich saß mit einer Kriegerin am Tisch! Ich war in Sicherheit, wollte für immer hierbleiben.

So begann unsere Freundschaft, und seither wünschte ich, du würdest in meiner Nähe leben und ich könnte dich immer überallhin mitnehmen. Ich würde mich nie mehr fürchten, nie mehr sorgen, nie mehr hilflos fühlen.

So wie du sind auch einige deiner Romanfiguren. In deiner Erzählung »Die Wut, die bleibt«[2] haben die Protagonistin Lola und ihre Freund:innen genug davon, auf die Gunst der Gleichberechtigung zu warten. Sie haben genug davon, dass die Gewalt der Männer nicht ernsthaft bekämpft wird, sie haben genug von den Femiziden (Morden an Frauen) und der Belästigung, sie wollen nicht darauf warten, bis die Täter endlich zur Rechenschaft gezogen werden. Sie tun sich zusammen und nehmen die Dinge in die Hand. Ihr Ziel: Angst und Schrecken verbreiten, damit sich keiner je mehr traut, eine Frau schlecht zu behandeln.

Es ist eine Fantasie. Und sie tut gut.

Den Opfernarrativen, der Erschöpfung und der Verzweiflung stellst du eine Ermächtigung entgegen. Die Fantasie der Rache ist eben nicht nur Ausdruck eines alttestamentarischen Verständnisses von Wiedergutmachung, sondern auch ein Gefühl der Ermächtigung für diejenigen, die unterdrückt sind. Und wo, wenn nicht in der Literatur, in der Kunst, können wir solche Rachegelüste ausleben?

Ich finde, du bist in deinem Schreiben eine feministische Rachekünstlerin. Du traust dich, dorthin zu gehen, wo es wehtut, du konfrontierst uns mit Gefühlen, die wir vielleicht lieber nicht hätten.

Rache löst Unbehagen aus. Wir nehmen für uns in Anspruch, die Rache zivilisatorisch überwunden und durch das Recht ersetzt zu haben. Seit der Aufklärung gilt die Rache nicht nur als Gegenspielerin des Rechts, sondern als das dunkle Andere der Moderne überhaupt. Fabian Bernhardt zeigt in seinem Buch »Rache – über einen blinden Fleck der Moderne«,[3] wie mit der Delegitimierung der Rache eine Verdrängung einherging, verkannt wurde die Rolle, die der Wunsch nach Vergeltung in den modernen Gesellschaften uneingestanden nach wie vor spielt. In der Rache scheint nicht nur die dunkle Seite der Gerechtigkeit auf, in ihr melden sich auch die verdrängten Energien und Affekte zurück, für die es in der Gegenwart keinen legitimen Platz mehr zu geben scheint.

In deinem Buch starten die Mädchen einen Aufstand. Lola, die Protagonistin, liest, fährt Skateboard und geht boxen. Sie und ihre Freund:innen Sunny, Alva und Femme stemmen Gewichte, dreschen auf Boxsäcke ein, üben, wie man sich auch dann wehrt, wenn das Gegenüber ein Messer hat. Sie machen Liegestütze, essen Bananen, Kartoffeln, Nudeln, Pizza und Linsen, sie wollen Muskelmasse aufbauen, um sich wehren zu können, wenn es wieder einmal nötig ist. Lolas erklärtes Ziel ist es, so zu sein, wie »niemand sie haben will«.[4]

Lola plant einen Aufstand, den ihre Mutter nicht starten konnte, sie hat sich aus Erschöpfung das Leben genommen, ist unter der Verantwortungslast für drei Kinder zusammengebrochen. Lola ist nun eine Art feministische Rächerin ihrer Mutter, aber auch eine Rächerin aller Frauen und queeren Menschen, die am ausbeuterischen System zugrunde gehen, denen Gewalt angetan wird. Nach und nach entwickelt sich die Teenager-Gang zu einer antipatriarchalen Kampftruppe, die sich zunächst an einem übergriffigen Ex-Freund eines der Mädchen rächt. Er hat ihr einen dreckigen Holzstecken in die Vagina gesteckt, sie gewürgt und ihr seinen Schwanz in den Mund gezwungen. Das Mädchen ist traumatisiert, hat keine Unterstützung von ihrem Umfeld, und eine Anzeige scheint aussichtslos (wird man ihr glauben?). Also übernehmen die Mädchen die Bestrafung selbst. Die Gang verübt weitere Racheakte an gewalttätigen Männern in ihrer Gegend. Sie werden zu einem Schwarm, sammeln die Geschichten und Informationen der Frauen ihrer Umgebung, wie und von wem sie belästigt, geschlagen, vergewaltigt wurden. Und sie machen sich auf, überraschen die Männer beim Joggen, in deren Wohnungen und Gärten. Es gibt kein Pardon. Die Kraft in ihrem Faustschlag »ist die Wut aller Frauen der Welt«.[5]

Du versetzt uns Leser:innen mit diesen Rachefeldzügen in eine Stimmung, die schwer auszuhalten ist: Darf man das? Darf man diese Rachegelüste (mit)fühlen? Darf man sogar Gefallen an ihnen finden? Darf man das, als Frau? Du erlaubst es uns.

Bei der Lektüre fiel mir Valerie Solanas ein, die lesbische Aktivistin, die 1968 auf Andy Warhol schoss und das »SCUM Manifesto« verfasste. Solanas Handeln und Wirken sprengte den Rahmen all dessen, was »gute Frauen« tun sollten. In ihrem Manifest schreibt sie: »Das Leben in dieser Gesellschaft ist ein einziger Stumpfsinn, kein Aspekt der Gesellschaft vermag die Frau zu interessieren, daher bleibt den aufgeklärten, verantwortungsbewussten […] Frauen nichts anderes übrig, als die Regierung zu stürzen, das Geldsystem abzuschaffen, die umfassende Automation einzuführen und das männliche Geschlecht zu vernichten.«[6]

Ist das Kunst? Darf sie das, sich den Untergang, den Tod aller Männer wünschen? Valerie Solanas wurde schnell zum Sinnbild dessen, was der Mainstream mit einer »Radikalfeministin« assoziiert: eine »Lesbenschlampe« in männlichem Outfit, eine Männerhasserin und Mörderin. In patriarchaler Lesart eine Frau »ohne Anstand«.

Frauen dürfen die Verhältnisse nicht einfach umkehren und die Position der Männer beanspruchen, zu wilden Amazonen wer-

den, zu bewaffneten Truppen. Sie sollen nicht beanspruchen, was **den Männern** *gehört. Und haben wir nicht immer brav behauptet, wir wollten gar nicht die Macht, sondern Gerechtigkeit? Haben wir nicht immerzu beschwichtigend beteuert, wir würden nicht die Verhältnisse umkehren wollen? Es gibt ja diesen Spruch: Ihr könnt froh sein, dass die Frauen nur Gleichberechtigung und keine Rache wollen.*

In deiner Erzählung geht es aber nicht nur um Rache, das Handeln der Mädchen ist mehr als reine Vergeltung und Vernichtungswut. Lola und ihre Gang entwickeln im Zuge ihrer Rachegefühle auch eine Utopie weiblicher Solidarität. Im Gedanken der Rache steckt die Ablehnung, sich zu arrangieren, die Weigerung, mit der Unterdrückung zu kooperieren.

Und darin steckt wiederum der Wille, eine eigene Gesellschaft aufzubauen, eine alternative Lebenswelt. Die Rache ist ein Synonym dafür, sich nicht beruhigen zu lassen, sich nicht vereinnahmen zu lassen vom System. Sie ist Ausdruck davon, dem eigenen Wunsch, dazuzugehören, radikal zu misstrauen. Mit dem Rachenarrativ legst du letztlich die Basis dafür, dass diese Mädchen eine selbst organisierte, eigene Struktur aufbauen und sich von den bestehenden Verhältnissen abwenden. Die Rache dieser jungen Frauen ist eine Aufforderung, sich auf keinen Fall mit den bestehenden Verhältnissen zu arrangieren.

Gleichzeitig ist die Rachefantasie eine weibliche Solidaritätserzählung. Die vier jungen Frauen bauen eine tragende Freundschaft auf, die eine Alternative ist zu der Gesellschaft, in der sie leben müssen. Auf diese Weise enthält dein Buch viel mehr als das unbefriedigende Angebot der Gleichberechtigung, »wie die Männer werden zu können«. Aus Rache und Zerstörung lässt du etwas Neues entstehen. Lolas feministische Mädchengang bildet ein selbst organisiertes solidarisches System, in dem Frauen und queere Menschen sich zusammentun und eine eigene Welt aufbauen, in der sie ein neues Zusammensein üben, sich ein Zuhause schaffen.

Noch radikaler setzt du das Projekt der Selbstorganisierung in deiner Erzählung »Tamina Blue« um. Hier nehmen Tausende Frauen und queere Menschen den Aufbau einer anderen, einer gerechten Welt selber in die Hand. Du entwickelst auch hier einen rasanten separatistischen Plot, in dem eigene Fabriken, Häuser, Schulen, Städte errichtet und Strukturen entwickelt werden, um Sexualstraftäter und Gewalttäter eigenhändig zu verfolgen, zu verwarnen und sie, wenn sie nicht spuren, durch den Fleischwolf zu drehen. Frauen und queere Menschen bauen sich eine feministische Welt, in der sie den Sturz des Patriarchats umsetzen: »Wir sind skrupellos, und wir sind es gern. Wir gewinnen, weil wir raffiniert sind, weil wir beobachten und abwägen können, wir haben es in all den Jahren in der zweiten Reihe gelernt, wir haben den längeren Atem und die größere Wut.«[7]

In deiner Erzählung bauen Frauen ihre Macht und ihre Freiheit also nicht **innerhalb** *der patriarchalen Gesellschaft auf, sondern durch eine eigene Parallelwelt. Zentral ist dabei vor allem auch eine andere Erziehung der Kinder, sodass Gewalt, Hierarchiestreben und Unterwerfungslust quasi an der Wurzel ausgerottet werden, wie es in deiner Geschichte heißt:*

> »Wir haben die Kinder. Die Kinder sind bei uns. Wir gebären sie, wir tragen sie, wenn wir fliehen, wir behalten sie. Wir ziehen sie groß, ohne Väter, die ihnen Gewalt einpflanzen. Ohne schießende, schlagende, mordende Vorbilder, ohne Narrative von Rittern und Rettern. Wir unterrichten sie, hüllen sie in Liebe. Es ist eine neue Liebe, die nicht ausschließt, die nicht urteilt und nicht zwingt. Diese Liebe ist die wahre Revolution. Sie ist der Kern und der Samen, sie ist die Frucht und die Zukunft.« [8]

In ihrer selbst verwalteten Welt entdecken die Aussteiger:innen eine »neue Menschlichkeit, einen satten Frieden […]«.[9] *Und sie nehmen alle auf, nicht nur Frauen, es gibt keine biologistischen*

Definitionen von »Frau«: »Zu uns gehören alle Menschen, die ihr behandelt, als wären sie keine. Selbst wenn wir uns noch nie gesehen haben, sind wir einander nicht fremd. Wir haben alle Farben, wir haben alle Geschlechter, und in einem sind wir gleich: Wir befinden uns in Gefahr. Nichts schweißt mehr zusammen als eine gemeinsame Bedrohung.«[10]

In deiner Vision überwinden Frauen und queere Menschen ihre Konkurrenz und ihre Konflikte untereinander, denn sie haben erkannt, dass die inneren Spaltungen das Resultat patriarchaler Macht sind: »Ihr habt uns gegeneinander aufgehetzt, in eine toxische Konkurrenz gezwängt, auch davon haben wir uns befreit.«[11] *Die neu aufgebauten Strukturen sind in dieser separatistischen Fiktion frei von Hierarchien: »Wir haben alles, außer Chefinnen. Wir sind Teams, jede bringt ihre Fähigkeiten ein, keine ist mehr wert oder weniger.«*[12] *Und natürlich ist auch Geld da, und Häuser, die Frauen nehmen sich, was sie finden können, um ihre eigene Gesellschaft aufzubauen, und vor allem bauen sie auf ihre eigene Expertise, ihr eigenes Können: »Wir reparieren, stellen, bewirtschaften. Wir sind Bäckerinnen und Architektinnen, Bauersfrauen und Köchinnen, wir sind Ärztinnen, Anwältinnen und Therapeutinnen, Ingenieurinnen, IT-Expertinnen, wir sind alles, was wir brauchen.«*[13]

In deiner Utopie werden alle aufgenommen, die wegwollen aus der toxischen Männerwelt, die flüchten müssen, »wir sind eine kollektive, hundertfache, heilende Umarmung. Unsere Hände bilden eine Brücke, die jedes Gewicht trägt«.[14] *Aufgebaut wird nicht nur eine antipatriarchale Gesellschaft, sondern ein neues Zuhause.*

Deine Erzählungen hinterlassen bei mir ein Gefühl der Hoffnung. Ich fühle mich durch das Handeln dieser Frauen in meinen eigenen Gedanken bestärkt: Vielleicht sollten wir in unseren emanzipatorischen Bemühungen damit aufhören, den Fokus darauf zu legen, in der Männergesellschaft Beachtung, Aufmerksamkeit, Geld oder Rechte zu bekommen, und uns lieber etwas von deiner selbst organisierten Mädchengang abschauen. Die patriarchale Gesellschaft lässt sich vermutlich nicht von innen heraus verändern. Wir haben zu lange versucht, uns Plätze dort zu sichern. Vielleicht sollten wir uns wieder mehr darauf konzentrieren, uns selbst zu organisieren und von diesen Orten aus die Welt zu verändern.

Du ermöglichst uns in deinen Texten, ein eigenes feministisches Außen zu imaginieren, ein Außen, in dem eigene Vorstellungen von Freiheit und Leben entwickelt und erprobt werden. Du erzählst von einem weiblichen Separatismus, der vor allem auch den Aufbau neuer Beziehungsformen bedeutet. Die Botschaft deiner Texte ist: Der Entwurf einer alternativen Gesellschaft basiert auf der Praxis starker Beziehungen zwischen Frauen beziehungsweise FLINTA-Personen. Die Beziehung wird zum Sinnbild der Revolution. Beziehung ist das Gegenmodell zur patriarchalen Welt der Vereinzelung, Konkurrenz, Ausbeutung und der Herrschaft über andere. Wenn es gelingende Beziehungen zwischen Frauen gibt, entstehen daraus echte Gegenentwürfe zur bestehenden Gesellschaft.*

Nur wenn es Gegenentwürfe gibt, und seien sie noch so klein, kann es Veränderung geben. Deine Texte, liebe Mareike, sind ein Gegenentwurf. Ein großer. Danke.[15]

* * *

Penelope ist in Homers »Odyssee« die Gemahlin des Weltenabenteurers Odysseus. Während sich ihr Gatte nach der Belagerung Trojas auf einer jahrelangen Irrfahrt durch die Ägäis befindet und allerlei Abenteuer besteht, wird sie in dem Epos als die mustergültige Ehefrau und Mutter, als die treu wartende Gattin beschrieben, die sich zwanzig Jahre lang ihre zahlreichen Freier vom Leib hält, indem sie behauptet, zuerst ein Totentuch für ihren Schwiegervater Laërtes weben zu müssen. Doch jede Nacht trennt sie heimlich wieder auf, was sie am Tag zuvor gewebt hat. Auf diese Weise schützt sie sich vor der erzwungenen Neuverheiratung. Dabei weiß sie nicht, ob Odysseus je wiederkehren wird. Penelope webt und wartet und trennt auf – und webt und wartet. Homers Erzählung legt nahe, dass Penelope sich zwanzig Jahre lang treu für Odysseus bereithält.

Sich für einen Mann bereithalten, treu warten, sich für den Sohn aufopfern – die homerischen Frauenfiguren bilden immer wieder eine patriarchale Rahmung der Heldenerzählungen. Doch wie würde die Geschichte eigentlich klingen, wenn Penelope sie aus ihrer Sicht erzählen würde? Die Philosophin Adriana Cavarero hat in »Platon zum Trotz« (1992)[16] die Geschichte von Penelope neu interpretiert und sie als Geschichte weiblicher Dissidenz erzählt. Auch Margaret Atwood hat in ihrem Roman »Penelope und die zwölf Mägde« (2022)[17] Penelopes Stimme stark gemacht und dadurch eine andere, eine antipatriarchale Perspektive auf die Antike entwickelt.

Cavareros Text ist für mich besonders spannend, weil sie ihren Fokus auf weibliche Beziehungen richtet und Penelopes Handeln auch als einen Akt des separatistischen Zusammenschlusses von Frauen jenseits der Männergesellschaft beschreibt: Penelope wartet nämlich nicht nur, sie vergnügt sich auch inmitten ihrer Mägde und kreiert sich ein Leben jenseits der ehelichen Verfügbarkeit. Sie behält, wenn man so will, in der

Gefangenheit zwischen dem Warten auf ihren Gatten und der drohenden Neuverheiratung eine freiheitliche, alternative Insel.[18]

Cavarero beschreibt das Weben und Auftrennen als einen Akt des Eigensinns, bei dem sich Penelope in eine eigene weibliche Welt zurückzieht und dadurch die Macht der Männer unterwandert. Aber woran macht Cavarero Penelopes Eigensinn fest? Als Odysseus nach zwanzig Jahren endlich zurückkehrt, erkennt Penelope ihn zunächst nicht. Im Gegensatz zu anderen, wie etwa dem Hund, dem treuen Schweinehirten, der alten Amme und vielen anderen, erkennt Penelope ihren Mann nicht. Weder seine Gesichtszüge noch seine Stimme. Cavarero zufolge gibt uns Homer hier einen vermutlich ungewollten Hinweis auf eine alternative Interpretation der Figur: Penelope erkennt ihren Mann nicht wieder, weil sie in den zwanzig Jahren seiner Abwesenheit mit anderen Dingen als mit der Erinnerung an sein Bildnis befasst war. Als Odysseus sich ihr offenbart, verlangt Penelope Beweise, sie glaubt nicht, dass er es ist.

Aber was, wenn sie ihn vielleicht gar nicht erkennen *will?* Vielleicht leistet sie Widerstand, um nach den freien Jahren eine Wiedereingliederung in die Ehe zu verhindern? Indem sie Odysseus nicht erkennen will, zeigt sie vielleicht, dass ihr Leben nicht mehr in der Erwartung des Gatten besteht, sondern dass Penelope selbstgenügsam und unabhängig davon ist, ob er zurückkommt oder nicht. Cavarero schlägt vor, diese kleine Episode als weibliche Verweigerung zu interpretieren,[19] als einen Moment, der deutlich macht: Penelope lebte längst nicht mehr unter der Autorität des möglicherweise zurückkehrenden Gatten.

Penelopes Geschichte ist bei Homer nur eine Fußnote, bloß ein Vehikel der patriarchalen Großerzählung, in der Männer wichtige politische und weltumspannende Dinge tun. Oder anders gesagt: Die Geschichte der Frau dient vor allem dazu, die patriarchale Großerzählung zu stützen. Aber wenn wir wollen, können wir in Penelopes Weben und Auftrennen eine andere Erzählung als jene von der geschichtslosen Gattin erkennen, wir können patriarchale Texte gegen den Strich lesen und Penelope auch als eine Geschichte des »sich Entziehens« interpretieren: Penelope entzieht sich den »Ereignissen der großen Geschichte, der Geschichte von Männern und Helden«,[20] sie erschafft sich zusammen mit anderen Frauen, mit ihren Mägden, einen Raum, in dem sie weder Odysseus noch den Freiern gehört, sondern sich selbst.

Anstatt Penelope als tragische, wartende Ehefrau zu sehen, beschreibt Cavarero sie als sehr geschickt, als eine, die sich mit ihrer List, das gewobene Leichentuch immer wieder aufzutrennen, davor bewahrt, wieder heiraten zu müssen. Und sich darüber hinaus einen weiblichen kollektiven Raum jenseits männlichen Zugriffs konstituiert. Es ist vielsagend, dass Homer selbst diesen Raum nicht sah oder es nicht für nötig hielt, ihn weiter auszuführen. In der »Odyssee« schreibt er lediglich: »In der Kammer saß die kluge Penelope […].«[21] Penelope symbolisiert nicht die Politik, nicht den Krieg, nicht das Abenteuer. Sie steht in Homers Epos für das Heim, für Hausarbeit und die Umsorgung – für einen Ort, an dem der Mann Ruhe findet. Penelope aber macht ihre eigene Arbeit immer wieder zunichte, macht, genau genommen, ihre Rolle als produktive Hausfrau zunichte. Und damit ein Stück weit auch die Heldenerzählung, das heißt die Idee davon, dass Frauen auf Männer warten. In Cavareros Interpretation entsteht durch Penelopes Weigerung ein »anderswo« der Geschichte, es entsteht ein weiblicher Gegenraum: »Penelope in der Webstube schafft sich, mitsamt ihren Mägden als Komplizinnen, einen Ort der von den Angelegenheiten der Männer unberührten Existenz […]. Dieser Ort ermöglicht […] ein Bei-sich-sein, ein absolutes (Sich-Selbst-)Angehören, das […] es möglich macht, andere Dinge zu tun.«[22]

Penelope bekommt in Homers Erzählung einen abgelegenen Winkel des Hauses, den Webraum, zugewiesen, während den

Männern die ganze Welt gehört, die sie zur Bühne ihres Handelns machen. Einerseits. Andererseits wird diese Bühne unterminiert und infrage gestellt, weil sich der Winkel, in den die Frauen abgeschoben wurden, dem Zugriff der Männerwelt entzieht. Der Winkel der Frauen wird zu einem Ort, an den die Männerwelt nicht vordringen kann. Die männliche Macht wird dadurch zwar nicht gebrochen, aber sie bröckelt. Wir sollten den Webraum nicht nur als Gefängnis betrachten, sondern auch als einen Ort, der die Welt der Männer aussperrt und sich damit auch von dem abgrenzt, was Männer tun – morden, kriegen, Meere besegeln, Ländereien erobern, Leid verursachen. So klein der Winkel der Frauen in dieser Geschichte auch sein mag, er stellt gleichwohl den Sinn des männlichen Handelns infrage.

Penelope will nicht so sein wie Odysseus, und sie beugt sich auch nicht der ihr zugewiesenen Rolle, fügt sich nicht in die Begrenzung, sondern macht ihre Stube zu einem Ort, an dem sie und ihre Mägde eine andere Existenzweise leben, an dem sie vielleicht zusammen lachen und sich aneinander freuen. Penelopes Stube wird in Cavareros Lesart zu einem dissidenten Ort weiblicher Freiheit:

> »In Frieden tauschten sie untereinander Blicke und Worte; [...] Jetzt, wo sie die Männer ihrem Abenteuer und dem Meer überlassen haben, erlaubte der gemeinsame Horizont, vor dem sie ihre Leben teilten, einer jeden, sich in der anderen anzuerkennen und wiederzuerkennen. Sie webten und lachten zusammen, und die Ruhe ihrer Stube blieb ungestört.«[23]

Wir können solche Spuren weiblichen Eigensinns Tausende von Jahren zurückverfolgen, wir können sie in Schriften aufspüren, aber auch in Lebenspraxen. Sie zeigen, wie Frauen sich entziehen und ihre eigene Geschichte in die Hand nehmen. Selbst unter scheinbar absoluten patriarchalen Bedingungen haben Frauen die Möglichkeiten genutzt, eigenständig zu handeln. Manchmal müssen wir zwischen den Zeilen oder gegen den Strich lesen, um diese Widerständigkeit zu erkennen.

Als ich Cavareros eigenwillige Interpretation von Penelope las, wurde mir klar, dass diese Interpretation *selbst* eine Form von Eigensinn ist, an den wir als Leser:innen anknüpfen können: Am Beispiel eines einzigen Satzes in Homers patriarchaler Erzählung entfaltet Cavarero überzeugend die Möglichkeit der weiblichen Dissidenz – und bringt damit die ganze Heldenerzählung ins Wanken. Die Philosophin macht uns damit vor, wie wir weibliche Aufmüpfigkeit und Verbündung in patriarchal dominierten Kulturerzählungen aufspüren können. Cavarero wartet nicht, bis sie eine eindeutig kämpferische Geschichte über weiblichen Widerstand ausfindig macht, vielmehr zeigt sie: Wenn wir wollen und wenn wir genau hinschauen, finden wir weibliche Verweigerung und Allianzen sogar in den Macho-Geschichten.

Ihre Penelope-Interpretation ermöglicht eine Art intertextuelle Verschwesterung mit mythischen Frauenfiguren der Vergangenheit, sie schenkt uns einen Bezug zu einer Geschichte, die nicht aus einer weiblichen Perspektive und nicht für Frauen geschrieben wurde. Wir können die Ruhe von Penelopes Webstube auch in der Gegenwart als einen eigensinnigen weiblichen Raum für uns ausloten. Wo haben wir solche Räume in der gegenwärtigen Gesellschaft? In unserem persönlichen Leben? Gibt es sie? Wollen wir sie? Brauchen wir sie?

Zahlreiche feministische Autor:innen haben über die Idee einer solchen eigenen »Stube« hinausgedacht, weiblichen Separatismus und Verschwesterung in ihren Werken weitergetrieben und Utopien von einer anderen, neuen Gesellschaft entworfen. Ein aktuelles Beispiel dafür sind die Erzählungen von Mareike Fallwickl, ich habe sie in meinem Brief beschrieben. Es lohnt sich, ins Bewusstsein zu rufen, dass diese Art feministischer Utopismus eine lange literarische Tradition hat, es gibt einen ganzen Korpus queer-feministischer Texte, die Separatismus zelebrieren. Marge Piercy zum Beispiel entwickelt in ihrem bekannten Werk »Woman on the Edge of Time« (1976) eine Form der Ungeschlechtlichkeit und der sexuellen (Begehrens-)Pluralität und plädiert für eine Auflösung heteronormativ-monogamer Familien- und Beziehungsformen. Die Gesellschaft, die sie entwirft, ist ökologisch nachhaltig und radikaldemokratisch organisiert. Die afroamerikanische Künstlerin Octavia E. Butler thematisiert in ihren futuristischen Werken neben der Frage von Zweigeschlechtlichkeit auch das Verhältnis von Rassismus, Essenzialismus und Genetik – so beispielsweise in der »Xenogenesis«-Trilogie (1987–1989).

Beide Autor:innen greifen auch die Rolle neuer Reproduktionstechnologien für feministische Utopien auf und fragen, wie diese die geschlechtliche Arbeitsteilung verändern könnten. Was würde passieren, wenn das Gebären von Kindern nicht mehr an bestimmte Körper geknüpft wäre? Ihre Utopien sind alternative Lebens- und Liebesformen, in denen Geschlecht nicht mehr als eine normative Grundlage dient und auch nicht als Machtinstrument, um Menschen in bestimmte Rollen zu zwängen. Diese Erzählungen machen menschliche Beziehungen zum Kern feministischer Utopien, das Private wird politisch, die Art und Weise, wie wir miteinander umgehen, wie wir Liebe und Familie organisieren, wird politisch. Der feministische Utopismus macht deutlich: Der große revolutionäre Umsturz wird nicht funktionieren, wenn am Ende die Frauen das Klo putzen. Die Frage, wer putzt, wer Kinder gebiert, wie wir Sex haben und wer an den Geburtstag denkt, muss in der Utopie genauso wichtig sein wie die Frage, welche Eigentumsverhältnisse oder welche Politikformen es in einer neuen Gesellschaft braucht.

Herland – Versprechen und Scheitern feministischer Utopie

Viele dieser literarischen feministischen Utopien sind separatistisch angelegt, das heißt, sie entwickeln ihre Geschichte auf der Grundlage einer Abspaltung, bei der Frauen und queere Menschen sich der patriarchal strukturierten Gesellschaft entziehen und ihre eigenen Vorstellungen von Freiheit und Zusammenleben entwickeln, ihre eigenen Strukturen oder ganze Länder aufbauen. Der zentrale Gedanke: Es kann nicht darum gehen, Freiheit im bestehenden System gewährt zu bekommen, denn dann bleiben die Kernprobleme unangetastet. Frauen und queere Menschen werden am Ende »wie Männer«, sie erhalten Macht, nutzen sie aus und werden von den ausbeuterischen, nicht nachhaltigen Strukturen vereinnahmt, anstatt dass sie sie verändern. Im Gedanken der Abspaltung steckt auch die Überlegung, dass es für Frauen innerhalb einer patriarchalen Gesellschaft keine Freiheit geben kann, sie müssen sich ihre Freiheit *selbst* aufbauen. Eine solche radikal separatistische Utopie beschreibt die Schriftstellerin Charlotte Perkins Gilman bereits 1915 in ihrem Roman »Herland«.[24]

Perkins Gilman wird im Jahr 1860 in Hartford (Connecticut) in ärmlichen Verhältnissen geboren. Ihr Vater verlässt die Familie früh, Perkins Gilman lebt mit ihrer Mutter in Providence an der Ostküste der USA. Trotz der schwierigen Umstände geht Charlotte einen unkonventionellen und auch widersprüchlichen Weg, sie wird Schriftstellerin und Frauenrechtlerin, sie verschreibt ihr Denken und Schreiben emanzipatorischen Zielen – und vertritt dabei gleichzeitig eugenische und rassistische Meinungen. Von ihrem ersten Ehemann lässt sie sich früh scheiden und überlässt ihm das gemeinsame Kind. Sie leidet an Depressionen und beschreibt in ihrem ersten autobiografischen Roman »Die gelbe Tapete« – der sie bekannt macht – die Geschichte einer jungen Frau, die dem Wahnsinn verfällt, weil sie als Frau nicht die richtige medizinische Behandlung bekommt. 1911 schreibt sie ein Buch mit dem Titel »A Mans World. Our Androcentric Culture« und prägt damit den Begriff des Androzentrismus, der männerzentrierten Gesellschaft. 1915 erscheint »Herland«. Gilmans Erzählung über eine abgelegene Frauengesellschaft in Lateinamerika kann als feministischer Utopie-Roman bezeichnet werden, der eine Gesellschaft ohne Männer beschreibt, der aber gleichzeitig umschlägt in eine rassistische Dystopie einer *weißen* homogenen Gesellschaft.

Als ich zum ersten Mal von »Herland« hörte, befand ich mich in der großen Mensa eines Tagungshotels, ich war eingeladen zu einem Workshop mit dem Thema »Utopien«. Beim Essen hörte man kaum die eigene Stimme, nebenan lärmte eine Schulklasse, trotzdem bemühten meine Tischnachbarin – eine Literaturwissenschaftlerin – und ich uns, ein Gespräch zu führen.

»Gilman!«, schrie sie. »1915! Sie hat den Roman ›Herland‹ geschrieben!« Ich hatte noch nie davon gehört. »Worum geht es da?«, schrie ich zurück. »Keine Männer!«, brüllte sie mich an. »Gilman erzählt von einem Land, in dem es keine Männer gibt!«

Alle am Tisch sitzenden Frauen nickten wissend, obwohl niemand das Buch kannte. Aber es fühlte sich an, als müssten wir nicht weiter darüber sprechen, als wäre klar, was das bedeutet, als hätten wir alle längst eine Vorstellung von einer solchen Welt entwickelt. Wenn man Frauen fragt, was sie tun würden, wenn es für eine Weile keine Männer gäbe auf der Welt, antworten viele, ohne zu überlegen: *Nachts in Ruhe und ohne Angst alleine spazieren gehen.*[25]

Ich finde diese Antwort interessant – nicht, weil ich besondere Sehnsucht nach einsamen Nachtspaziergängen verspüre, auch nicht, weil in dieser Antwort das kollektive Gefühl zum Ausdruck kommt, dass die Welt für Frauen ein grundsätzlich bedrohlicher Ort ist. Ich finde die Antwort interessant, weil Frauen andere Frauen offenbar nicht als Bedrohung wahrnehmen. Gäbe es nur Frauen, gäbe es sicher weiterhin Konflikte und Probleme, vermutlich auch Machtmissbrauch, Rassismus, Behindertenfeindlichkeit und vieles mehr. Aber wir könnten trotzdem zu jeder Tages- und Nachtzeit herumstreunen, wir könnten reisen und tanzen und unter freiem Himmel übernachten, wir könnten unsere Töchter getrost allein ihrer Wege ziehen lassen. Wir könnten dabei dick oder dünn sein, alt oder jung, Schwarz oder *weiß*, nackt oder mit einem Kopftuch bekleidet. In einer Welt ohne Männer gäbe es vermutlich immer noch Diskriminierung, Vorurteile und Herabwürdigung, es würde nicht automatisch überall Harmonie und Freundschaft herrschen, aber: In einer Welt ohne Männer könnten wir all das sein, ohne *um unser Leben* oder um unsere sexuelle Integrität fürchten zu müssen.

»Herland« erzählt von einer selbst organisierten weiblichen Gesellschaft in einem fernen, abgeschiedenen Land. Diese Frauengesellschaft lebt seit über 2000 Jahren ohne Männer, durch einen Vulkanausbruch wurde eine Gruppe Menschen damals vom Rest der Welt isoliert. Alle Männer verloren im Kampf ihr Leben, übrig blieben die Frauen. Sie begannen, sich zu organisieren und das Land zu bestellen. Bald entwickelten sie eine Möglichkeit, sich ohne Männer fortzupflanzen. Sie nutzen die sogenannte Parthenogenese, eine Form der Fortpflanzung, bei der sich die weibliche Eizelle ohne Befruchtung teilt und sich ein Embryo entwickelt. Die Parthenogenese gibt es nicht (oder nur in extrem seltenen Fällen) beim Menschen, bei Tierarten wie manchen Insekten, Spinnen, Schnecken, Eidechsen, Schlangenarten, Haien und Geiern aber ist sie verbreitet. Vor Kurzem konnten Forscher:innen eine Parthenogenese auch bei Mäusen bewirken. In der spezifischen Variante der Thelytokie entstehen dabei nur weibliche Embryos.

In Perkins' Roman kommen nur Mädchen zur Welt. Herland wird als hoch entwickeltes Land beschrieben, dessen Bewohnerinnen ein ausgeklügeltes Versorgungssystem entwickelt haben und eine nachhaltige, ressourcenschonende Landwirtschaft praktizieren. Alles ist sorgfältig bepflanzt und gepflegt, es gibt fantastisch schöne Häuser und Städte mit einer extrem fortschrittlichen Infrastruktur. Auch eine eigene Kultur haben die Frauen entwickelt, eine eigene Sprache, Kunst und Religion. Ferner gibt es in dieser Gesellschaft – es leben drei Millionen Frauen in Herland – weder Gewalt noch Armut, Krankheiten wurden weitgehend ausgerottet.

Die Grundprämissen sind der Erhalt und die Pflege der Gemeinschaft und das Wohlbefinden aller – besonders das der Kinder. Die durch Parthenogenese entstandenen Mädchen wachsen mit Liebe, Zuwendung und optimaler Förderung auf, sodass sie ein großes Selbstvertrauen entwickeln und physisch, psychisch und intellektuell prächtig gedeihen. Die gemeinsame Umsorgung dieser Töchter ist das wichtigste Standbein dieser gynozentrischen Gesellschaft. Tätigkeiten der Reproduktion, Mutterschaft, Care und Erziehung sind in Gilmans Utopie nicht ins Private verlagert oder werden als minderwertige Arbeit in schlecht bezahlten Kitas übernommen, vielmehr ist Reproduktionsarbeit das Zentrum der Herland-Ökonomie und wird als gemeinschaftliche Aufgabe organisiert.

Ähnlich wie es heutige Modelle aus der feministischen Care-Ökonomie vorschlagen, wird Reproduktion als *Grundlage* einer funktionierenden Wirtschaft betrachtet – und nicht als außerökonomische, private Angelegenheit. In Herland ist klar: Sorgearbeit und Kooperation, nicht Wettbewerb und Profitstreben sind die Basis der Wirtschaft. Wenn keine Kinder geboren und sorgfältig aufgezogen werden, kann es keine produktive Ökonomie geben, keine glückliche Gesellschaft, keine psychisch unversehrten Menschen. Wenn diejenigen, die Sorgearbeit leisten, nicht wiederum selbst gut umsorgt werden, prosperiert die Gesellschaft nicht.

Man muss sich das noch mal vor Augen führen, Perkins Gilman schrieb dieses Buch 1915. In einer Zeit also, in der der öffentliche Raum für Frauen noch viel unzugänglicher war als heute, in einer Zeit, als ein eigenständiges, von Männern unabhängiges Leben für die meisten Frauen undenkbar war und die Erledigung von Sorgearbeit als »weibliche Natur« betrachtet wurde.

So gesehen ist Gilmans Erzählung über ein unabhängiges Frauenland unglaublich kühn. Das Selbstbewusstsein der Frauen in »Herland« führt die Autorin unter anderem darauf zurück, dass sie seit 2000 Jahren nicht mehr unter dem bewertenden Blick von Männern stehen, nicht einer misogynen, abwertenden Kultur ausgesetzt sind. Sie haben nicht jene Imprägnierung der Minderwertigkeit erfahren, keinen sexistischen Repressionsapparat verinnerlicht, der sie schlecht auf sich selbst blicken lässt. Aus diesem Grund können sie ihre Identität freier entwickeln, und zwar auch deshalb, weil sie nicht in Konkurrenz zueinander stehen: Die Herland-Frauen müssen keine Privilegien bei den Mächtigen ergattern, sie müssen nicht aufsteigen, sich nicht beweisen; ihre Existenz hängt nicht davon ab, von einer phallokratischen Gesellschaft für »gut« befunden zu werden, sie sind nicht dazu gezwungen, Zuarbeiterinnen einer männlichen Anerkennungsökonomie zu sein.

Es ist eine paradiesische Vorstellung einer Welt, in der Frauen unter sich sind und damit in Eintracht. Doch die Abwesenheit jeglicher Reibung, Differenz und Konflikte ist gleichzeitig das Problem dieser Utopie: Perkins Gilman zeichnet keine ethnisch-plurale, sondern eine rein *weiße* Frauengesellschaft. Die Herlanderinnen werden als *weiß*, blond und blauäugig beschrieben, sie sind Teil einer im Vergleich zu anderen Gesellschaften überlegenen, fortschrittlichen Kultur. Die Literaturwissenschaftlerin Katherine Fusco war es, die herausarbeitete, dass Perkins Gilman auch in anderen Texten explizit gegen die Mischung von »Rassen« schrieb.[26] Sie interpretierte »Herland« als essenzialistische und eurozentrische Utopie,[27] man kann den Roman also auch als Beispiel dafür lesen, wie separatistische Ideen misslingen.

Und da ist noch mehr: Perkins Gilmans Interesse richtete sich auf Systeme, nicht auf Einzelne. Individualität und Persönlichkeit empfand sie als etwas Egoistisches, fast schon Pathologisches. Ihr Ideal war das Kollektiv, die Zusammenarbeit von Menschen sollte die beste aller Gesellschaften ermöglichen. Ihr Fokus auf Systeme und deren Verbesserung machte sie paradoxerweise zur Feministin und Rassistin gleichermaßen. Wie die Literaturwissenschaftlerin Jennifer Fleissner argumentiert, zeigt sich in Gilmans Denken eine Wechselbeziehung zwischen Regressivem und Progressivem, die sich in einer Art obsessiven Vision einer perfekt geordneten zukünftigen Gesellschaft äußert[28]: Sie wendet sich gegen das kapitalistisch-patriarchale Konkurrenzdenken und gegen die Abwertung der Care-Arbeit. Aber die aufgewertete Care-Arbeit und die Modernität der Frauen dient wiederum der Herstellung einer eugenisch perfektionierten *weißen* Gesellschaft. Die Befreiung der Frau soll das Leben der Frau verbessern. Aber eben nur der *weißen* Frau.

Gilman war eine Anhängerin des Amerikaners Frederick Winslow Taylors, der Begründer des optimierten Arbeitsprozesses, der eine maximale Maschineneffizienz anstrebte. Gilman übertrug den Gedanken auf eine optimierte Form von Gesellschaftlichkeit, die auch eine biologische Verbesserung beinhaltet. Mit »Herland« exponierte sie die vermeintliche Ineffizienz der damaligen Gesellschaft, indem sie ihr ein aus ihrer Sicht perfektes System entgegenstellte. Als ineffizient beschreibt sie zum Beispiel den Umstand, dass Frauen Hausarbeit alleine und vereinzelt erledigen. Ebenfalls ineffizient seien ungewollte Schwangerschaften. Hier zeigt sich der Klassismus ihrer Zeit, der sich gegen eine sich vermeintlich unkontrolliert fortpflanzende Unterschicht richtet.

In Herland steht das Wohl einer *(weißen)* Spezies und das Wohl ihres Landes im Zentrum, die Frauen arbeiten daran, bessere Menschen heranzuzüchten. Von einem Mädchen etwa, das »schlechte Eigenschaften« zeigt, wird verlangt, auf die Mutterschaft zu verzichten.[29] Perkins Gilmans Utopie basiert also auf

Ausgrenzung und Optimierung, verlangt wird die Unterwerfung unter das, was für das System am besten ist.

Auch die Abschaffung der binären Geschlechterdifferenz ist für diese Optimierung zentral. Perkins Gilman skizziert zwar ein Land der Frauen, aber ihre Vorstellung von Emanzipation basiert genau genommen auf der *Auflösung* der Geschlechterdifferenz: Die Geschichte von Herland wird erzählt durch die Augen von drei Männern, die dieses Land entdecken. Terry, Val und Jeff.

Diese drei Figuren werden von Gilman dazu eingesetzt, um die rückständige Gesellschaft zu exponieren, aus der sie kommen. Als besonders rückständig wird die Tatsache beschrieben, dass diese drei Männer auf Geschlechterunterschieden beharren und ständig Stereotype reproduzieren. Obwohl Perkins Gilman von »Frauen« spricht und die Herland-Menschen vergeschlechtlicht scheinen, wird ihre nicht binäre Gesellschaft erst binär-geschlechtlich aufgeladen, als die drei Männer auftauchen. Demgegenüber wissen die Herland-Frauen bis zum Eintreffen von Terry, Val und Jeff nicht einmal, was Männer *sind.* Geschlechterdifferenz, Geschlecht überhaupt ist in ihrem System im Prinzip nicht vorgesehen. Die Höherentwicklung der Herland-Frauen ist gerade deshalb möglich, weil sie *nicht* andauernd in einem Verhältnis, nicht *in einer Differenz zu Männern* sozialisiert werden.

Auf den ersten Blick wirkt das progressiv, bei genauerer Betrachtung zielt Gilmans Binaritäts-Kritik aber nicht darauf, mehr Vielfalt zu ermöglichen, sondern wirkt homogenisierend, denn sie geht davon aus, dass Vielfalt, dass Unterschiede zwischen Menschen und damit Individualität generell schädlich, ineffizient und unproduktiv sind. Gilmans Geschlechter-Utopie hat eine dystopische Grundtonalität und gründet in ihrer tayloristischen Überzeugung, dass es keine effiziente Gesellschaft geben kann, wenn alle eine eigene Persönlichkeit entwickeln und sich voneinander unterscheiden. Das magische Land kann nur erhalten bleiben, wenn alle gleich sind. Es ist eine Absage an Pluralismus und Komplexität, auch an Veränderung.

Die tiefere Frage, die sich hier stellt, ist, inwiefern separatistische Utopien überhaupt dazu taugen, eine bessere Gesellschaft zu imaginieren? Ist nicht »Herland« ein Beispiel für das totale Misslingen, weil Separatismus eben nicht auskommt ohne hierarchische Bewertungen und Ausschlüsse?

In späteren feministischen separatistischen Erzählungen wird das Scheitern und Auftreten von Brüchen zum Bestandteil der Utopie, es wird darüber reflektiert, dass es keine perfekte Gesellschaft geben kann und dass keine Dissidenz möglich ist, die nicht von der bestehenden Gesellschaft geprägt wäre. In vielen literarischen Erzählungen der 1970er-Jahre ist die weibliche Dissidenz nicht mehr vom Dogma der Vereinheitlichung geprägt: In der kämpferischen Erzählung über eine Frauengesellschaft namens »Les Guérillères« der französischen Autorin Monique Wittig findet eine radikale Transformation statt, die nicht vereinheitlicht und trotzdem das Andere als utopische Sehnsucht möglich macht.

Wir erkennen hier deutlich den politischen Anspruch der feministischen Bewegungen der 1970er-Jahre: Erst, wenn Frauen sich selbst organisieren und eigene Strukturen gründen, sind sie auch in der Lage, die Gesellschaft als Ganzes zu verändern. Und wir erkennen in Wittigs Schreiben die Forderung nach einer Auflösung der heteronormativen Zweigeschlechterordnung viele Jahrzehnte vor Judith Butlers »Gender Trouble«: Zu Beginn der Erzählung feiern die Frauen beziehungsweise die »Guérillères« (Kriegerinnen) eine Art Weiblichkeitskult, den sie dem vorherrschenden Phallozentrismus entgegensetzen.

Bald aber kommen sie zu der Einsicht, dass diese Art Kult ebenfalls eine Folge der patriarchalen Ordnung ist und Hierarchien reproduziert. Wenn wir einfach sagen, das »Weibliche« sei besser, ist das nicht emanzipatorisch, weil es ähnlich funktioniert wie die bisherige Höherbewertung des Mannes. Ferner realisieren die Frauen in Wittigs Erzählung, dass die Kategorie »Frau« grundsätzlich einige Probleme mit sich bringt, weil sie historisch im Verhältnis zum Mann entstanden ist und auch mehrheitlich von Männern definiert wurde.

Wittigs Guérillères streben deshalb die Auflösung des Konzepts »Frau« an. Ihr Kampf führt zur Auflösung der binären Ordnung und zur Auflösung von Geschlecht überhaupt. Es entsteht ein neues Geschlecht und damit eine neue Gesellschaft. Die aufständischen Guérillères besiegen die Männer, verändern sich aber am Ende ebenfalls und wagen einen Neuanfang. Sie sind nicht mehr »Frauen« im bisherigen Sinne, sie sind eben Guérillères. Sie begnügen sich weder mit der Forderung, gleich sein zu dürfen wie die Männer, noch feiern sie eine weibliche Gegenkultur. Vielmehr wollen sie die Destruktion der Kategorie Geschlecht überhaupt – aber keineswegs die Auflösung von Individualität.

In ihrem Roman verzichtet Wittig aber nicht generell auf Weiblichkeit: Anstelle des generischen Maskulinums (»ils«) arbeitet Wittig durchgehend mit dem generischen Femininum (»elles«). Der neue Menschenschlag besteht zwar nicht mehr aus »Frauen« und »Männern«, aber aus »elles«. Wittig universalisiert das weibliche Personalpronomen, es steht nun für das allgemein »Menschliche«. »Elles« ist von nun an gleichzeitig *geschlechtlich* und *nicht*-geschlechtlich, das heißt, es wird auf dieselbe Weise verwendet, wie in unserer Sprache das generische Maskulinum, das »ils«, verwendet wird, nämlich für alle Menschen: »Elles« steht nun, wie zuvor »ils«, für das allgemeine, nicht-geschlechtliche Menschsein, das nicht-Markierte, ist aber gleichzeitig nicht ohne Bezug auf eine weibliche Genealogie und Geschichte.[30]

Wittigs separatistische Utopie beschreibt eine Welt, in der nach dem Kampf ein Neuanfang für *alle* im Zuge der Auflösung der (männlich dominierten) Strukturen möglich ist. Die Utopie endet mit einem mehrgeschlechtlichen »wir«, das, die *Interna-*

tionale singend, der Toten gedenkt, die unter der heteronormativen Zweigeschlechterordnung ihre Leben lassen mussten.

In ihrem späteren Werk »The Straight Mind« definiert Wittig »die Lesbe« als das Subjekt des Widerstandes gegen die phallozentrische Ordnung. Die Lesbe ist Wittig zufolge keine »Frau« in der patriarchal gedachten Weise, denn sie entzieht sich den Zuschreibungen und Erwartungen, die historisch und aktuell mit der Kategorie »Frau« verbunden sind. Die Lesbe ist nicht an Männern orientiert, sie entwickelt ihre Identität nicht entlang männlicher, zweigeschlechtlicher, reproduktiver Maßstäbe – auch wenn sie natürlich nicht gänzlich unberührt von der heterosexuellen patriarchalen Ordnung ist.

Mit ihrem Schlusssatz hat Wittig viele Kontroversen ausgelöst: »Lesbians are not women.« In dieser ebenfalls separatistischen Erzählung markiert Wittig also die Lesbe als »die ganz Andere«, die wegen ihrer Andersheit den Widerstand begründen kann, Wittig beansprucht aber gleichzeitig, die Lesbe zum Allgemeinen zu machen. Wittigs Lesbe ist markiert und nichtmarkiert zugleich, sie steht am Rand *und* im Zentrum, Wittig macht sie zum Allgemeinen, und gleichzeitig verbleibt sie das utopische Außen.

Diese Utopie unterscheidet sich von Gilmans »Herland« in einem entscheidenden Punkt: Ihr liegt keine Überlegenheitsnarration zugrunde. Die Guérillères oder »Lesben« sind befreit von den Zwängen der Zweigeschlechterordnung, aber sie sind nicht »besser« oder anderen überlegen. Die Autorin zeichnet kein eugenisches Phantasma einer biologisch optimierten homogenen Gesellschaft mit lauter gesunden, athletischen Körpern. Es geht Wittig um die Mobilisierung von Kritik und Widerstand – und weniger um die tatsächliche Ausbuchstabierung einer paradiesischen Ordnung. Vermutlich ist das wesentlich: Separatistische Utopien können schnell totalitär werden. Selbst dann, wenn sie aus einer marginalisierten Perspektive heraus formuliert werden, sind Utopien nicht davor gefeit, selbst in

Macht- und Gewaltfantasien umzuschlagen. Vielleicht müssen Utopien vage bleiben, sie können Ahnungen sein und spielerische Maßstäbe, an denen wir unser Handeln in der Gegenwart und unsere Kritik am Jetzt ausrichten, aber sie sollten nicht zu einem dogmatischen 10-Punkte-Programm werden. Separatistische Utopien von einer ganz anderen Gesellschaft müssen sich selbst immer unbehaglich bleiben und Offenheit, nicht Geschlossenheit vermitteln. Nicht zuletzt dürfen sie Konflikte nicht einebnen, sondern umgekehrt: ermöglichen. Erst wenn Konflikte möglich sind, können Frauen beziehungsweise FLINTA*-Personen sich als freie Subjekte aufeinander beziehen und »ohne Angst verschieden sein« (Adorno).[31] Die Möglichkeit des Konflikts ist die Möglichkeit der Verbundenheit.

Gelebter Separatismus

Meine bisherige Auseinandersetzung mit dem Separatismus von Frauen und queeren Menschen handelte von literarischen Entwürfen. In den 1970er-Jahren wurden solche Utopien aber tatsächlich in der Wirklichkeit erprobt. 1968 gründeten Roxanne Dunbar und Abby Rockefeller in Boston eine Gruppe, die sie *Cell 16* nannten. Ihre Idee war es, sich Männern sexuell zu verweigern – zumindest phasenweise. Mehr noch: Man sollte sich von Männern fernhalten, die sich nicht aktiv für die Frauenemanzipation einsetzten. Ein wichtiger Teil ihres Programms war der Kampfsport, Frauen sollten ihre Unabhängigkeit unter anderem mittels der Fähigkeit zur Selbstverteidigung gewährleisten.

Nicht nur die *Cell 16* propagierte unabhängige Selbstorganisation, auch die Ortsgruppe *Hyde Park* der Chicago Women's Liberation Union sprach sich 1972 für einen »taktischen Separatismus« aus. Man wollte Frauen und ihre Verbündung stärken, gleichzeitig formulierte das Pamphlet aber auch Zweifel daran, ob eine solche Abspaltung die Probleme der Frauen langfristig lösen werde. Denn das würde die gemeinsame Unterdrückungserfahrung der Arbeiterschaft im Kapitalismus unsichtbar machen und eine vereinte und starke antikapitalistische Bewegung verhindern: »We do not believe that a primary focus on any particular contradiction will lead to revolution.«[32]

Die sozialistischen Feministinnen waren also einerseits für eine separatistische weibliche Gegen*kultur*, sie befürworteten die Entstehung von Frauenliteratur, Frauen-Musikzentren, Kunst, Geschichte usw. Auch den Ausbau praktisch orientierter Fähigkeiten wie Autoreparaturen und Karate betrachteten sie als wichtig, um weibliches Selbstvertrauen und Unabhängigkeit zu stärken. Gleichzeitig war ihnen bewusst, dass diese individuelle Praxis auch den Rückzug von (eher privilegierten) Frauen in kreative Räume mit sich bringen und eine Art individuellen Eskapismus bewirken kann. Dies könnte zwar den persönlichen Lebensgenuss einzelner Frauen erhöhen, wäre als politisches Programm aber eher fragwürdig, weil eine solche Praxis kein Programm »für alle« darstellte, sondern unter den vorherrschenden Bedingungen nur umsetzbar für Frauen wäre, die es sich überhaupt leisten können, sich auf diese Weise vom System abzuwenden.

Andere Feministinnen dieser Zeit plädierten für einen explizit lesbischen Separatismus. Lesbische Frauen waren eher bereit, sich von der Anerkennung durch eine patriarchale Ordnung zu lösen und sich auf ihre eigene Community zu besinnen. Viele riefen dazu auf, sich von Männern vollständig abzuwenden und sie aus den weiblichen Räumen auszuschließen.[33]

Da lesbische Feministinnen auch Feindseligkeiten seitens heterosexueller Feministinnen erfuhren, waren ihre separatistischen Bemühungen oft auch eine Emanzipationspraxis gegenüber den heterosexuell dominierten Frauenbewegungen. Diese Bestrebungen mündeten etwa in der Gründung der *The Furies*

Collective, eine Kommune, die von zwölf jungen Frauen in Washington, D. C., in den Jahren 1971 und 1972 geführt wurde. Diese Frauen betrachteten das Lesbischsein eher als politisch denn als sexuell, das heißt, in der politischen Identifikation als Lesbe sahen sie, ähnlich wie es Monique Wittig formulierte, eine Weigerung, als Frau patriarchale Vorstellungen zu erfüllen. Dementsprechend forderten *The Furies* auch von heterosexuellen Feministinnen, sich als Lesbe zu positionieren und aus dem Patriarchat auszusteigen. In der Kommune wurden feministische Theorien gelehrt und entwickelt, auch gründeten die Frauen eine Schule, in der Frauen Auto- und Haushaltsreparaturen lernen konnten, um nicht von Männern abhängig zu sein. Andere Feministinnen wurden dazu aufgerufen, Kommunen zu gründen, in denen Frauen ihre Beziehungen zueinander abseits des männlichen Chauvinismus pflegen konnten.

In einem Text von Ginny Berson in der Zeitschrift der *Furies* heißt es: »Lesbischsein ist keine Frage der sexuellen Präferenz, sondern eine politische Entscheidung, die jede Frau treffen kann [...], wenn sie die männliche Vorherrschaft beenden will.«[34] Berson erklärte: »Lesben müssen Feministinnen werden und gegen die Unterdrückung der Frau kämpfen, so wie Feministinnen Lesben werden müssen, wenn sie hoffen, die männliche Vorherrschaft zu beenden.« Ein anderes *Furie*-Mitglied, Charlotte Bunch, schrieb, für sie bedeute Lesbischsein, »sich selbst zu lieben in einer Kultur, die Frauen verunglimpft und verachtet«.[35]

Eine weitere wichtige Stimme war damals die lesbische Aktivistin und Theoretikerin Marilyn Frye. Sie forderte zwar nicht, dass alle Frauen lesbisch werden sollten, aber sie plädierte dafür, dass Frauen verschiedene Formen von Separatismus praktizieren müssten, wenn sie frei sein wollen. In ihrem Text »Reflexionen über Separatismus und Macht«[36] geht es um die Frage, wie Frauen sich von patriarchalen Strukturen, von männlich dominierten Institutionen und sexistischen Beziehungsformen lösen können, und darum, welche Macht darin für Frauen steckt.

Frye zufolge kann Separatismus verschiedene Formen annehmen, er kann individuell oder organisiert stattfinden, er kann bedeuten, enge Beziehungen oder Arbeitsbeziehungen mit Männern zu meiden oder zu verlassen; er kann den Ausschluss von Männern von bestimmten Räumen und Gruppen bedeuten, er kann darin bestehen, sich von der Teilnahme an männlich dominierten Aktivitäten, Veranstaltungen und Events zurückzuziehen. Gemäß Frye müssen sowohl individuelle wie organisierte separatistische Strategien bewusst geplant werden, dabei sollten auch die Hürden und Gefahren realistisch eingeschätzt werden, die diese mit sich bringen – etwa finanzielle und berufliche Schwierigkeiten. Denn Verweigerung würde bei Männern auch Gewalt provozieren. Sie schreibt: »Wir müssen uns klarmachen, dass wir für die separatistische Verweigerung im Kleinen wie im Großen immer auch einen Preis zahlen. Wir müssen damit rechnen, angefeindet und bestraft zu werden, wenn wir uns verweigern.« Trotz dieser Gefahren betrachtet Frye den punktuellen Separatismus als eine Art selbsterhaltenden Rückzug von der systematischen Frauenfeindlichkeit, und sie formuliert die Hoffnung, dass Frauen im Zuge separatistischer Strategien auch etwas erhalten: Schwesterlichkeit, Freiheit, persönliche Entwicklung, Gesundheit – und nicht zuletzt eigene Strukturen, Organisationen, Räume, Netzwerke und im besten Fall eine neue, bessere Gesellschaft.

Separatismus ist letztlich auch eine Strategie der Macht und der Kontrolle, aber Frye plädiert dafür, dass Frauen sich negativ klingende Begriffe – also Macht und Kontrolle – aneignen. Separatistische Organisierungsformen sind genau das: eine Machtdemonstration, weil sie den aktiven und bewussten Ausschluss von Männern bedeuten. Es ist erwartbar, dass Männer Frauen einen solchen Ausschluss übel nehmen. Denn diese Grenzziehung ist in der weiblichen Rolle der ständigen Verfügbarkeit nicht vorgesehen. Der Separatismus enthält drei skandalöse, ja anmaßende Elemente: Frauen entziehen sich, sie schließen Männer aus, und sie bestimmen ihre eigene Position. Wie Frye es formuliert: Es ist das Privileg des Meisters, in die Hütte der Sklavinnen einzutreten. Die Sklavin, die beschließt, den Meister von ihrer Hütte auszuschließen, erklärt damit, keine Sklavin mehr zu sein.

Der Ausschluss von Männern beraubt sie ihrer Vorteile, überall sein und wirken zu können. Es bedeutet eine grundsätzliche Destabilisierung ihrer Gewohnheit, wenn Frauen den Zugang zu diesen Räumen kontrollieren. Dies ist eine Rolle, die traditionell Männern zukommt, während dieses System zugleich auf dem parasitären Zugänglichmachen weiblicher Ressourcen basiert. Der feministische Separatismus erteilt diesem System eine Absage und verschiebt damit die Machtpositionen. In einer separatistischen Praxis beginnen Frauen, den Zugang zu sich selbst zu kontrollieren und das schlechte Gefühl, das sie dabei oft haben, zu verlernen. Sie verlernen, dass selbstbestimmt über sich selbst zu verfügen sich nicht wie eine Anmaßung anfühlen muss, sondern selbstverständlich und angenehm sein kann. Frauen, die sich entziehen, zurückziehen, Nein sagen, kontrollieren ihre eigene Verfügbarkeit. Separatismus ist in einem doppelten Sinne Ungehorsam: Er bedeutet Entzug *und* Zugangskontrolle. Diese Praktiken sind Pfeiler der Macht. Separatismus ist feministische Machtpolitik.

Separatismus oder Gleichstellungsfeminismus?

Diese radikalen Ideen der 1970er-Jahre wurden in der zunehmend neoliberalen Gesellschaft von einem Gleichstellungsfeminismus verdrängt, der weniger auf die Entwicklung einer alternativen Gesellschaft zielte als auf eine Integration der Frauen (und anderer minorisierter Gruppen) in die bestehenden Verhältnisse. Das heißt, vor allem in den Arbeitsmarkt. Dieser Fokus auf den Gleichstellungsfeminismus war wohl auch deshalb so erfolgreich, weil er vom *bestehenden* System, also von Männern, eher akzeptiert wird: Es ist für Männer nachvollziehbar, dass Frauen den gleichen Zugang zu Macht und Teilhabe, letztlich die »gleichen Chancen« haben wollen wie Männer.

Die Idee des Separatismus hingegen zielt darauf, dass Frauen ihre *eigenen* Vorstellungen von Freiheit, Emanzipation und Gesellschaft entwickeln, und zwar gemeinsam, in Beziehung miteinander – und weniger in Beziehung zu den vorherrschenden Verhältnissen und männlichen Maßstäben. Ich habe oben ausgeführt, was das bedeutet: Männer und männliche Werte erfahren eine Absage, ihnen wird die Deutungshoheit entzogen, ihre Gültigkeit an sich wird infrage gestellt. Wenn wir noch mal zu der widerständigen Lesart von Penelopes Rolle in der »Odyssee« zurückkommen: Ihr Eigensinn ermöglicht ihr nicht nur ein selbstbestimmteres Leben, sondern sie stellt mit ihrem Rückzug in einen eigenen Raum auch die Absolutheit der männlichen Herrschaft infrage, weil die Frau, die nicht auf den Mann wartet, sondern autonom wird, ihm den Zugang zu ihr, den Zugriff auf sie verwehrt und dadurch seine Position unterminiert.

Wenn wir die Welt aus der separatistischen Stube der Penelope betrachten, erscheint das, was Männer als Maßstab für die Gesellschaft und die Geschichte der Menschheit definieren – Heldentum, Krieg, Gewalt, Macht, Reichtum –, als fragwürdig, überholt, gar widersinnig.

Die separatistischen feministischen Ideen wurden aber nicht nur vom Neoliberalismus, sondern bereits in den 1970er-Jahren von Feministinnen *selbst* infrage gestellt. Denn klar war damals schon, dass ein kollektiver weiblicher Ausstieg kaum gelingen kann. Auch deshalb nicht, weil schwesterliche Verbundenheit in der Wirklichkeit oft mehr ein Traum als eine Option ist. Frauen haben so unterschiedliche Ausgangslagen, Meinungen und Ziele, dass sie sich gegenseitig kaum quasifamiliären Schutz bieten können. Wir waren und sind innerhalb der feministischen Bewegungen immer schon gespalten, wir waren immer schon unerbittlich kritisch miteinander und mit uns selbst. Es waren und sind der uneinigen Stimmen viele; ein organisierter weiblicher Ausbruch aus den bestehenden Verhältnissen im großen Stil scheint angesichts der vielen Differenzen unrealistisch. Ferner findet Selbstorganisierung nie im luftleeren Raum statt, es gibt kein vollständiges »Außen« zur bestehenden Gesellschaft, auch der Aufbau einer eigenen Gesellschaft wird immer beeinflusst sein von den bestehenden Verhältnissen, aus denen die Individuen, die diese Gesellschaft aufbauen, kommen. Die Traumata und die Gewohnheit der Machtausübung, der Hierarchie und der Unterdrückung werden sich nicht, nur weil wir es wollen, in Luft auflösen; auch in einer neu gegründeten Gemeinschaft besteht, wie zahlreiche Beispiele und Versuche zeigen, die Gefahr, dass neue Dogmen, Ausschlüsse und Machtstrukturen produziert werden.

Nicht zuletzt ist es eine fragile Strategie, Frauen in den bestehenden Verhältnissen in Machtpositionen zu bringen. Denn diese Frauen sind dort oft stark vereinzelt, werden durch die Macht korrumpierbar, durch Privilegien gespalten und nicht selten blind für die Anliegen jener Frauen, die »es nicht geschafft haben«. Frauen mit Macht handeln nicht selten selbst gemäß patriarchaler Logiken, da sie permanent Komplizinnen der bestehenden Ordnung sein müssen, um nicht selbst wieder abzusteigen.[37]

Trotzdem bin ich der Meinung, dass es sich lohnt, separatistische Elemente wieder verstärkt in feministische Politiken einfließen zu lassen. Wir haben versucht, uns anzupassen, wir haben uns bemüht, tauglich zu sein für den Arbeitsmarkt, für Führungspositionen und politische Ämter, wir haben an den Fortschritt geglaubt, daran, dass es immer besser wird, dass wir alles erreichen können, wenn wir uns nur genug anstrengen. Wir haben versucht, allem gerecht zu werden. Das Ergebnis war nicht Freiheit, sondern Erschöpfung.

Wir müssen heute mehr denn je darüber nachdenken, inwiefern eine Emanzipation, die aus der »Männergesellschaft« heraus gewährt wurde, laufend in Gefahr ist, wieder entzogen zu werden.[38] Selbst in Gesellschaften mit relativ fortgeschrittener Emanzipation ist vieles leicht und schnell wieder umkehrbar; wir sehen derzeit, wie Fortschritte wieder entrissen werden, das Recht auf Abtreibung wird infrage gestellt, die Gewalt gegen Frauen nimmt nicht ab, sondern zu. Wir müssen uns also fragen, ob wir unsere Kraft nicht wieder verstärkt in die Ausbildung von selbst organisierten, unabhängigen Strukturen stecken sollten, Strukturen, aus denen heraus Frauen beziehungsweise FLINTA*-Personen sich Freiheit und Emanzipation *gegenseitig* ermöglichen.

Es geht mir nicht darum, bisherige Errungenschaften abzulehnen, ich schätze natürlich die Reformen, die Frauen Zugang zu Berufen, Ausbildungen, Chefpositionen, eigenem Geld und anderem ermöglichen. Auch die medizinischen Fortschritte, Verhütungsmöglichkeiten, reproduktive Rechte und vieles mehr, ebenso wie Maschinen, die anstrengende Hausarbeit erleichtern, oder Regeln und Gesetze, die Männer darin hindern sollen, Gewalt auszuüben, sind wichtige demokratische Errungenschaften, die es zu verteidigen gilt – ich will auf keinen Fall dahinter zurück. Es gilt weiterhin, Fortschritte zu erstreiten und voranzubringen.

Aber wir müssen weiterdenken, denn es sind eben »nur« Fortschritte. Den Unterschied zwischen Freiheit und Fortschritt haben die italienischen Feministinnen, die sogenannten Diotima-Philosophinnen, in den 1970er-Jahren thematisiert, und mir scheint dieser Gedanke zentral: Fortschritt bedeutet im Unterschied zu Freiheit, dass es Zufall ist, ob eine Frau in den Genuss dieser oder jener Möglichkeit kommt, dass es insofern Zufall ist, weil es davon abhängt, wo sie zufällig geboren wurde, in welchem Zeitalter, in welche Familie, in welchen Körper. Der Fortschritt ist begrenzt auf diejenigen, die durch Zufall am richtigen Ort, mit der richtigen Hautfarbe in die richtige Familie geboren wurden. Freiheit würde bedeuten, dass die Möglichkeiten, ein selbstbestimmtes Leben zu leben, unabhängig von diesen Zufallsfaktoren garantiert sind.[39] Für alle.

Genau dies wird eine Gesellschaft, die im Kern weiterhin auf Hierarchie, Ungleichheit und Ausbeutung beruht, nicht garantieren. Zwar kann es innerhalb dieser Gesellschaft Fortschritte geben, eine Freiheit aber, die umfassender ist, kann aus den bestehenden Strukturen heraus nicht entwickelt werden. Man muss sie autonom entwickeln – oder so autonom wie eben möglich.

Die kurdische Frauenrevolution

Wenn man sich von der syrischen Stadt Serê Kaniyê aus Richtung Westen bewegt, durch Kornfelder und Dörfer hindurch, kommt man zur ehemaligen Front, wo Kurd:innen gegen Dschihadisten kämpften. Hier, einen Steinwurf von der türkischen Grenze entfernt, liegt Jinwar. »Jin« bedeutet auf Kurdisch »Frau«, Jinwar ist der »Ort der Frauen« oder »Frauenland«.

Die Landschaft hier ist trocken und steinig, aber die Bewohner:innen von Jinwar haben die Böden kultiviert, sie bauen Obst und Gemüse an und haben Lehmhäuser errichtet. Hier leben Frauen auf Grundlage basisdemokratischer Strukturen zusammen. Sie wählen eine Dorfsprecherin, treffen Entscheidungen gemeinsam, betreiben Landwirtschaft, einen Dorfladen, eine Bäckerei, ein Naturheilzentrum, ein kulturelles Zentrum. Eine Schule, die auch Kinder der umliegenden Dörfer besuchen, ist ebenfalls vorhanden.

Frauen unterschiedlichster Herkunft und verschiedenen Alters leben hier. Jesid:innen, Christ:innen, Muslima, Kurd:innen, Assyrer:innen, Araber:innen und Frauen aus der ganzen Welt nehmen am Dorfleben teil. Frauen, die hierherziehen, habe unterschiedliche Gründe. Manche kamen aus Überzeugung, manche flohen vor Krieg, andere vor ihrer Zwangsehe.

Jahrzehntelang herrschte in Syrien das Assad-Regime. 2011 begann im Zuge der arabischen Frühlingsbewegungen ein Aufstand, der in einen Bürgerkrieg und die Bedrohung durch die Dschihadisten mündete. 2012 wurde schließlich in der nordsyrischen Stadt Kobanê eine Revolution ausgerufen, die sich auch zu einer Revolution der Frauen entwickelte. Kurdinnen und Kurden begannen, sich auf einem Gebiet mit dem kurdischen Namen Rojava selbst zu verwalten.

Die kurdische Volksverteidigungseinheit YPG und die Fraueneinheit YPJ waren maßgeblich daran beteiligt, dass 2015 die Dschihadisten zuerst in Kobanê und 2017 in Rakka besiegt wurden. Im Zuge dieser Revolution wurde die Parole *Jin, Jiyan, Azadî – Frauen, Leben, Freiheit* – gefasst, seither haben sich die Handlungsspielräume der Frauen in Nordostsyrien enorm erweitert. Immer mehr Frauen konnten sich aus der finanziellen Abhängigkeit von Männern lösen, sich weiterbilden und ein selbstbestimmtes Leben führen.

Am 25. November 2018, dem »Internationalen Tag zur Beseitigung von Gewalt gegen Frauen«, wurde in Rojava das Dorf Jinwar von einer Gruppe kurdischer Frauen gegründet, um einen autonomen Raum für Frauen zu schaffen, in dem sie frei von männlicher Unterdrückung und Gewalt leben können. Das Dorf wurde von Frauen für Frauen gebaut und hat zum Ziel, mit dem Wissen und den Fähigkeiten von Frauen eine gerechte und freie Gesellschaft aufzubauen.

> »Wir kämpfen […], dass wir als Frauen zusammenkommen können, weil wir uns und unsere Geschichten kennenlernen wollen. Weil wir uns schätzen und respektieren und weil unser Zusammensein unsere Leben bereichert. In Jinwar, dem Dorf der freien Frauen, haben wir mit der Kraft, der Mühe

und der Kreativität vieler Frauen einen Ort geschaffen, an dem genau dies möglich ist. Hier leben und arbeiten wir als Frauen zusammen, lernen uns und unsere Geschichten kennen, teilen unser Wissen, entwickeln Freundschaften. Das wohl Wichtigste und Wertvollste ist, dass wir alle unterschiedliche Hintergründe haben. Wir kommen aus verschiedenen Regionen, Kulturen und Geschichten, unsere Sprachen und Glauben sind verschiedene. Doch was uns eint, sind die Angriffe gegen uns als Frauen und gegen unser Leben sowie unser Wunsch nach einem Leben in Freiheit und Frieden und unser Kampf dafür, diesen Wunsch umzusetzen.«[40]

Um das Frauendorf Jinwar zu verstehen, müssen wir einen genaueren Blick auf das selbstverwaltete kurdische Gebiet Rojava werfen, in dem heute rund fünf Millionen Menschen leben. Das Ziel war es, eine multiethnische, multireligiöse und basisdemokratische Gesellschaft aufzubauen, nach dem Modell des *demokratischen Konföderalismus*. Diese »Demokratie von unten« soll die politische Teilhabe wirklich aller gewährleisten, trotz der Vielzahl unterschiedlicher ethnischer und religiöser Gemeinschaften und politischen Interessengruppen (»Einheit in Vielfalt«). Eine gerechte Gesellschaft kann, so die Annahme, nur dann erfolgreich sein, wenn sie auch wirklich von allen getragen und verstanden wird. Deshalb ist eine politische Selbstverwaltung entscheidend.

Konkret bedeutet dies, dass die Gesellschaft in Räten, Generalversammlungen und Kooperativen organisiert ist, in denen alle Gruppen der Gesellschaft und alle kulturellen Identitäten sich in lokalen Versammlungen äußern. Dabei gilt ein dezentralistisches Prinzip zur Verhinderung von Machtballung: Sämtliche Führungspersonen werden regelmäßig ausgewechselt. Im Gegensatz zur realsozialistischen oder leninistischen Top-down-Revolution setzen die Kurd:innen auf radikale Demokratie. Zentral dafür waren bildungspolitische Einrichtungen: Die lokale Bevölkerung wurde in einen Dialog involviert, man ging von Haus zu Haus, hielt Versammlungen ab, redete miteinander und tauschte sich über Probleme aus. Die Kurd:innen versuchten, die demokratische Beteiligung zu erhöhen, indem sie den Menschen zusicherten, dass sie ihre Interessen, ihre ethnischen und religiösen Interessen nicht ablegen müssen, sondern einbringen und vertreten können.

Das Projekt ist weder perfekt noch vollendet, bis heute gibt es Probleme. Zudem ist Rojava ständig militärischen Angriffen vonseiten der Türkei ausgesetzt, die das Gebiet faktisch annektiert hat. Trotz dieser misslichen Umstände scheint der demokratische Konföderalismus in Rojava ein zwar nicht konfliktfreies, aber doch friedliches Zusammenleben der unterschiedlichen Bevölkerungsgruppen zu erlauben. Es ist ein utopisches Projekt der autonomen Selbstverwaltung inmitten von Gefahr und Bedrohung, ein Projekt, das ohne Nationalismus auskommt. Eine Demokratie ohne Staat.

Der Aufbau der autonomen Regionen in Nordsyrien wurde auf drei Grundpfeiler gestellt: Frauenbefreiung, Ökologie und Demokratie auf Basis ethnischer Vielfalt. Aber wieso Frauenbefreiung? Woher kommt das starke Selbstbewusstsein der kurdischen Frauen in einer traditionell feudal-patriarchalen kurdischen Gesellschaft?

In den 1970er-Jahren gab es in der kurdischen Gesellschaft eine erste Phase der Frauenbewegung, als zahlreiche Frauen begannen, im kurdischen Befreiungskampf gegen die Türkei mitzuwirken. 1978 wurde als Ziel die Abschaffung der Unterdrückung der Frauen in allen Bereichen und die Gleichheit von Männern und Frauen formuliert – also zu einer Zeit, als in Deutschland Vergewaltigung in der Ehe noch straffrei war. Plötzlich waren Frauen an Diskussionen, Versammlungen, am Aufbau von Organisationen und auch an militanten Aktionen beteiligt.

Eine dieser Aktivistinnen, Sakine Cansız, wurde zum Symbol

der Frauenbefreiung und des Widerstands gegen die Militärjunta der Türkei: Die Mitgründerin der PKK war im Militärgefängnis Diyarbakir inhaftiert, wurde dort gefoltert und später in Paris ermordet. Hanim Yaverkaya und Sultan Yavuz beteiligten sich an den ersten Volksaufständen gegen kurdische Großgrundbesitzer, die mit dem türkischen Staat kollaborierten. Viele andere schlossen sich den Guerillaeinheiten in den Bergen Kurdistans an. Sie nahmen an Schulungen teil, trugen ihre Erkenntnisse in die Bevölkerung, sprachen mit anderen Frauen, lernten deren Probleme und Bedürfnisse kennen und trugen diese wieder zurück in die politischen Organisationen.

Frauen ermutigten Frauen, sich zu erheben und ihre traditionellen Rollen infrage zu stellen. Die kurdischen Frauen beteiligten sich am Freiheitskampf, gleichzeitig aber durchleuchteten sie kritisch die eigene Gesellschaft und zielten auf eine Infragestellung der patriarchalen Familienstrukturen.[41]

Und nun folgte das separatistische Momentum, das sich vom westlichen Gleichstellungsfeminismus unterscheidet: Die kurdischen Frauen entwickelten die Vorstellung, dass sie für ihre tatsächliche Befreiung eigene Strukturen gründen mussten, eine Revolution innerhalb der Revolution. Es wurden eigene Frauenakademien, Gremien, Dörfer und auch Strukturen geschaffen, die politische und gesellschaftliche Organisationen von Frauen in Kurdistan und in der Diaspora umfassen. Vereinfacht gesagt: Die Frauenbewegung baute im Rahmen der kurdischen Befreiungsbewegung ein separatistisches System auf.[42]

Ein weiterer Grund für den Erfolg dieser Frauenstrukturen ist der radikale Wandel, den die kurdische Befreiungsbewegung der 1990er-Jahre durchlief: Man wandte sich von der Idee ab, einen eigenen Staat zu gründen. Nationalstreben, so stellte man fest, wird immer einhergehen mit weiterem Blutvergießen und Herrschaftsansprüchen. Im Zuge dieses Wandels von der Nationalstaatlichkeit zur Selbstverwaltung wurde auch die Geschlechterfrage relevant: Denn eine herrschaftsfreie Gesellschaft kann es nur geben, wenn die Frauen befreit sind. Die Revolution wird feministisch sein, oder sie wird nicht stattfinden.

Man kann von Abdullah Öcalan, dem Führer der PKK, halten, was man will, er ist in vielerlei Hinsicht eine umstrittene Figur. Aber interessant und außergewöhnlich ist, dass er das Projekt der Frauenbefreiung in den vergangenen Jahren immer wieder ins Zentrum seiner Schriften stellte. Dies ist vermutlich einer der Gründe, warum die Frauenfrage bei vielen Männern in der kurdischen Gesellschaft eine vergleichsweise hohe Akzeptanz genießt und viele von ihnen bereit waren, die kurdische Befreiung auf die Pfeiler der Geschlechterbefreiung zu stellen.

In seinem Buch »Die Befreiung des Lebens: Die Revolution der Frau« schreibt Abdullah Öcalan, dass die Freiheit der Frau nicht die Konsequenz einer allgemeinen Freiheit und Gleichheit innerhalb der Gesellschaft ist,[43] sondern sich nur durch eine *separate* und *eigene* Organisierung entwickeln kann. Eine allgemeine Demokratisierungsbewegung wird zwar Chancen für die Frau ermöglichen – sie wird aber nicht ausreichen. Frauen müssen ihre eigenen demokratischen Ziele festlegen und organisierte Anstrengungen unternehmen, um sie zu erreichen. Viele Kurd:innen vertreten die Ansicht, dass die antipatriarchale Revolution die Basis einer Befreiungsbewegung hin zu einer herrschaftsfreien Gesellschaft sein müsse. Nur wenn die Frauen sich befreien, ist auch eine Enthierarchisierung und Demokratisierung der Gesellschaft insgesamt möglich.[44] Oder anders formuliert: Wenn die Herrschaft über die Frauen nicht abgeschafft wird, wird auch die Abschaffung jeglicher anderer Herrschaftsverhältnisse scheitern.

Man mag diese Einschätzung teilen oder nicht, beachtlich ist, wie diese Kritik am Patriarchat auch die Männer der kurdischen Gesellschaft in die Pflicht nahm: Sollten sie ihre Haltung, ihr sexistisches Verhalten, ihr Dominanzstreben und Besitzanspruchsverhalten nicht grundlegend verändern, würde die freie Gesellschaft insgesamt scheitern, dann wäre »das Glück eine vergebliche Hoffnung«.[45] Öcalans Schrift aus dem Jahr 2014 ist, wenn man so will, ein Eingeständnis der eigenen männlichen Überholtheit. Es geht um die Arbeit des Einzelnen an seiner Mentalität und Einstellung, Öcalan schreibt: »Der Mann muss darüber hinwegkommen, die Frau immer nur als Ehefrau, Schwester oder Geliebte zu sehen.«[46]

Um dies zu üben, wurden in Rojava zum Bespiel Bildungsangebote zur »Veränderung der Männer« (ja, wirklich!) aufgebaut. Männer erhielten feministische Schulungen, ob im Militär oder in familiären Bereichen. Darüber hinaus wurden in allen Strukturen Formen der antipatriarchalen Selbstkritik etabliert, etwa Treffen, bei denen man sich gegenseitig kritisiert und das eigene dominante Verhalten reflektiert. Einer der Männer kommt im Buch »Wir wissen, was wir wollen« zum Schluss, dass es als Mann nur zwei Optionen gibt: »Entweder du änderst dich, oder du änderst dich.«[47] Klar wurde aber auch, dass es kein schnelles Unterfangen ist, sich die patriarchale oder sexistische Mentalität abzutrainieren, es kann nicht auf Anhieb gelingen, sondern wird als eine Aufgabe für eine ganze Epoche betrachtet. Die kurdisch-alevitische Aktivistin und Wissenschaftlerin Dilar Dirik sagt: »Wenn man den Begriff Revolution hört, denkt man immer an *einen* dramatischen Punkt, nach dem alles anders wird, aber ich denke, Frauenrevolution, wie sie in der kurdischen Bewegung definiert wird, ist anders zu verstehen. Die Revolution wird nicht als ein Tag definiert, nach dem alles anders wird, sondern als ein sehr langer gesellschaftlicher Prozess, der Jahrzehnte oder Jahrhunderte dauern kann.«[48]

Nun ist Abdullah Öcalan aus verschiedenen Gründen als Autorität zu Geschlechterfragen umstritten. Für viele Kurd:innen aber ist er eine. Und dass Frauen dazu übergehen, sich innerhalb einer patriarchalen Gesellschaft selbst zu organisieren, sich *aufeinander* zu beziehen und eine alternative Struktur aufzubauen, hängt, zumindest indirekt, mit ihm zusammen. Es ist beachtlich, dass dieser Akt von weiblichem Separatismus von einem Mann nicht nur toleriert, sondern sogar mit initiiert wurde.

Der Separatismus ist gemäß der kurdischen Frauenrevolution die Voraussetzung, um die weibliche Freiheit zu gewährleisten. Erst die *eigenen* Strukturen in Form von Frauendörfern, militärischen Einheiten, eigenen Universitäten oder Gremien garantieren, dass Frauen wirklich stark genug sein können, um Einfluss nehmen zu können auf die gesamte Gesellschaft, und zwar ohne immer wieder von patriarchalen Logiken vereinnahmt zu werden. Nur die separatistischen Strukturen ermöglichen, dass Frauen starke Beziehungen untereinander aufbauen können.

Aus Sicht der kurdischen Frauenbewegung kann Frauenemanzipation nur gelingen, wenn Frauen sich sichere und unabhängige Orte der Selbstorganisierung aufbauen und von dort aus in die Gesellschaft hinein agieren. Wenn sie in eigenen Strukturen Selbstbewusstsein und Stärke und *eigene* Vorstellungen vom Leben und von der Gesellschaft entwickeln. Das heißt, Frauen sollen eben nicht einfach nur gleichberechtigt sein mit den Männern, sondern sie sollen das System ändern, indem sie eigene Werte und Vorstellungen entwickeln und eigene Grundlagen schaffen für die Gesellschaft.

Die unabhängige Organisierung der Frauen soll dabei sicherstellen, dass sie und ihre Vorstellungen nicht aufgesogen werden von den allgemeinen Zielen der kurdischen Freiheitsbewegung oder der Gesellschaft insgesamt, und da sie ein dauerndes kritisches und einflussreiches »Außen« bilden, wird gewährleistet, dass es in der kurdischen Revolution kein Machtmonopol gibt.

Die Frauen in Rojava wurden und werden als maßgebliche Akteurinnen einer gelingenden demokratischen Revolution betrachtet, als die konstituierende Kraft auf dem Weg zu einer herrschaftsfreien Gesellschaft.[49] Die Frauenbefreiung wurde nicht nur zur Grundlage für die Emanzipation der Frauen selbst, sondern eben auch als Grundlage für das Gelingen einer herrschaftsfreien Gesellschaft *insgesamt* betrachtet. Entwickelt wurde eine revolutionäre Theorie und Praxis, in der die Frauen eine dezentralistische Vorhut des Demokratisierungsprozesses bilden, also einerseits führend sind bei Gestaltung und Aufbau der neuen Gesellschaft, andererseits sollen sie dabei aber keine Machtmonopole etablieren, sondern gerade eine nicht-hierarchische Verteilung von Macht und Autorität gewährleisten. Diese Avantgarde-Rolle wurde definiert als Führung ohne Monopol. Frauen, die mehr Erfahrung und Wissen haben, sollen vorangehen mit Ideen und Kampfgeist und Aufklärung leisten. Eine Führungsrolle wird durchaus gefördert und gewollt, gleichzeitig sorgen aber die dezentralistischen Strukturen dafür, dass Einzelne ihre Position nicht missbrauchen können, weil sie dafür keine Privilegien bekommen und weil sie immer wieder ausgewechselt werden.

Die Avantgarde-Rolle der Frauen ist es dabei, sich einerseits selbst zu organisieren, gleichzeitig aber auch in allen gemischtgeschlechtlichen Gremien vertreten und aktiv zu sein. Für jede Institution, angefangen bei der kommunalen Verwaltung bis hin zur Präsidentschaft, gibt es eine Doppelspitze – jeweils einen Mann und eine Frau –, zudem werden viele politische Gremien ebenfalls doppelt geführt: einmal als gemischtgeschlechtliche und einmal als reine Frauengremien. Darüber hinaus haben die Frauenräte teilweise ein Vetorecht gegenüber den Generalräten, wenn es um Frauenangelegenheiten geht. Sie haben also die Möglichkeit, aus ihren autonomen Strukturen heraus die allgemeinen gemischten Strukturen zu kritisieren und zu beeinflussen. Zudem verhindert dieses System Einmischungen, wenn also zum Beispiel ein lokaler Rat für etwas stimmt, das die lokale autonome Frauenstruktur für problematisch hält, kann sie ihr Vetorecht nutzen. Andersherum gilt das nicht.

Im Gegensatz zum Gleichstellungsfeminismus, wie wir ihn kennen, funktioniert die »kurdische Strategie« also umgekehrt: Die Frauen entwickeln ihre Freiheitsmodelle aus einem eigenen parallelen System heraus und tragen diese Ideen und Praxen dann in die restliche Gesellschaft. Das bedeutet, dass sich der Kampf um Freiheit nicht darauf beschränkt, einen Platz in der bestehenden Gesellschaft zu erhalten, wie dies das Gleichstellungsparadigma vorsieht. Vielmehr ist das Ziel, dass die Freiheit der Frauen dadurch ermöglicht wird, dass sie die Mittel und die Ausrichtung ihrer Befreiung in ihren eigenen Händen halten und Freiheit aus sich selbst heraus entwickeln – diese also nicht »bekommen« müssen und nicht so sehr auf die Anerkennung und Unterstützung durch die patriarchale Gesellschaft angewiesen sind. Kurz: Kurdinnen müssen nicht auf die Gunst der Männer hoffen.

Ich bin bei meinen Recherchen zur kurdischen Frauenbewegung immer wieder auf den Begriff *Freundin* gestoßen. Die Kurdinnen nennen sich gegenseitig nicht Genossin, Kollegin, Mitstreiterin oder Schwester, sondern: Freundin.

Als ich mich tiefer in diese Frauenrevolution einlas, ergab der Begriff immer mehr Sinn: Freundschaft ermöglicht, wie ich in einem anderen Essay in diesem Buch ausarbeite, eine Beziehung, die freier ist als eine verwandtschaftliche Beziehung. Auch setzt Freundschaft keine ethnische Vereinheitlichung oder andere Formen der Vereinheitlichung oder gar der Hierarchie voraus – auch kein Marschieren unter gleicher Ideologie. Freundschaft lässt mehr als andere Beziehungen das urdemokratische Prinzip der Akzeptanz von Differenz zu, sie ist mehr als andere Beziehungsformen eine Beziehung auf Augenhöhe, denn Freundschaft steht für eine freie Wahl. Befreundet sind wir mit Menschen, weil wir es *wollen*. Der Freundschaft wohnt die Bereitschaft inne, Differenz auszuhalten und als Bereicherung zu leben.

Diese Haltung ist es, die der kurdischen Form separatistischer Frauenorganisierung zugrunde liegt. Damit bewahrt sich die Bewegung selbst vor Einheitszwängen und ermöglicht eine freie Form von Beziehungen unter den Frauen.

Das Projekt der Kurd:innen ist enorm bedroht. Der türkische

Staat hat im Jahr 2023 fast die gesamte Infrastruktur der autonomen Selbstverwaltung Nordostsyriens zerstört. Meldungen von diesem Krieg schaffen es kaum in die hiesige Medienöffentlichkeit. Die Erklärung aus Jinwar zum Frauenkampftag im Jahr 2020 wird mit einem Gedicht von einer unbekannten vietnamesischen Revolutionärin eingeleitet, ich möchte es zum Schluss wiedergeben:

»Wir füllen die Krater der Bomben
und säen wieder
und singen wieder,
denn das Leben kapituliert nie.«

EPILOG

Am Anfang waren zwei Frauen.

Ich habe mich entschieden, dieses Buch mit dem Hopi-Mythos über die Huruing-Wuthi-Göttinnen zu schließen. Es ist eine der wenigen überlieferten Schöpfungsgeschichten, die davon handeln, wie aus der Beziehung zwischen zwei Frauen etwas Neues, eine neue Welt erwächst:

Am Anfang der Welt gab es nur Wasser und zwei Göttinnen, beide hießen Huruing Wuthi. Huruing Wuthi bedeutet übersetzt »Harte Frau« oder »Frau des Harten«, die Hopi sagen, dass sie die Besitzerinnen von harten Gegenständen wie Steinen, Muscheln, Korallen, Türkisen, Perlen usw. sind. Die Huruing Wuthi lebten im Ozean, eine im Westen und eine im Osten, und sie schufen Land zwischen den Meeren.

Die Sonne, die über dieses trockene Land flog, bemerkte immer wieder, dass nirgendwo ein Lebewesen zu sehen war, und berichtete den beiden Göttinnen von dieser Tatsache. Eines Tages sandte die Huruing Wuthi des Westens durch die Sonne eine Nachricht an die Huruing Wuthi des Ostens und bat sie, zu ihr zu kommen, da sie diese Angelegenheit besprechen wollte. Die Huruing Wuthi des Ostens kam dieser Bitte nach und begab sich über einen Regenbogen in den Westen. Nachdem sie sich beraten hatten, fassten die beiden den Entschluss, dass sie einen kleinen Vogel erschaffen würden; so formte die Gottheit des Ostens einen Zaunkönig aus Ton und bedeckte ihn mit einem Stück einheimischen Stoffs *(mochdpu)*.

Daraufhin sangen sie ein Lied, und nach einer Weile zeigte das Vögelchen Lebenszeichen. Als sie ihn aufdeckten, kam ein lebendiger Vogel zum Vorschein und sagte: »*Cma hfnok pas nui kit^ nawakna?«* (»Warum wollt ihr mich so schnell haben?«) Die Göttinnen antworteten: »Wir wollen, dass du über diesen trockenen Ort fliegst und schaust, ob du etwas Lebendiges findest.«

Da die Sonne immer über die Mitte der Erde flog, dachten sie, dass sie vielleicht nicht bemerkte, dass es im Norden oder Süden Lebewesen gab. So flog der kleine Zaunkönig über die ganze Erde, aber bei seiner Rückkehr berichtete er, dass nirgendwo ein Lebewesen existierte.

Daraufhin schuf die Gottheit des Westens sehr viele Vögel verschiedener Art und Form und stellte sie wieder unter dieselbe Decke, unter der der Zaunkönig zum Leben erweckt worden war. Wieder sangen sie ein Lied. Nun begannen die Vögel, sich unter der Decke zu bewegen. Die Göttin hob die Decke und fand darunter alle Arten von Vögeln und Geflügel. »Wir wollen, dass ihr diese Welt bewohnt.« Die beiden Göttinnen lehrten jede Vogelart den Ton, den sie machen sollte, dann zerstreuten sich die Vögel in alle Richtungen. Die Huruing Wuthi aus dem Westen formte viele verschiedene Tierarten aus Ton, und sie wurden auf dieselbe Weise zum Leben erweckt wie die Vögel. Die Tiere machten sich auf, die verschiedenen Teile der Erde zu bewohnen. Die beiden Göttinnen beschlossen nun, den Menschen zu erschaffen. Die Gottheit des Ostens formte aus Lehm zuerst eine Frau und dann einen Mann, die auf genau dieselbe Weise zum Leben erweckt wurden wie die Vögel und Tiere vor ihnen.

Die Menschen wurden von den Göttinnen damit beauftragt, dass sie auf dieser Erde leben und dass sie alles verstehen sollten.[1]

DANK

Mein letztes Buch, »Die Erschöpfung der Frauen« (2021), endet in der Einleitung mit dem Satz: »Eine mögliche Entgegnung auf Erschöpfung ist *Beziehung* und nicht Vereinzelung. Eine feministische Arbeit gegen die Erschöpfung ist eine Arbeit an Beziehungen. Wenn Menschen ihre Sehnsucht nach Bezogenheit und ihre Bedürftigkeit nach Umsorgung ernst nehmen, wenn sie zueinander in Beziehung stehen, können sie sich einander verletzlich zeigen – und auch erschöpft. Wenn Menschen in Beziehung stehen, können sie ohne Angst verschieden sein.« Mir war zu diesem Zeitpunkt nicht bewusst, dass ich mit diesen Sätzen den Grundstein für mein nächstes Buch legte. Ich spürte aber, dass ich selber Freundschaften und Verbundenheit mit anderen Menschen ausbauen und vertiefen wollte. Gegen die Erschöpfung und wider die politische Verzweiflung. Denn wenn wir die Verbundenheit pflegen, entscheiden wir uns ein Stück weit für eine positive Haltung dem Leben und den Menschen gegenüber. Verbundenheit zu leben bedeutet, dass wir daran glauben, dass andere gut sind und es gut mit uns meinen. Solange wir Beziehungen zu anderen leben und vertiefen, haben wir Hoffnung, dass es eine Welt geben kann, in der Menschen einander wohlgesonnen sind und miteinander leben wollen. Für mich war die Voraussetzung dafür, dieses Buch schreiben zu können, eine sich stetig vertiefende Praxis der Verbundenheit mit den Menschen um mich herum.

Mein größter Dank geht an die Menschen aus meinem engeren Bezugsfeld (alphabetisch, nicht nach »Wichtigkeit« geordnet). Eure großzügige Liebe und Freundschaft trägt mich, ihr seid ein Wärmestrom, in den ich täglich hineinsteigen darf:

Andrea (für deine riesige Fähigkeit, aufmerksam zuzuhören und Anteil zu nehmen), Anneli (ein Leben ohne dich kann ich mir nicht mehr vorstellen. Danke für deine wichtigen Gedanken zu diesem Buch und die Unterstützung bis zum letzten Buchstaben, ab sofort gilt wieder Dandyleben!), Annie (Kraftschwester, danke für deine Unterstützung, du weißt: Du kannst mich immer anrufen, und ich komme sofort), Annina (ich fühle mich immer noch so gut mit dir wie mit 16!), Ariane (dass du mir die Poesie zeigst), Barbara (ich schenke dir einen noch viel wilderen Kaktus! Danke für deine Herzlichkeit und Wohlgesonnenheit), Bea (für dein ansteckendes Lachen, dass du mich mitreißt und ich mich wohlfühle in deiner lebensvergnügten Gegenwart, Eisbaden werde ich allerdings nie), Carolin (für immer so kluge Inputs, von jedem unserer Treffen gehe ich mit geschärftem Blick und Wärme im Herzen nach Hause; der Austausch mit anderen schreibenden Frauen ist für mich so wichtig), Caroline (danke für deine Lebenskraft und deinen Mut, neue Wege zu gehen, du bist eine Inspiration), Christina und die ganze »Kraftfamilie« (danke, dass wir Familie jenseits von Konventionen leben können), Christine (unverbrüchlich, deine Großzügigkeit ist weltrekordverdächtig), Franca (ich sehe mich oft in dir), Fork (Liebeskämpferin), Hannah (danke, dass du ein so ermutigender, liebevoller und bestärkender Mensch bist), Imre Joel und Liv Helena (meine wundervollen Kinder. Mir geht jedes Mal das Herz auf, wenn ihr durch die Tür kommt), Julia (dass wir zusammen versuchen, die Welt politisch – und auch sonst – zu verkraften), Katha (du lächelst nur, wenn du Bock hast, ich lerne von dir, danke), Mareike (partner in crime), Mikael (meine große Liebe. Ich danke dir für deine Unverbrüchlichkeit und dass du mich jeden Tag (über mich selbst) zum Lachen bringst. Und danke dafür, dass du geduldig meine Texte durchliest und sie weniger sperrig machst), Myriam (du bist wie eine Schwester), Natalie (du bist ein Vorbild, mutig und handlungsstark und gleichzeitig empfindsam und empathisch. Danke, dass du meine Freundin bist), Natascha (ich fühle mich mit Fröhlichkeit und Anteilnahme beschenkt), Niklas (danke für deine Liebe, kleiner Bruder, neben meinen Eltern führe ich mit dir die längste Beziehung in meinem Leben), Norga (danke für alles, Mama, auch dafür, dass wir uns immer wieder so gut versöhnen können), Solveig und Jörg, Vreni und Laszlo, Päivi und Ralph, Vero, Linda und Edin, Ben, Roswitha, Marzell und Hedda (für eure Zugewandtheit, Unterstützung und Liebe), Roland (gestorben am 4. Januar 2024, danke Papa, dass du mir den Glauben vermittelt hast, in der Welt etwas bewirken zu können. Ich bin traurig, dass du nicht mehr da bist), Sascha (für die Zwergesel-Videos während des Endspurts), Yv (danke, dass du anrufst, wenn es wichtig ist).

Neben all diesen Menschen gibt es ein erweitertes Bezugsfeld, das ebenfalls tragend ist, bestehend aus Bekanntschaften, Menschen, die meine Arbeit als Veranstalter:innen unterstützen, feministische Kollektive, Organisationen, Netzwerke, Institutionen und/oder Einzelpersonen, mit denen ich zusammenarbeite, die mich weiterbringen und deren Arbeit mich ermutigt. Danke an Michaela Spiegel und das Centre Pompadour und an das Instituto Svizzero di Roma dafür, dass ich Teile dieses Buches bei euch schreiben durfte, Ruhe und Zeit zum Nachdenken bekam in dieser hektischen Zeit. Danke an wichtige Sparringspartner:innen wie Itziar Marañon, Agota Lavoyer, Patricia Purtschert, Eva von Redecker, Andrea Zimmermann, Meret Wälti, Saskia Jäggi, die Mitglieder der Gleichstellungskommission Basel-Stadt, die Mitarbeiter:innen der Kaserne Basel und den feministischen salon (Basel und Luzern).

Mein Dank geht auch nicht zuletzt an meinen neuen Arbeitsort FemWiss (Verein Feministische Wissenschaft Schweiz) und die tollen Frauen, die ich dort gerade kennenlerne. Danke von Herzen auch an Thomas Neumeyer und Corinna Virchow und die Menschen aus dem Projekt Gender*Rollen für die Zusammenarbeit bei der Lancierung wichtiger gleichstellungspolitischer Projekte und Kollaborationen in der Schweiz. Ich freue mich auf die weitere Zusammenarbeit.

Zuletzt möchte ich von Herzen meiner Agentin Heike Specht für ihre Unterstützung danken, und ganz besonders möchte ich meinen Lektorinnen Stefanie Hess und Maria Kimmel danken, deren Hinweise, Arbeit und stetige Ermutigungen für mich von unschätzbarem Wert waren. Ein besonderer Dank geht zudem an die Herstellerin Sibylle Dietzel für ihre Mühe bei der Endkorrektur dieses Buches.

ANMERKUNGEN

Einige Gedanken in diesem Buch habe ich an anderer Stelle bereits ausgeführt. Siehe dazu:

https://www.republik.ch/2023/12/16/was-heisst-in-diesen-zeiten-feministische-solidaritaet. Datum des letzten Aufrufs: 17.07.2024

https://staatstheater-hannover.de/en_en/die-auflehnung-der-frauen. Datum des letzten Aufrufs: 17.07.2024

https://direkt-magazin.ch/meinung/glstlng/um-ernst-genommen-zu-werden-muessen-frauen-mehr-leisten. Datum des letzten Aufrufs: 17.07.2024

https://direkt-magazin.ch/meinung/glstlng/franziska-schutzbach-viele-maenner-denken-auch-heute-dass-ihnen-sex-zusteht. Datum des letzten Aufrufs: 17.07.2024

https://www.wireltern.ch/artikel/franziska-schutzbach-ueber-kinderlieder-0520. Datum des letzten Aufrufs: 17.07.2024

https://direkt-magazin.ch/meinung/glstlng/franziska-schutzbach-raus-aus-dem-internet-rein-in-die-feministischen-streikkollektive. Datum des letzten Aufrufs: 17.07.2024

https://neuewege.ch/das-utopische-im-gegen-waertigen-erkennen?search=hoffnung. Datum des letzten Aufrufs: 17.07.2024

MOTTO

1 Der Abdruck des Zitats von Christina Thürmer-Rohr erfolgt mit freundlicher Genehmigung des transcript Verlags. Christina Thürmer-Rohr, Fremdheiten und Freundschaften: Essays. 978-3-8376-4826-3 / PDF: 978-3-8394-4826-7, transcript Verlag, September 2019. S. 10.

EINLEITUNG

1 Der Begriff FLINTA* steht für Frauen, Lesben, Inter, Non-Binäre, Trans und A-Gender. Das Sternchen steht für alle Personen, die sich mit diesen Kategorien nicht identifizieren können.

2 Karoline von Günderrode: Der Schatten eines Traumes. Gedichte, Prosa,

Briefe, Zeugnisse von Zeitgenossen. Herausgegeben und mit einem Essay von Christa Wolf. München: 1989, S. 144

3 Silvia Bovenschen: Ach wie schön. In: Sabine Eickenrodt, Cettina Rapisarda und Ute Pott (Hg.) Quer*elles*. Jahrbuch für Frauenforschung 1998. Band 3: Freundschaft im Gespräch. Stuttgart: J.B Metzler, 1998, S. 36

4 Siehe dazu Angelika Ebrecht: Jenseits des Spiegels – das Verhältnis von Freundschaft, Geschlecht und Moral aus psychoanalytischer Sicht. In: Quer*elles*. Jahrbuch für Frauenforschung 1998. Band 3: Freundschaft im Gespräch. Stuttgart: J.B. Metzler, 1998, S. 78–79

5 Ebd., S. 79

6 Das Zitat stammt aus dem Roman »Freundinnen. Ein Roman unter Frauen« von Maximiliane Ackers, Hannover: Paul Steegemann Verlag, 1923, S. 21.

7 Angelika Ebrecht: Jenseits des Spiegels – das Verhältnis von Freundschaft, Geschlecht und Moral aus psychoanalytischer Sicht. In: Sabine Eickenrodt, Cettina Rapisarda und Ute Pott (Hg.): Quer*elles*. Jahrbuch für Frauenforschung 1998. Band 3: Freundschaft im Gespräch. Stuttgart: J.B. Metzler, 1998, S. 84

8 Siehe zum Beispiel »Die Gewalt der Frauen«, Angelika Albrecht: Die Gewalt der Frauen, https://www.querelles-net.de/index.php/qn/article/view/3, Datum des letzten Aufrufs: 04.06.2024

9 Ilse Aichingers Poetik bringt das Aushalten der Ambivalenz zur Sprache. Früh mischt sie sich ein. 1946, ein Jahr nach Kriegsende, noch vor ihrem Buch »Die größere Hoffnung«, ruft sie zum Misstrauen auf – nicht etwa gegen Gott, gegen den Bruder oder gegen ein Land, sondern gegenüber sich selbst: https://www.deutschlandfunk.de/unerkundbar-undurchschaubar-100.html, Datum des letzten Aufrufs: 04.06.2024

NEUN GEDANKEN ZU DIESEM BUCH

1 Ernst Bloch hat diesen Begriff benutzt, um zu sagen, dass wir Fantasie und Gefühle brauchen im Kampf um eine gerechtere Gesellschaft (Bloch 1975, S. 132). Er setzte sich auch mit dem Problem auseinander, dass die Faschisten in dieser Hinsicht immer einen Schritt voraus sind, da sie ihre Politik auf die Grundlage von Gefühlen, nicht von Fakten stellen. Ernst Bloch: Das Prinzip Hoffnung. In fünf Teilen. Gesamtausgabe Band 5. Frankfurt am Main: Suhrkamp, 1985

2 Karl Marx: Briefe aus den »Deutsch-Französischen Jahrbüchern«. In: MEW Band 1. Berlin: 1970, S. 344

3 Bini Adamczak: Beziehungsweise Revolution. 1917, 1968 und kommende. Berlin: Suhrkamp Verlag, 2017

4 Christina Thürmer-Rohr: Abscheu vor dem Paradies. In: Vagabundinnen. Feministische Essays. Berlin: Orlanda Frauenverlag, 1987, S. 29

5 Silvia Federici: Jenseits unserer Haut. Körper als umkämpfter Ort im Kapitalismus. Münster: Unrast Verlag, 2022, S. 129

6 Eva von Redecker: Feministische Strategie und Revolution. In: Hilge Landweer, Catherine Newmark, Christine Kley und Simone Miller (Hg.): Philosophie und die Potenziale der Gender Studies. Peripherie und Zentrum im Feld der Theorie. Bielefeld: transcript Verlag, 2012, S. 17–36

7 Michel Foucault: Die Heterotopien. Der utopische Körper. Berlin: Suhrkamp Verlag, 2006 [1996]

8 Siehe auch Antje Daniel und Christine M. Klapeer: Einleitung. Wider dem Utopieverdruss. Queer*feministische Überlegungen zum Stand der Debatte. In: Femina Politica – Zeitschrift für feministische Politikwissenschaft. 1–2019, S. 9–31. https://doi.org/10.3224/feminapolitica.v28i1.02 Datum des letzten Aufrufs: 17.07.2024

9 Bini Adamczak: Gestern Morgen. Über die Einsamkeit kommunistischer Gespenster und die Rekonstruktion der Zukunft. Münster: Edition Assemblage, 2007, S. 25

10 Siehe zum Beispiel Ernst Bloch: Das Prinzip Hoffnung. Frankfurt am Main: 1979

11 Zitat von Oskar Negt: Arbeit und menschliche Würde. Göttingen: Steidl, 2001, S. 245, zitiert in diesem Gespräch: Bini Adamczak: »Ich halte das anti-utopische Bilderverbot für erledigt.« In: Alexander Neupert-Doppler (Hg).: Konkrete Utopien – Unsere Alternativen zum Nationalismus. Stuttgart: Schmetterling Verlag, 2018, S. 23–38

12 Christina Thürmer-Rohr: Abscheu vor dem Paradies. In: Vagabundinnen. Feministische Essays. Berlin: Orlanda Frauenverlag, 1987, S. 29

13 Vgl. dazu auch: Antje Daniel und Christine M. Klapeer: Einleitung. Wider dem Utopieverdruss. Queer*feministische Überlegungen zum Stand der Debatte. In: Femina Politica – Zeitschrift für feministische Politikwissenschaft. https://doi.org/10.3224/feminapolitica.v28i1.02, Datum des letzten Aufrufs: 17.07.2024

14 Carolin Amlinger und Oliver Nachtwey: Gekränkte Freiheit. Aspekte des libertären Autoritarismus. Berlin: Suhrkamp Verlag, 2022

15 Christina Thürmer-Rohr: Abscheu vor dem Paradies. In: Vagabundinnen. Feministische Essays. Berlin: Orlanda Frauenverlag, 1987

16 Claudette Fillard und Françoise Orazi (Hg.): Exchanges and Correspondence. The Construction of Feminism. Newcastle: Cambridge Scholars

Publishing, 2010, S. 149. Siehe auch Vera Bachmann und Johanna-Charlotte Horst: Weibliche Kollektive. 2023

17 Ich verwende hier diesen Begriff, der in der queeren Theoriebildung von Antke Engel geprägt wurde. Vgl. dazu auch: https://www.campus.de/buecher-campus-verlag/wissenschaft/soziologie/wider_die_eindeutigkeit-1829.html, Datum des letzten Aufrufs: 18.06.2024

18 Siehe zum Beispiel Gal Beckerman: The Quiet Before. On the unexpected origins of radical ideas. London: Penguin, 2023

19 Gal Beckerman im Interview: https://www.zeit.de/kultur/2022-07/gal-beckerman-soziale-medien, Datum des letzten Aufrufs: 04.06.2024

20 Zeynep Tufekci: Twitter and Tear Gas. The Power and Fragility of Networked Protest. New Haven: Yale University Press, 2017

21 Siehe dazu zum Beispiel die Arbeit von Margit Göttert: Macht und Eros. Frauenbeziehungen und weibliche Kulturen um 1900 – eine neue Perspektive auf Helene Lange und Gertrud Bäumer. Königstein i. T.: Ulrike Helmer Verlag, 2000

22 Heike Specht: Die Ersten ihrer Art. Frauen verändern die Welt. München: Piper, 2022, S. 16

KAPITEL 1
FREUNDSCHAFT

1 Zitiert nach Sabine Appel: Caroline Schlegel-Schelling. Das Wagnis der Freiheit. Eine Biographie. München: C.H.Beck Verlag, 2017

2 Erika Alleweldt: Die differenzierten Welten der Frauenfreundschaften. Eine Berliner Fallstudie. Weilerswist: Velbrück Wissenschaft, 2013

3 Erika Alleweldt: Die differenzierten Welten der Frauenfreundschaften. Eine Berliner Fallstudie. Weilerswist: Velbrück Wissenschaft, 2013, S. 224

4 Ursula Nötzoldt-Linden: Freundschaftsmuster. In: Sabine Eickenrodt, Cettina Rapisarda und Ute Pott (Hg.): Quer*elles*. Jahrbuch für Frauenforschung 1998. Band 3: Freundschaft im Gespräch. Stuttgart: J.B. Metzler, 1998, S.114–116

5 Erika Alleweldt: Die differenzierten Welten der Frauenfreundschaften. Eine Berliner Fallstudie. Weilerswist: Velbrück Wissenschaft, 2013, S. 15

6 Ebd., S. 15

7 Emilia Roig: Das Ende der Ehe. Für eine Revolution der Liebe. Feministische Impulse für die Abschaffung einer patriarchalen Institution. Berlin: Ullstein Verlag, 2023, S. 61–67

8 Ebd., S. 63

9 Rhaina Cohen: What If Friendship, Not Marriage, Was at the Center of Life?, 2020, https://www.theatlantic.com/family/archive/2020/10/people-who-prioritize-friendship-over-romance/616779/, zitiert nach Roig, 2023, S. 64

10 Karoline von Günderrode: Der Schatten eines Traumes. Gedichte, Prosa, Briefe, Zeugnisse von Zeitgenossen. Herausgegeben und mit einem Essay von Christa Wolf. Darmstadt: Luchterhand Verlag, 1979, S. 144, zitiert nach Alleweldt, 2013, S. 9

11 Marcus Tullius Cicero und Max Faltner: M. Tulli Ciceronis Laelius de amicitia / Laelius über die Freundschaft: Lateinisch-Deutsch. Berlin, Boston: De Gruyter, 1980, https://doi.org/10.1515/9783110357424

12 Barbara Hahn: Rahel Levin Varnhagen. Briefwechsel mit Pauline Wiesel. Göttingen: Wallstein Verlag, 1997

13 Ebd.

14 Ebd.

15 Hannah Arendt: Rahel Varnhagen. Lebensgeschichte einer deutschen Jüdin. Kritische Gesamtausgabe. Complete Works. Critical Edition. Bd. 2. Hg. Barbara Hahn. Unter Mitarbeit von Johanna Egger und Friederike Wein. Göttingen: Wallstein, 2021

16 Siehe Heidi Thomann Tewarson: Die »große Freundin« und Freundschaftsstifterin Rahel Levin Varnhagen. In: Sabine Eickenrodt, Cettina Rapisarda und Ute Pott (Hg.): Quer*elles*. Jahrbuch für Frauenforschung 1998. Band 3: Freundschaft im Gespräch. Stuttgart: J.B. Metzler, 1998, S. 152–168

17 Zitiert nach Silvia Henke: Alles in und mit Wahrheit, ohne angelernte Flause: Rahel Varnhagen Levin und Pauline Wiesel in ihren Briefen. In: Basler Zeitung, 20.11.1998

18 Silvia Henke: Alles in und mit Wahrheit, ohne angelernte Flause: Rahel Varnhagen Levin und Pauline Wiesel in ihren Briefen. In: Basler Zeitung, 20.11.1998

19 Vom Ende des Jahres 1803 bis 1808 lebten beide in Berlin, im intensiven Austausch, wie die Briefe aus den späteren Jahren belegen. 1808, nach dem Tod ihres Ehemanns Prinz Louis Ferdinand und einigen Affären mit französischen Offizieren, verließ Pauline Wiesel Berlin und lebte fortan vornehmlich in Frankreich, Italien und der Schweiz. Die beiden Freundinnen sahen sich nur noch selten und waren umso mehr auf das briefliche Gespräch angewiesen. Neben den Gemeinsamkeiten geht es in den Briefen auch oft um Unterschiede zwischen den Freundinnen, so schreibt Varnhagen über Wiesel: »[…] zu nennen weiss ich die Prinzipien Ihres ganzen Wesens, Ihres Seyn's besser, als Sie selbst: es ist nur ein Unterschied zwischen uns, Sie leben alles; weil Sie Muth haben, und Glück hatten; ich denke mir das meiste; weil ich kein Glük hatte, und keinen Muth bekam; nicht den, dem Glüke, das Glük abzutrotzen es ihm aus den Händen zu

ringen […]«. Sabine Eickenrodt, Cettina Rapisarda und Ute Pott (Hg.): Quer*elles*. Jahrbuch für Frauenforschung 1998. Band 3: Freundschaft im Gespräch. Stuttgart: J.B. Metzler, 1998, S. 334

20 Siehe Sabine Eickenrodt, Cettina Rapisarda und Ute Pott (Hg.): Quer*elles*. Jahrbuch für Frauenforschung 1998. Band 3: Freundschaft im Gespräch. Stuttgart: J.B. Metzler, 1998, S. 335

21 Karoline von Günderrode: Der Schatten eines Traumes. Gedichte, Prosa, Briefe, Zeugnisse von Zeitgenossen. Herausgegeben und mit einem Essay von Christa Wolf. Darmstadt: Luchterhand Verlag, 1979, S. 144, zitiert nach Alleweldt, 2013, S. 9

22 Erika Alleweldt über die Freundschaft zwischen Rahel Varnhagen und Pauline Wiesel. In: Die differenzierten Welten der Frauenfreundschaften. Eine Berliner Fallstudie. Weilerswist: Velbrück Wissenschaft, 2013, S. 17

23 Beide Zitate bei Heidi Thomann Tewarson: Die »große Freundin« und Freundschaftsstifterin Rahel Levin Varnhagen. In: Sabine Eickenrodt, Cettina Rapisarda und Ute Pott (Hg.): Quer*elles*. Jahrbuch für Frauenforschung 1998. Band 3: Freundschaft im Gespräch. Stuttgart: J.B. Metzler, 1998, S. 156

24 Siehe dazu Christina Thürmer-Rohr: Fremdheiten und Freundschaften. Essays. Bielefeld: transcript Verlag, 2019

25 Michel de Montaigne: Von der Freundschaft. Quaestiones. Mit einem Nachwort von Uwe Schultz. Herausgegeben von Herbert Lüthy. München: dtv, 2005

26 Ebd., S. 13

27 Zitiert nach Heidi Thomann Tewarson: Die »große Freundin« und Freundschaftsstifterin Rahel Levin Varnhagen. In: Sabine Eickenrodt, Cettina Rapisarda und Ute Pott (Hg.): Quer*elles*. Jahrbuch für Frauenforschung 1998. Band 3: Freundschaft im Gespräch. Stuttgart: J.B. Metzler, 1998, S. 163

28 Silvia Henke: Alles in und mit Wahrheit, ohne angelernte Flause: Rahel Varnhagen Levin und Pauline Wiesel in ihren Briefen. In: Basler Zeitung, 20.11.1998

29 Zitiert nach Silvia Henke: Alles in und mit Wahrheit, ohne angelernte Flause: Rahel Varnhagen Levin und Pauline Wiesel in ihren Briefen. In: Basler Zeitung, 20.11.1998

30 Erika Alleweldt: Die differenzierten Welten der Frauenfreundschaften. Eine Berliner Fallstudie. Weilerswist: Velbrück Wissenschaft, 2013, S. 44

31 Ebd., S. 44–51

32 Luc Boltanski und Eve Chiapello: Der neue Geist des Kapitalismus. Konstanz: UVK, 2003, zitiert nach Alleweldt, 2013, S. 51

33 Alleweldt, 2013, S. 51

34 Ursula Nötzoldt-Linden: Freundschaftsmuster. In: Sabine Eickenrodt, Cettina Rapisarda und Ute Pott (Hg.): Quer*elles*. Jahrbuch für Frauenforschung 1998. Band 3: Freundschaft im Gespräch. Stuttgart: J.B. Metzler, 1998, S. 116

35 Ebd.

36 Karoline von Günderrode: Der Schatten eines Traumes. Gedichte, Prosa, Briefe, Zeugnisse von Zeitgenossen. Herausgegeben und mit einem Essay von Christa Wolf. Darmstadt: Luchterhand Verlag, 1979. S. 144, zitiert nach Alleweldt, 2013, S. 9.

37 Silvia Bovenschen: Ach wie schön. In: Sabine Eickenrodt, Cettina Rapisarda und Ute Pott (Hg.): Quer*elles*. Jahrbuch für Frauenforschung 1998. Band 3: Freundschaft im Gespräch. Stuttgart: J.B. Metzler, 1998, S. 36

38 Siehe dazu auch Heidi Thomann Tewarson: Die »große Freundin« und Freundschaftsstifterin Rahel Levin Varnhagen. In: Sabine Eickenrodt, Cettina Rapisarda und Ute Pott (Hg.): Quer*elles*. Jahrbuch für Frauenforschung 1998. Band 3: Freundschaft im Gespräch. Stuttgart: J.B. Metzler, 1998, S. 163

39 Ebd., S. 156

40 Varnhagen, zitiert nach Thomann Tewarson, 1998, S. 155

41 Varnhagen, zitiert nach Thomann Tewarson, 1998, S. 164

42 Ebd., S. 164

43 Christina Thürmer-Rohr: Fremdheiten und Freundschaften. Essays. Bielefeld: transcript Verlag, 2019

44 Silvia Bovenschen: Ach wie schön. In: Sabine Eickenrodt, Cettina Rapisarda und Ute Pott (Hg.): Quer*elles*. Jahrbuch für Frauenforschung 1998. Band 3: Freundschaft im Gespräch. Stuttgart: J.B. Metzler, 1998, S. 59

45 Christina Thürmer-Rohr: Fremdheiten und Freundschaf Essays. Bielefeld: transcript Verlag, 2019

46 Hannah Arendt: Vita Activa oder Vom tätigen Leben. München: Piper, 2002, S. 15, zitiert nach Christina Thürmer-Rohr: Fremdheiten und Freundschaf Essays. Bielefeld: transcript Verlag, 2019, S. 14

47 Christina Thürmer-Rohr: Fremdheiten und Freundschaf Essays. Bielefeld: transcript Verlag, 2019, S. 55

48 Das »Aufeinander-verwiesen-Sein« als Verschiedene und die Fähigkeit, andere zum Gegenüber werden zu lassen, schließt allerdings die Anstrengung ein, auch die mitzudenken, die wir uns nicht ausgesucht haben, auch die, die die Pluralität nicht wollen. Was machen wir, wenn die Brücken der Verständigung vollständig abhandenkommen? Wie gehen wir mit denjenigen um, die das Anliegen des Pluralismus und die Möglichkeit, Differenz und Fremdheit zu akzeptieren, tatsächlich zerstören wollen? Zu diesen Fragen bräuchte es einen weiteren Text.

49 Simone Weil: Schwerkraft und Gnade. Herausgegeben von Charlotte Bohn. Berlin: Matthes & Seitz, 2020

50 Christina Thürmer-Rohr: Fremdheiten und Freundschaf Essays. Bielefeld: transcript Verlag, 2019, S. 54

2
FRAUENBEZIEHUNGEN IN FAMILIEN

1 Luce Irigaray: Genealogie der Geschlechter. Freiburg i. Breisgau: Kore Verlag, 1989, S. 43

2 Clarissa Breu: Die Frau ohne Eigenschaften. In: an.schläge. Das feministische Magazin. 2021, https://anschlaege.at/die-frau-ohne-eigenschaften/, Datum des letzten Abrufs: 04.06.2024

3 Ebd.

4 Ebd.

5 Wie zum Beispiel die Psychologinnen Jean Baker Miller und Irene Pierce Stiver in ihrem Buch »The Healing Connection. How Women Form Relationships in Therapy and Life« nachweisen.

6 Eva von Redecker: Revolution für das Leben. Philosophie der neuen Protestformen. Frankfurt am Main: S. Fischer Verlag, 2020

7 Der Guardian berichtete über die Umfrage von Netmums: Amelia Hill: Most mums admit favouring sons, say researchers. In: Guardian, 06.10.2010, https://www.theguardian.com/society/2010/oct/06/most-mums-favour-sons-survey, Datum des letzten Aufrufs: 17.07.2024.
Die Umfrage wurde nicht gemäß strengen wissenschaftlichen Kriterien durchgeführt, kann aber gleichwohl als Indikator für bestimmte Tendenzen betrachtet werden, die sich, wenn auch weniger drastisch, auch in anderen Studien finden: Eine seriöse Studie bestätigt geschlechterdifferenzierende Tendenzen in der Erziehung: Sara Raley und Suzanne Bianchi: Sons, Daughters, and Family Processes: Does Gender of Children Matter?. In: Annual Review of Sociology. Vol. 32 (2006), S. 401–421. Siehe auch eine weitere Studie zur genderstereotypen Erziehung: Joyce J. Endendijk et al.: Gender Stereotypes in the Family Context: Mothers, Fathers, and Siblings. In: Sex Roles. Vol. 68 (2013), S. 577–590

8 Ebd.

9 Siehe dazu Sara Raley und Suzanne Bianchi: Sons, Daughters, and Family Processes: Does Gender of Children Matter?. In: Annual Review of Sociology. 32 (2006), S. 401–421 Sowie auch: Beverly I. Fagot: Sex differences in toddlers' behavior and parental reaction. In: Developmental Psychology. 10(4) (1974), S. 554–558

10 E. R. Mondschein, K. E. Adolph und C. S. Tamis-LeMonda: Gender bias in mothers' expectations about infant crawling. In: Journal of Experimental Child Psychology. 77(4) (2000), S. 304–316

11 Elizabeth A. Gunderson et al.: Parent Praise to 1-3 Year-Olds Predicts Children's Motivational Frameworks 5 Years Later. In: Child Development. 84(5) (2013), S. 1526–1541 und https://blog.innerdrive.co.uk/do-parents-treat-their-sons-and-daughters-differently, Datum des letzten Aufrufs: 17.07.2024

12 Adrienne Rich: Zwangsheterosexualität und lesbische Existenz. In: Elisabeth List und Herlinde Pauer-Studer: Denkverhältnisse, Feminismus und Kritik. Frankfurt am Main: Suhrkamp, 1989, S. 244–277

13 Im Lukasevangelium zum Beispiel kommt sie etwas ausführlicher vor, Angelika Meirhofer legt hier in ihrer Masterarbeit eine spannende feministische Analyse vor, mit der Maria einen Part bei der Begründung der christlichen Religion und Religionsgemeinschaft erhält: Angelika Meirhofer: Maria – inspirierendes Vorbild für alle! Untersuchung des Marienbildes in den Evangelien nach Lukas und Johannes aus feministischer Perspektive, 2018

14 Klaus Theweleit: Männerphantasien. Berlin: Matthes & Seitz, 2019, S. 457

15 Siehe dazu auch Angelika Meirhofer: Maria – inspirierendes Vorbild für alle! Untersuchung des Marienbildes in den Evangelien nach Lukas und Johannes aus feministischer Perspektive, 2018

16 Angelika Meirhofer: Maria – inspirierendes Vorbild für alle! Untersuchung des Marienbildes in den Evangelien nach Lukas und Johannes aus feministischer Perspektive, 2018, S. 34, 76

17 Das Magnificat verdeutscht und ausgelegt, (WA 7, 546–601), S. 147, zitiert nach Angelika Meirhofer, 2018, ebd., S. 15

18 Angelika Meirhofer: Maria – inspirierendes Vorbild für alle! Untersuchung des Marienbildes in den Evangelien nach Lukas und Johannes aus feministischer Perspektive, 2018, S. 15–16

19 Joh 2,4; zitiert nach Meirhofer, 2018, ebd., S. 50

20 Jürgen Becker: Maria. Mutter Jesu und erwählte Jungfrau. Leipzig: Evangelische Verlagsanstalt, 2001, S. 205, zitiert nach Meirhofer, 2018, S. 59

21 Siehe Heikki Räisänen: Die Mutter Jesu im Neuen Testament. Helsinki : Suomalainen tiedeakatemia, 1969, S. 162, zitiert nach Meirhofer, 2018, S. 59

22 Trotzdem kann man die Stelle auch etwas weniger patriarchal auslegen, wie Meirhofer, 2018, S. 60, ausführt: Man kann das Verhalten Marias auch als eigenständiges Handeln interpretieren, Maria wird dargestellt als eine, die die Bedingungen dafür herstellt, dass Jesus göttlich handelt, die also im Hintergrund ermöglicht, dass ihr Sohn göttlich handeln kann. Dabei geht sie aktiv vor.

23 Siehe Meirhofer, 2018, S. 53

24 Joh 19, 25–27, zitiert nach Meirhofer, 2018, S. 60

25 Judith Hartenstein: Charakterisierung im Dialog: die Darstellung von Maria Magdalena, Petrus, Thomas und der Mutter Jesu im Kontext anderer frühchristlicher Traditionen. Göttingen: Vandenhoeck & Ruprecht, 2007, S. 290, zitiert nach Meirhofer, 2018, S. 62

26 Meirhofer, 2018, S. 62

27 Adriana Cavarero: Platon zum Trotz. Weibliche Gestalten in der Antike. Berlin: Rotbuch-Verlag, 1996, und Ina Praetorius: Xanthippe macht sich auf, Predigt am 01. März 2020 in der Kirche Zürich-Enge, zur Eröffnung der Ausstellung »Schwangerschaft hören« von Christiane Forstnig, veröffentlicht hier: https://inabea.wordpress.com/2020/03/03/xanthippe-macht-sich-auf/, Infos zu Platons Phaidon: www.zeno.org/Philosophie/M/Platon/Phaidon, Datum des letzten Aufrufs: 17.07.2024

28 Siehe Platon, sämtliche Werke, Phaidon, abrufbar unter: www.zeno.org/Philosophie/M/Platon/Phaidon, Datum des letzten Aufrufs: 17.07.2024

29 Siehe Platon, sämtliche Werke, Phaidon, abrufbar unter: www.zeno.org/Philosophie/M/Platon/Phaidon, Datum des letzten Aufrufs: 17.07.2024

30 Ina Praetorius: Xanthippe macht sich auf, Predigt am 01. März 2020 in der Kirche Zürich-Enge, zur Eröffnung der Ausstellung »Schwangerschaft hören« von Christiane Forstnig, veröffentlicht unter: https://inabea.wordpress.com/2020/03/03/xanthippe-macht-sich-auf/, Datum des letzten Aufrufs: 17.07.2024

31 Platon, Gastmahl, Zitate von dieser Webseite: www.zeno.org/Philosophie/M/Platon/Das+Gastmahl, Datum des letzten Aufrufs: 17.07.2024, siehe dazu auch die Analyse von Anja Hänsch: Geburt von Kindern Versus Geistige Geburt. Eine kulturgeschichtliche Konfiguration und ihre phänomenologischen Hintergründe. In: Anja Hänsch, Micha Brumlik und Christoph Wulf: Das Imaginäre der Geburt. Paderborn: Wilhelm Fink Verlag, 2008, S. 19–33, https://doi.org/10.30965/9783846747186_003, Datum des letzten Aufrufs: 04.06.2024

32 Siehe Sabine Seichter: Erziehung an der Mutterbrust. Eine kritische Kulturgeschichte des Stillens. Weinheim: Beltz Juventa, 2019

33 Anja Hänsch: Geburt von Kindern Versus Geistige Geburt. Eine kulturgeschichtliche Konfiguration und ihre phänomenologischen Hintergründe. In: Anja Hänsch, Micha Brumlik und Christoph Wulf: Das Imaginäre der Geburt. Paderborn: Wilhelm Fink Verlag, 2008, S. 19–33, https://doi.org/10.30965/9783846747186_003

34 Ina Praetorius: Wir kommen nackt ins Licht, wir haben keine Wahl: Das Gebären erzählen, das Geborenwerden. 125 Szenen aus der Schönen Literatur zwischen 1760 und 2010. Schwellbrunn: Appenzeller Verlag, 2011

35 Siehe etwa in Martin Heideggers Hautpwerk, »Sein und Zeit«

36 Ina Praetorius (2011): Wir kommen nackt ins Licht, wir haben keine Wahl: Das Gebären erzählen, das Geborenwerden. 125 Szenen aus der Schönen Literatur zwischen 1760 und 2010. Schwellbrunn: Appenzeller Verlag, 2011

37 Siehe etwa Bücher wie »The Managerial Woman« von Margaret Henning und Anne Jardim (1977), in dem erfolgreiche Frauen fast ausschließlich den positiven Einfluss der Väter benennen.

38 Ebenfalls verbreitet ist der Begriff »Muttersohn«. Wenn wir uns kurz an Jesus und Maria erinnern, überrascht es nicht weiter, dass dies eine für erwachsene Männer negative Bezeichnung ist, die Orientierung des Sohnes an der Mutter ist negativ konnotiert, Söhne sollen sich an Vätern, an anderen Männern, an der weiten Welt orientieren. Positiv konnotiert ist umgekehrt der Begriff der »Jungs-Mutter«: Eine Mutter oder Frau, die sich begeistert an Söhnen orientiert, ist kein Problem und sogar wünschenswert.

39 Begriffserklärung zu »Pater Familias« siehe: https://symbolonline.eu/index.php?title=Vater-Tochter-Beziehung, Datum des letzten Aufrufs: 04.06.2024

40 Elisabeth Roudinesco und Michel Plon: Dictionnaire de la psychanalyse. coll. »La Pochothèque«, Paris: Fayard, 2011 (1re éd. 1997), »Nom-du-père«, S. 1071–1073

41 Peter Kaiser: Schwiegermutter mit System. Ressourcen und Anfälligkeiten von Schwiegerbeziehungen. In: Familiendynamik. 38(4) (2013), S. 322–333. 48 Prozent aller Frauen haben laut Umfrage Probleme mit der Mutter ihres Partners, siehe Bericht zur Studie in der SZ: https://www.sueddeutsche.de/service/familie-nur-keine-eifersucht-so-klappt-s-mit-den-schwiegereltern-dpa.urn-newsml-dpa-com-20090101-141112-99-01876, Datum des letzten Aufrufs: 17.07.2024
Siehe auch: Michael E. Woolley und Geoffrey L. Greif: Mother-in-Law Reports of Closeness to Daughter-in-Law: The Determinant Triangle with the Son and Husband. In: Soc Work. 64(1) (2019), S. 73–82

42 Terri Apter: What Do You Want from Me? Learning to Get Along with In-Laws. New York City: W. W. Norton & Company, 2010

43 Ebd.

44 Kate Manne: Down Girl. The Logic of Misogyny. London: Penguin, 2019

45 Terri Apter: What Do You Want from Me? Learning to Get Along with In-Laws. New York City: W. W. Norton & Company, 2010 siehe Auszüge aus dem Buch, Kapitel 4, auf Apters Homepage: https://terriapter.com/2017/10/20/family-matters-learning-to-love-your-in-laws/, Datum des letzten Aufrufs: 17.07.2024

46 Ebd.

47 Zitiert von Terri Apters Homepage, frei übersetzt von Franziska Schutzbach: https://terriapter.com/2017/10/20/family-matters-learning-to-love-your-in-laws/, Datum des letzten Aufrufs: 17.07.2024

48 Terri Apter: What Do You Want from Me? Learning to Get Along with In-Laws. New York City: W. W. Norton & Company, 2010, siehe Auszüge aus dem Buch, Kapitel 4, auf Apters Homepage: https://terriapter.com/2017/10/20/family-matters-learning-to-love-your-in-laws/, Datum des letzten Aufrufs: 17.07.2024

49 Arlie Russell Hochschild und Anne Machung: The Second Shift. Working Families and the Revolution at Home. New York City: Penguin, 2012

50 Terri Apter: What Do You Want from Me? Learning to Get Along with In-Laws. New York City: W. W. Norton & Company, 2010

51 Waqar Husain, Shakeela Ibrahim und Sadia Mushtaq: The relationship between mother-in-law and daughter-in-law: An Eastern perspective. In: Indian Journal of Social Research. Jg. 5, Nr. 2 (2023), S. 1027–1036.

52 Aler Pagente: Social construction of a mother-in-law and daughter-in-law relationship: A case study perspective. In: Sci.Int. (Lahore). 35(6) (2023), S. 815–818

53 Bram Dijkstra: Das Böse ist eine Frau. Männliche Gewaltphantasien und die Angst vor der weiblichen Sexualität. Reinbek: Rowohlt, 1999

54 Siehe dazu auch Franziska Schutzbach: Der Mutter-Tochter-Komplex. In: Das Magazin. 34/2015

55 Vgl. dazu auch: Julia Sproll: Die Beziehung zwischen Mutter und Tochter Isolde in Gottfrieds Tristan. GRIN Verlag, 2007. https://www.grin.com/document/81012, Datum des letzten Aufrufs: 17.07.2024

56 Dies hat u. a. die Mediävistin Ann Marie Rasmussen untersucht: Mothers and Daughters in Medieval German Literature. Syracuse: Syracuse University Press, 1997

57 Hedwig Dohm: Die Mütter. Beitrag zur Erziehungsfrage. Erstdruck: Berlin: S. Fischer Verlag, 1903

58 Siehe den Aufsatz von Sigmund Freud: Über die weibliche Sexualität. In: Internationale Zeitschrift für Psychoanalyse. 17 (1931), S. 317–332. Ausführlich dazu siehe auch Franziska Schutzbach: Die Erschöpfung der Frauen. Wider die weibliche Verfügbarkeit. München: Droemer Verlag, 2021

59 Leila J. Rupp: Sapphistries. A Global History of Love between Women. New York City: NYU Press, 2011

60 Luce Irigaray: Genealogie der Geschlechter. Freiburg i. Breisgau: Kore-Verlag, 1989

61 Franziska Schutzbach: Die Erschöpfung der Frauen. Wider die weibliche Verfügbarkeit. München: Droemer Verlag, 2021

62 Bärbel Wardetzki: Weiblicher Narzissmus. Der Hunger nach Anerkennung. München: Kösel Verlag, 2021

63 Katharina Debus: Und die Mädchen? Modernisierungen von Weiblichkeitsanforderungen. In: Dissens e. V., Katharina Debus, Klaus Schwerma und Olaf Stuve (Hg.): Geschlechterreflektierte Arbeit mit Jungen an der Schule. Texte zur Pädagogik und Fortbildung rund um Jungen, Geschlecht und Bildung. Berlin: Dissens e. V., 2012, S. 103–124

64 Ausführlich hierzu siehe Franziska Schutzbach: Die Erschöpfung der Frauen. Wider die weibliche Verfügbarkeit. München: Droemer Verlag, 2021

65 Antonia Baum: Stilleben. München: Piper, 2019, S. 122

66 Antonia Baum: Stilleben. München: Piper, 2019, S. 123

67 bell hooks: Feminism is for Everybody. Passionate Politics. London: Pluto Press, 2000

68 Brigitte Röder: Göttinnendämmerung. Der Mythos Matriarchat auf dem Prüfstand. In: Connection. 4 (2002), S. 12–15. Und Brigitte Röder, Juliane Hummel und Brigitta Kunz: Göttinnendämmerung. Das Matriarchat aus archäologischer Sicht. München: Droemer Knaur, 1996

69 Siehe etwa Brigitte Röder: All women were young, slim and beautiful in the past, while all men were young, tall and athletic. In: Laura Coltofean-Arizancu, Bisserka Gaydarska und Uroš Matić: Gender stereotypes in archaeology. A short reflection in image and text. Leiden: Sidestone Press, 2021, S. 20–21

70 Zur kritischen Diskussion dieser These siehe etwa Leila J. Rupp in: Sapphistries. A Global History of Love between Women. New York City: NYU Press, 2011

71 Regina Schulte: Opfersemantik und die Bedingungen der Kreativität: Schatten der Töchter, Schwestern, Mütter in den Erinnerungen von Käthe Kollwitz und Marianne Weber. In: L' homme: Zeitschrift für feministische Geschichtswissenschaft. Jg. 15,1 (2004), S. 63–76

72 Hélène Cixous: Das Lachen der Medusa, 1975. Andere hielten nach Erzählungen im klassischen Kanon Ausschau, die bereits selbst emanzipatorische Narrative enthalten. Und wieder andere entwarfen ein ganzes Repertoire an eigenen Mutter-Tochter-Erzählungen, in denen oft die widersprüchliche Gleichzeitigkeit von Identifikation und Abgrenzung beschrieben wird.

73 Homerus: Homerische Hymnen. Griechisch und Deutsch, herausgegeben von Anton Weiher. München: Heimeran, 1951, V. 435–436

74 Carl Kerényi: Eleusis. Archetypal Image of Mother and Daughter. Princeton: Princeton University Press, 1991

75 Homerus: Homerische Hymnen. Griechisch und Deutsch, herausgegeben von Anton Weiher. München: Heimeran, 1951, V. 435–436

76 Hélène Cixous: Castration or Decapitation? In: Robert Con Davis und Robert Scheifler (Hg.): Contemporary Literary Criticism. Literary and Cultural Studies. New York: Longman, 1989

77 Julia Klebs: Der Raub der Proserpina. Kultur- und Geschlechtergeschichte einer mythischen Figur. Berlin: Ripperger & Kremers Verlag, 2019, S. 159–160

78 Hélène Cixous: Geschlecht oder Kopf? In: Karlheinz Barck, Peter Gente, Heidi Paris und Stefan Richter (Hg.): Aisthesis. Wahrnehmung heute oder Perspektiven einer anderen Ästhetik. Leipzig: Reclam, 1990, S. 102

79 Ebd. Weitere aufschlussreiche feministische Märcheninterpretationen siehe: Helga Kraft und Elke Liebs: Mütter-Töchter-Frauen. Weiblichkeitsbilder in der Literatur. Stuttgart: J.B. Metzler, 1993

80 Luce Irigaray: Eine bewegt sich nicht ohne die andere. In: Freibeuter. Vierteljahreszeitschrift für Kultur und Politik. 2 (1979), S. 72–78

81 Ebd., S. 73

82 Ebd., S. 72 f.

83 Ebd., S. 72 f., weiterführend zu Irigaray siehe auch Andrea Maria Zimmermann: Kritik der Geschlechterordnung. Selbst-, Liebes- und Familienverhältnisse im Theater der Gegenwart. Bielefeld: transcript Verlag, 2017

84 Kim de L'Horizon: Blutbuch. Köln: Dumont, 2022, S. 192–193

85 Kim de L'Horizon: Blutbuch. Köln: Dumont, 2022, S. 192–193

86 Ausführlich dazu habe ich bereits in »Die Erschöpfung der Frauen« geschrieben.

3
REVOLUTION DER LIEBE

Der Abdruck des Zitats von Annemarie Schwarzenbach erfolgt mit freundlicher Genehmigung des Kein und Aber Verlags. Annemarie Schwarzenbach: Eine Frau zu sehen. Zürich, Kein & Aber AG 2008, S. 5.

1 Vgl. https://frauenmediaturm.de/historische-frauenbewegung/nichts-ist-unmoeglich-anita-augspurg-eine-biographische-recherche/, Datum des letzten Aufrufs: 02.07.2024

2 Christiane Berneike: »Nichts ist unmöglich«: Anita Augspurg – eine biographische Recherche. In: Frau ohne Herz: Feministische Lesbenzeitschrift. 33 (1994), S. 3–9 (Christiane Berneike ist identisch mit Christiane Henke, die 2000 im Rowohlt Verlag (Reihe: rowohlts monographien) die Biografie »Anita Augspurg« publizierte.)

3 Ebd.

4 Vortrag von Christiane Berneike an der Gedenkveranstaltung für Anita Augspurg 1993: https://frauenmediaturm.de/historische-frauenbewegung/nichts-ist-unmoeglich-anita-augspurg-eine-biographische-recherche/, Datum des letzten Aufrufs: 02.07.2024

5 Birte Förster: Friedensmacherinnen. Der Frauenfriedenskongress in Zürich 1919. 2019, https://www.bpb.de/shop/zeitschriften/apuz/288780/friedensmacherinnen/#footnote-target-15, Datum des letzten Aufrufs: 02.07.2024

6 Anna Dück, Schweizerische Lehrerinnenzeitung, 1918–1919

7 Birte Förster (2019): Friedensmacherinnen. Der Frauenfriedenskongress in Zürich 1919. 2019, https://www.bpb.de/shop/zeitschriften/apuz/288780/friedensmacherinnen/#footnote-target-17, Datum des letzten Aufrufs: 02.07.2024

8 Ebd.

9 Ausführlich zur Ausradierung feministischer Einflüsse auf friedenspolitische Entwicklungen siehe Kristina Lunz: Die Zukunft der Außenpolitik ist feministisch. Wie globale Krisen gelöst werden müssen. Berlin: Econ, 2022, S. 121–131

10 Anna Dück, Schweizerische Lehrerinnenzeitung, 1918–1919, S. 199

11 Ebd.

12 Zitiert nach Andrea Kampf: Frauenpolitik und politisches Handeln von Frauen während der Bayerischen Revolution 1918/1919, S. 9, : https://d-nb.info/1140737147/34, Datum des letzten Aufrufs: 17.07.2024

13 Bianca Walther über Anita Augspurg im Podcast HerStory. Jasmin Lörchner: Anita Augspurg: Die unbeugsame Frauenrechtlerin. In: Podcast HerStory, 15.11.2020, https://herstorypod.de/podcast/anita-augspurg-die-unbeugsame-frauenrechtlerin/, Datum des letzten Aufrufs: 17.07.2024

14 Zitiert nach Berneike: Vortrag von Christiane Berneike an der Gedenkveranstaltung für Anita Augspurg 1993: https://frauenmediaturm.de/historische-frauenbewegung/nichts-ist-unmoeglich-anita-augspurg-eine-biographische-recherche/, Datum des letzten Aufrufs: 17.07.2024

15 Ebd.

16 Anna Dünnbier und Ursula Scheu: Die Rebellion ist eine Frau. München: Hugendubel, 2002, Anita Augspurg und Lida Gustava Heymann. Das schillerndste Paar der Frauenbewegung. Hugendubel, S. 162

17 Ebd., S. 79

18 Ebd.

19 Ebd.

20 Ebd., S. 295–296

21 Ebd., S. 295

22 Ebd., S. 302

23 Lida Gustava Heymann: Erlebtes – Erschautes. Deutsche Frauen kämpfen für Freiheit, Recht und Frieden 1850–1940 [1941], herausgegeben von Margrit Twellmann [1972]. Frankfurt am Main: Ulrike Helmer Verlag, 1992, S. 327

24 Dolores Zoé Bertschinger: Für eine feministische Öffentlichkeit. Wie wir den Feminismus wieder als Kritik an der Gesellschaft begreifen können. In: Widerspruch. 68 (2016), S. 145: https://doi.org/10.5169/seals-780980, Datum des letzten Aufrufs: 02.07.2024

25 Sonja Eismann: Iris von Roten. Hier sind die Frauen. In: Olympe. Feministische Arbeitshefte zur Politik. 28 (2009), S. 54–58

26 Eine lange Liebes- und Arbeitsbeziehung verband Schirmacher mit der um 13 Jahre älteren Klara Schleker, die sie 1903 im Kontext der Frauenbewegung kennenlernte und mit der sie ab 1910 einen Wohnsitz in der mecklenburgischen Provinz teilte. Der umfangreiche Briefwechsel zwischen den beiden Frauen ist als außergewöhnlich zu bewerten, weil die romantische, erotische, zuweilen sexuelle Ebene der Beziehung darin expliziter deutlich wird als in den überlieferten Korrespondenzen anderer Frauenpaare. Siehe dazu Elisa Heinrich und Corinna Oesch: Prekäre Strategien? Käthe Schirmachers Agieren in Frauenbewegungen vor dem Ersten Weltkrieg. In: Ariadne: Forum für Frauen- und Geschlechtergeschichte. Nr. 67–68 (2015), S. 100–108. https://doi.org/10.25595/1595, Datum des letzten Aufrufs: 17.7.2024

27 Ebd.

28 Anna Dünnebier und Ursula Scheu: Die Rebellion ist eine Frau. Anita Augspurg und Lida Gustava Heymann. Das schillerndste Paar der Frauenbewegung. München: Hugendubel, 2002, S. 177

29 Heymann sagte 1907 auf einer Veranstaltung des Verbandes Fortschrittlicher Frauenvereine in Frankfurt am Main mutmaßlich, dass man sich nicht scheuen dürfe, »Gesetze für die Vernichtung körperlicher und geistiger Krüppel« zu erlassen (zitiert aus der Frankfurter Zeitung vom 27.09.1907, Nr. 268), siehe auch: https://couragierte-lesben-preis.nrw/historie/, Datum des letzten Aufrufs: 17.07.2024. Zur Distanzierung Heymanns von rassistischen Positionen, etwa in Briefen an Käthe Schirmacher, siehe Elisa Heinrich und Corinna Oesch: Prekäre Strategien? Käthe Schirmachers Agieren in Frauenbewegungen vor dem Ersten Weltkrieg. In: Ariadne: Forum für Frauen- und Geschlechtergeschichte. Nr. 67–68 (2015), S. 100–108. https://doi.org/10.25595/1595, Datum des letzten Aufrufs: 17.07.2024

30 In einem Gutachten kommt die Historikerin Kerstin Wolff 2015 zu dem Ergebnis, dass sich zu dieser Zeit radikale Frauenrechtlerinnen stark mit Bevölkerungsfragen beschäftigten, »da sich hier ein gesellschaftliches Feld

zu öffnen schien, auf dem es möglich werden könnte, Diskriminierungen von Frauen und konservative Moralvorstellungen effektiv zu bekämpfen«. Das habe dazu geführt, dass Frauenrechtler:innen wie Heymann und Augspurg – wie viele in ihrer Zeit – zwischen »minderwertigem« und »höherwertigem« Leben unterschieden. Wolff stellte in ihrem Gutachten aber auch fest, dass sich radikale Feministinnen zu dieser Zeit stärker auf sogenannte »positive« bevölkerungspolitische Maßnahmen verstiegen hätten als auf »negative«, die auf die Ausmerzung von Leben hinausliefen. Gutachten von Wolff, zitiert nach queer.de: Menschenverachtende Aussagen. Augspurg-Heymann-Preis: LAG Lesben reflektiert Kritik an Namensgeberinnen, 22.09.2015, https://www.queer.de/detail.php?article_id=24652, Datum des letzten Aufrufs: 02.07.2024

31 Christiane Henke: Anita Augspurg. Reinbek: Rowohlt Verlag, 2000, S. 61 f., zitiert gemäß der Webseite »Lesbengeschichte.org«: https://www.lesbengeschichte.org/bio_augspurg_d.html, Datum des letzten Aufrufs: 02.07.2024

32 Das damalige »feministische Rassenhygieneverständnis« Augspurgs zeichnet sich Kerstin Wolff zufolge durch ein Festhalten am Grundrecht ALLER Menschen auf individuelle Freiheit aus. Sie verstanden Rassenhygiene immer als freiwillige, eigenverantwortliche Fortpflanzungsauslese, siehe die Ausführung zu Kerstin Wolffs Gutachen auf: https://couragierte-lesben-preis.nrw/historie/, Datum des letzten Aufrufs: 17.07.2024

33 Siehe etwa dazu den Text von Elisa Heinrich und Corinna Oesch: Prekäre Strategien? Käthe Schirmachers Agieren in Frauenbewegungen vor dem Ersten Weltkrieg. In: Ariadne: Forum für Frauen- und Geschlechtergeschichte. Nr. 67 -68 (2015), S. 100–108, https://doi.org/10.25595/1595, Datum des letzten Aufrufs: 17.07.2024

34 Dolores Zoé Bertschinger: Für eine feministische Öffentlichkeit. Wie wir den Feminismus wieder als Kritik an der Gesellschaft begreifen können. In: Widerspruch. 68 (2016), S. 145, https://doi.org/10.5169/seals-780980, Datum des letzten Aufrufs: 17.07.2024

35 Alix Kates Shulman: Dances with feminists. In: Women's Review of Books, Band IX, Nr. 3 (Dezember 1991): »I want freedom, the right to self-expression, everybody's right to beautiful radiant things«, https://web.archive.org/web/20070206053801/http://sunsite3.berkeley.edu/Goldman/Features/dances_shulman.html, Datum des letzten Aufrufs: 02.07.2024

36 Annelise Orleck: »Rose Schneiderman«. In: Shalvi/Hyman Encyclopedia of Jewish Women. 20.03.2009. Jewish Women‹s Archive, https://jwa.org/encyclopedia/article/schneiderman-rose, Datum des letzten Aufrufs: 24.07.2024

37 https://www.sozialismus.info/2012/02/14664/, Datum des letzten Aufrufs: 02.07.2024

38 Verena Stefan: Häutungen. Autobiografische Aufzeichnungen, Gedichte, Träume, Analysen. München: Frauenoffensive, 1976 [1975]

39 Stefans Ziel ist es, alte Formen der Sexualität niederzureißen, dazu muss man aus ihrer Sicht zuallererst auch die Sprache über weibliche Sexualität neu erfinden. Ihr Schreiben bricht mit literarischen Stilen, mit Grammatik, Interpunktion, mit der Groß- und Kleinschreibung, alles ist kleingeschrieben.

40 Verena Stefan: Häutungen. Autobiografische Aufzeichnungen, Gedichte, Träume, Analysen. München: Frauenoffensive, 1976 [1975]

41 Christa Binswanger: Sexualität – Geschlecht – Affekt. Sexuelle Scripts als Palimpsest in literarischen Erzähltexten und zeitgenössischen theoretischen Debatten. Bielefeld: transcript Verlag, 2020, S. 126

42 Stefan, 1976, S. 36, zitiert nach Binswanger, 2020

43 Siehe dazu u. a. Andrea Bührmann: Das authentische Geschlecht: Die Sexualitätsdebatte der Neuen Frauenbewegung und die Foucaultsche Machtanalyse. Münster: Westfälisches Dampfboot, 1995

44 Stefan 1976, S. 57

45 Verena Stefan: Häutungen. Frankfurt am Main: S. Fischer Verlag, 1994 [1975], S. 33

46 Stefan, zitiert nach Brigitta Bernet »Die Fälschungen der eigenen Geschichte korrigieren«. Poesie und Politik in Verena Stefans »Häutungen«, https://geschichtedergegenwart.ch/die-faelschungen-der-eigenen-geschichte-korrigieren-poesie-und-politik-in-verena-stefans-haeutungen/, Datum des letzten Aufrufs: 02.07.2024

47 Stefan im Interview mit Heide Oestreich 2008, https://taz.de/Schriftstellerin-Verena-Stefan/!5182326/, Datum des letzten Aufrufs: 02.07.2024. Ausführlich zu Stefans Transformationsprozessen siehe auch Christa Binswanger: Sexualität – Geschlecht – Affekt. Sexuelle Scripts als Palimpsest in literarischen Erzähltexten und zeitgenössischen theoretischen Debatten. Bielefeld: transcript Verlag, 2020

48 Verena Stefan: Häutungen. Frankfurt am Main: S. Fischer Verlag, 1994 [1975], S. 9

49 Brigitte Classen und Gabriele Goettle: »Häutungen«, eine Verwechslung von Anemone und Amazone. In: Courage. Berliner Frauenzeitung. Band 1976, Nr. 1. (1976), S. 45–46

50 Stefan im Interview mit Heide Oestreich 2008, https://taz.de/Schriftstellerin-Verena-Stefan/!5182326/, Datum des letzten Aufrufs: 02.07.2024

51 Verena Stefan: Kakophonie – Vorwort zur Neuausgabe von 1994. In: Häutungen. Mit einem Vorwort zur Neuausgabe (= Die Frau in der Gesellschaft). Frankfurt am Main: S. Fischer Verlag, 1994

52 Christa Binswanger verweist in ihrer Stefan-Analyse auf den bekannten Aufsatz »Der schielende Blick: Thesen zur Geschichte weiblicher Schreibpraxis« von Sigrid Weigel 1983. Sigrid Weigel. In: Inge Stephan und Sigrid Weigel (Hg.): Die verborgene Frau: Sechs Beiträge zu einer feministischen Literaturwissenschaft, Berlin: Argument Verlag, 1983, S. 83–137

53 Lea Dora Illmer: 10 Gründe und ein Vorbehalt, Verena Stefan neu zu lesen, 2022: https://theartofintervention.wordpress.com/2022/02/14/10-grunde-und-ein-vorbehalt-verena-stefan-neu-zu-lesen/, Datum des letzten Aufrufs: 13.06.2024. Eine kleine, aber in diesem Zusammenhang doch relevante Randbemerkung ist, dass mein eigenes Anknüpfen an Verena Stefan in diesem Text beeinflusst ist von Frauen in der Schweiz, die sich auf Stefan beziehen und die ich persönlich kenne: Die Geschlechterforscherin und Aktivistin Lea Dora Illmer, die Historikerin und Lesbenforscherin Madeleine Marti, die Literaturwissenschaftlerin Christa Binswanger, die Historikerin Brigitta Bernet. Sie alle haben über Verena Stefan geschrieben, und sie haben meine feministischen Wege in der Schweiz in unterschiedlicher Weise gekreuzt, beeinflusst und mich dazu animiert, in Stefans Werk einzutauchen. Es ist eine kleine Anekdote, aber für die Revolution der Verbundenheit, um die es in diesem Buch geht, entscheidend. Auch dieses Buch entsteht aus einer bestimmten Zeit und aus feministischen gelebten Kontexten und Beziehungen heraus.

54 Ebd.

55 Verena Stefan, 1994, S. 113, zitiert nach Illmer, https://theartofintervention.wordpress.com/2022/02/14/10-grunde-und-ein-vorbehalt-verena-stefan-neu-zu-lesen/, Datum des letzten Aufrufs: 02.07.2024

56 Ruth Schweikert: Und dann ~~plötzlich~~ diese Wut. In: Jil Erdmann (Hrsg.): Frauen erfahren Frauen. Zürich: Verlag sechsundzwanzig, 2021, S. 23

57 Vgl. Emilia Roig: Das Ende der Ehe. Für eine Revolution der Liebe. Feministische Impulse für die Abschaffung einer patriarchalen Institution. Berlin: Ullstein Verlag, 2023

58 Zitiert nach Sheila Jeffreys: Ketzerinnen. Lesbischer Feminismus und die Lesbisch-sexuelle Revolution. München: Frauenoffensive, 1994, S. 148/149

59 Marie-Jo Bonnet: Un choix sans équivoque. Recherches historiques sur les relations amoureuses entre les femmes. XVIe–XXe siècle. Paris: Denoël, 1981, zitiert und übersetzt nach Hanna Hacker: Frauen* und Freund_innen. Lesarten »weiblicher Homosexualität«. Österreich, 1870–1938. Wien: Zaglossus Verlag, 2015, S. 188

60 Ausführlich siehe Sheila Jeffreys: Ketzerinnen. Lesbischer Feminismus und die Lesbisch-sexuelle Revolution. München: Frauenoffensive, 1994

61 Jil Johnston: Lesbian Nation, The feministi solution. New York: Simon and

Schuster, 1973, weiterführend über lesbischen Separatismus siehe auch: https://www.newyorker.com/magazine/2009/03/02/lesbian-nation, Datum des letzten Aufrufs: 02.07.2024

62 Nancy Chodorow: The Reproduction of Mothering: Psychoanalysis and the Sociology of Gender. Berkeley: University of California Press, 1978

63 Virginie Despentes im Kapitel »Virginie Despentes«. In: Annick Cojean: Was uns stark macht. Begegnungen mit Patti Smith, Virginie Despentes, Joan Baez, Brigitte Bardot u. a. Berlin: Aufbau Verlag, 2019, S. 61

64 Siehe Adrienne Rich: Zwangsheterosexualität und lesbische Existenz. In: Elisabeth List: Denkverhältnisse. Feminismus und Kritik. Frankfurt am Main: Suhrkamp, 1989 [1972], S. 244–278

65 Ebd., S. 263 – 264

66 Ebd., S. 266

67 Ausführlich dazu siehe: Lillian Faderman: Surpassing the love of men: Romantic Friendship and Love between women from the renaissance to the present. New York City: William Morrow & Company, 1981, S. 24

68 Helene Stöcker: Abarten der Liebe. In: Die neue Generation. 10 (1914), S. 382

69 Ausführlich dazu siehe Hanna Hacker: Frauen* und Freund_innen. Lesarten »weiblicher Homosexualität«. Österreich, 1870–1938. Wien: Zaglossus Verlag, 2015, und Ilse Kokula: Weibliche Homosexualität um 1900 in zeitgenössischen Dokumenten. München: Frauenoffensive, 1981

70 Eberhard F. W.: Feminismus und Kulturuntergang. Frauenemanzipation und ihre erotischen Grundlagen. Wien: W. Braumüller, 1924, zitiert nach Ilse Kokula, Weibliche Homosexualität um 1900 in zeitgenössischen Dokumenten. München: Frauenoffensive, 1981. Homosexualität: Die große Gefahr der weiblichen Homosexualität für die Ordnung des Patriarchats. Wird deutlich in den Hetzschriften, zum Beispiel von Eberhard, um 1900, siehe im Buch von Ilse Kokula, »Weibliche Homosexualität«, S. 50. Die Liebe der Frauen zueinander gefährdet die Gesellschaft sogar mehr als männliche Homosexualität, wurde angenommen. Grund für die Gefahr ist, dass sich diese Frauen von der »normalgeschlechtlichen« Sexualität abwenden und mit Raffinesse auch andere Frauen, die jungen, dazu verführen, sie »pervers« machen und also von den Männern wegholen.

71 Ebd., zitiert nach Kokula 1981, S. 51

72 Helene Stöcker: Abarten der Liebe. In: Die neue Generation. 10 (1914), S. 382

73 Kristen Ghodsee: Utopien für den Alltag. Eine kurze Geschichte radikaler Alternativen zum Patriarchat. Berlin: Suhrkamp Verlag, 2023, S. 345

74 »Wo die wilden Kerle wohnen« (englischer Originaltitel: »Where the Wild

Things Are«) ist ein erstmals 1963 von Harper & Row veröffentlichtes Kinder- und Bilderbuch des US-amerikanischen Autors und Illustrators Maurice Sendak. Im Jahr 1967 erschien die erste deutschsprachige Übersetzung von Claudia Schmölders im Diogenes Verlag.

75 The Traditions of the Hopi. Origin Myth, https://sacred-texts.com/nam/hopi/toth/toth002.htm, Datum des letzten Aufrufs: 02.07.2024

76 Ausführlich Leila J. Rupp: Sapphistries. A Global History of Love between Women. New York City: NYU Press, 2011, S. 14

77 Ausführlich siehe Rupp, 2011, S. 18

78 Erst später beginnen die Fantasien über die Liebe der Amazonen, ein Beispiel aus dem 21. Jahrhundert ist Erica Jongs Roman »Sappho's Leap« von 2003, dort zeichnet sie die Amazonen als Ausgangspunkt einer fluiden Sexualität. Die Amazonen lieben vornehmlich Frauen, einige sind gleichzeitig auch an Männern interessiert.

79 … und auch darüber, inwiefern Homosexualität bei Frauen, da sie doppelt diskriminiert sind, anders ist. Sie wendet sich auch gegen eine biologistische Definition von Homosexualität; dass die Frau aus der bürgerlich-patriarchalen Rechtsordnung der Freien und Gleichen ausgeschlossen ist, hat auch eine grundlegende Differenz zwischen weiblicher und männlicher Homosexualität zur Folge, ausführlich dazu Heide Schlüpmann: Homosexualität in der Zeitschrift »Die neue Generation«. In: Feministische Studien, Studien. Band 7, Heft 2 (1989), S. 124–130

80 Zitiert nach Heide Schlüpmann: Homosexualität in der Zeitschrift »Die neue Generation«. In: Feministische Studien. Band, 7 Heft 2 (1989), S. 124 – 130

81 Ebd. Stöcker verband dieses emanzipatorische Gedankengut aber auch mit eugenischen Ideen. Sie war zwar eine glühende Gegnerin des Nationalsozialismus und Antisemitismus und floh aus dem nationalsozialistischen Deutschland nach Schweden und später nach New York. Allerdings formulierte sie auch Überlegungen zur »Optimierung« der Natur und beschäftigte sich in diesem Zusammenhang mit der Eugenik. Siehe hierzu zum Beispiel Martina Hein: Die Verknüpfung von emanzipatorischem und eugenischem Gedankengut bei Helene Stöcker (1869–1943). Bremen: Dissertation Universität Bremen, 1998

82 Corinne Rufli: Seit dieser Nacht war ich wie verzaubert. Frauenliebende Frauen über siebzig erzählen. Zürich: Hier und Jetzt Verlag, 2023, S. 12

83 Christina Caprez: Ihrer Zeit voraus. In: bref. 13 (2020), S. 5–13

84 Ebd.

85 Serena Owusua Dankwa: Knowing Women. Same-Sex Intimacy, Gender, and Identity in Postcolonial Ghana. Cambridge: Cambridge University Press, 2021

86 Siehe Dankwa in einem Vortrag bei AFI, African Feminist Initiative, Feminist Book Talks: https://afi.la.psu.edu/programming/feminist-lectures/serena-o-dankwa-knowing-women-same-sex-intimacy-gender-and-identity-in-postcolonial-ghana/, Datum des letzten Aufrufs: 17.07.2024. Dankwa beschreibt hier auch sehr eindrücklich, wie sie als westlich geprägte queere Frau und Forscherin ihre eigene Prägung und Sichtweisen verlernen musste, um einen freien Blick auf die Geschichten der Frauen in Ghana haben zu können. Die Herausforderung bestand darin, Frauen zu identifizieren, die intim miteinander verbunden waren, ohne dabei den Vorrang ihrer sexuellen Beziehung vor anderen Aspekten ihrer Freundschaft oder gar eine feste Grenze zwischen sexueller und nicht sexueller Intimität zu unterstellen. Es ist, wie Dankwa sagt, die Krux ihres Buches: »Inwieweit ist Sexualität als analytische Kategorie geeignet, um gleichgeschlechtliche Wünsche und Intimitäten zu erfassen?« (Übersetzung aus dem Englischen von Franziska Schutzbach)

87 Weiterführend zur komplexen Identifizierung der befragten Frauen siehe Dankwa im Vortrag, ebd. Oder in ihrem Buch: Serena Owusua Dankwa: Knowing Women. Same-Sex Intimacy, Gender, and Identity in Postcolonial Ghana. Cambridge: Cambridge University Press, 2021

88 Antke Engel: Wider die Eindeutigkeit. Sexualität und Geschlecht im Fokus queerer Politik der Repräsentation. Frankfurt am Main / New York City: Campus Verlag, 2022

89 Ausführlich siehe Claire Colebrook: From Radical Representations to Corporeal Becomings: The Feminist Philosophy of Lloyd, Grosz, and Gatens. In: Hypatia. Jg. 15 Nr. 2 (2000), S. 76–93

90 Über die Praxen der Veruneindeutigung siehe auch die folgenden Videos über Queer Theory: Körper. Figurationen. Welten. Drei Videos von Antke A. Engel und Filmfetch, 15.02.2021, https://www.fernuni-hagen.de/bildungswissenschaft/bildung-differenz/video-audio/queer-theory-videos/, Datum des letzten Aufrufs: 02.07.2024

91 Verena Stefan: Häutungen. Autobiografische Aufzeichnungen, Gedichte, Träume, Analysen. München: Frauenoffensive, 1976 [1975], S. 83

92 X Schneeberger: Neon Pink & Blue. Biel/Bienne: verlag die brotsuppe, 2020, S. 192–193

4
SISTERHOOD

Der Abdruck des Gedichts von Lucille Clifton erfolgt mit freundlicher Genehmigung von BOA Editions Ltd. Lucille Clifton: Good Woman: Poems and a Memoir 1969-1980. BOA Editions Ltd., www.boaeditions.org, 1987

1 Lucille Clifton: Good Woman: Poems and a Memoir 1969–1980. Rochester: BOA Editions, 1987
2 Martin Jösel: 1945: Krieg und Befreiung. Marie Luise Kaschnitz in Basel. In: Christoph Merian Stiftung (Hg.): Basler Stadtbuch 1995, 1996, S. 19–21, https://www.baslerstadtbuch.ch/.permalink/stadtbuch/4b9ddf91-7ac9-4c9f-82c7-b726e36f5cb3, Datum des letzten Aufrufs: 25.07.2024
3 Shelley Berlowitz, Elisabeth Joris und Zeedah Meierhofer-Mangeli (Hg.): Terra Incognita? Der Treffpunkt Schwarzer Frauen in Zürich. Zürich: Limmat Verlag, 2013
4 Audre Lorde: The Uses of Anger. In: Sister Outsider: Essays and Speeches. Berkeley: Crossing Press, 1984
5 Walter Benjamin: Über den Begriff der Geschichte. In: Institut für Sozialforschung: Walter Benjamin zum Gedächtnis. Herausgegeben von Max Horkheimer und Theodor W. Adorno, Los Angeles, 1942
6 Audre Lorde: Sister Outsider. Essays. München: Hanser, 2021, S. 26
7 Chandra Talpade Mohanty: Feminist Encounters: Locating the Politics of Experience. In: Michèle Barrett und Anne Phillips (Hg.): Destabilizing Theory. Contemporary Feminist Debates. Stanford: Stanford University Press, 1992, S. 74–92
8 Zum Beispiel in: Audre Lorde: »The Master's Tools Will Never Dismantle the Master's House [1984]. In: Sister Outsider: Essays and Speeches. Berkeley: Crossing Press, 2007, S. 110–114.
9 Margit Göttert: Macht und Eros. Frauenbeziehungen und weibliche Kultur um 1900 – Eine neue Perspektive auf Helene Lange und Gertrud Bäumer. Königstein i. T.: Ulrike Helmer Verlag, 2000
10 Sara Lennox: Geteilter Feminismus: Der Umgang mit Differenzen unter Frauen in Deutschland und den USA. In: Freiburger FrauenStudien 1 (1995), S. 133–149
11 Margarete Mitscherlich: Antisemitismus – Eine Männerkrankheit? Die friedfertige Frau. Frankfurt am Main: S. Fischer Verlag, 1985, S. 148–160
12 Christina Thürmer-Rohr: Vagabundinnen. Feministische Essays. Berlin: Orlanda Frauenverlag, 1987
13 Siehe dazu auch das Buch von Phyllis Chesler: Woman's Inhumanity to Woman. New York City: Nation Books, 2002

14 Cherríe Moraga und Gloria Anzaldúa (Hg.): In: This Bridge Called My Back. Writings by Radical Women of Color. Watertown: Persephone Press, 1981, S. 27. Sinngemäß übersetzt: Wir alle waren und sind in irgendeiner Weise sowohl Unterdrückte als auch Unterdrücker:innen. Wir haben uns gegenseitig im Stich gelassen, haben die Werte der Unterdrücker in unser Herz aufgenommen und sie gegen uns selbst und gegeneinander gerichtet. Wir haben Angst, zuzugeben, wie tief die Worte des Mannes in uns eingegraben worden sind.

15 Kate Manne: Down Girl. Die Logik der Misogynie. Frankfurt am Main: Suhrkamp, 2019

16 Kelli Zaytoun und Judith Ezekiel: Sisterhood in Movement: Feminist Solidarity in France and the United States. In: Frontiers: A Journal of Women Studies. Jg. 37, Nr. 1 (2016), S. 195 – 214

17 Steinem, zitiert nach Minna Salami: Sinnliches Wissen. Eine schwarze feministische Perspektive für alle. Berlin: Matthes & Seitz, 2021, S. 158

18 Siehe Kelli Zaytoun und Judith Ezekiel: Sisterhood in Movement: Feminist Solidarity in France and the United States. In: Frontiers: A Journal of Women Studies. Jg. 37, Nr. 1 (2016), S. 195–214

19 Zur Rolle der Schwesterlichkeit zwischen US-amerikanischer und britischer Frauenbewegung siehe: Béatrice Bijon und Claire Delahaye: »Forward, sisters, forward!« Community as Family in the British and American Suffrage Movements. In: Claudette Fillard und Françoise Orazi (Hg.): Exchanges and Correspondence. The Construction of Feminism. Newcastle upon Tyne: Cambridge Scholars Press, 2010, S. 98 – 114

20 Jules Michelet: Die Frauen der Revolution. Herausgegeben und übersetzt von Gisela Etzel. Frankfurt am Main: Insel Verlag, 1984, S. 24

21 Louise Otto-Peters: Programm. In: Frauen-Zeitung. Jg. 1 (21.04.1949)

22 Bertha von Suttner: Die Waffen nieder!. Dresden: Verlag Edgar Pierson, 1889, S. 150

23 In Frankreich blieben gleichwohl viele Feminist:innen kritisch. Obwohl sie sich in ihrer Begrifflichkeit durchaus auf US-amerikanische Bewegungen wie das Black Power Movement bezogen, blieb die Skepsis gegenüber der Schwesterlichkeit bestehen. Dies hatte auch damit zu tun, dass die feministische Bewegung im Frankreich der 1970er-Jahre stark marxistisch geprägt war und früh dekonstruktivistische, antiessenzialistische Perspektiven vertrat, das heißt: Frauen wurden nicht als eine homogene Gruppe verstanden, man verwehrte sich gegen naturalisierende Zuschreibungen, gegen eine Vorstellung von Geschlecht, bei der Frausein einfach aus der Biologie abgeleitet wurde. Damit einher ging auch, dass man kritisch gegenüber einer familial anmutenden Terminologie war, da es gerade darum ging, die bürgerliche Familie abzuschaffen.

24 Brigitte Rauschenbach: Freiheit, Gleichheit, Schwesterlichkeit. 200 Jahre danach. In: Beiträge zur feministischen Theorie und Praxis, Jg. 12, Nr. 25/26 (1989). Und Ruth Jung: Von der Brüderlichkeit zur Schwesterlichkeit: Olympe de Gouges, Streiterin der Frauenrechte. In: Hessische Landeszentrale für politische Bildung (Hg.): Freiheit, Gleichheit, Schwesterlichkeit: Männer und Frauen zur Zeit der Französischen Revolution; Dokumentation einer Tagung an der Philipps-Universität Marburg vom 14.–16. Juni 1989. Wiesbaden : Hessische Landeszentrale für Politische Bildung, 1989

25 Brigitte Rauschenbach: Freiheit, Gleichheit, Schwesterlichkeit. 200 Jahre danach. In: Beiträge zur feministischen Theorie und Praxis, Jg. 12, Nr. 25/26 (1989), S. 231

26 Siehe dazu bell hooks: Feminist Theory: From Margin to Center. Boston: South End, 1984

27 Kelli Zaytoun und Judith Ezekiel: Sisterhood in Movement: Feminist Solidarity in France and the United States. In: Frontiers: A Journal of Women Studies. Jg. 37, Nr. 1 (2016), S. 199

28 Ebd.

29 Organisierte Schwesterlichkeit fand auch auf dem internationalen Parkett statt, siehe dazu etwa Eva Schöck-Quinteros et al. (Hg.): »Politische Netzwerkerinnen. Internationale Zusammenarbeit von Frauen 1830–1960«. Berlin: trafo, 2007. Das Buch ist vor allem auch interessant im Hinblick auf die großen Frauenfriedensbewegungen.

30 Zu dieser Auseinandersetzung siehe Kelli Zaytoun und Judith Ezekiel: Sisterhood in Movement: Feminist Solidarity in France and the United States. In: Frontiers: A Journal of Women Studies. Jg. 37, Nr. 1 (2016), S. 195–214

31 Allein im Jahre 2020 wurden weltweit 350 trans Personen ermordet. Davon waren 97 Prozent trans Frauen. Die Gründe für ihre Ermordung sind sehr stark mit Armut und Rassismus verbunden, wie etwa diese Fall-Aufarbeitung zeigt: Diana Tourjée: He's Not Done Killing Her: Why So Many Trans Women Were Murdered in 2015. In: Vice, 16.12.2015 URL: https://www.vice.com/en/article/785yjx/hes-not-done-killing-her-why-so-many-trans-women-were-murdered-in-2015, Datum des letzten Aufrufs: 02.07.2024

32 Audre Lorde: Sister Outsider. Essays. München: Hanser, 2021, S. 26

33 Minna Salami: Sinnliches Wissen. Eine schwarze feministische Perspektive für alle. Berlin: Matthes & Seitz, 2021, S. 161

34 Salami zur Gewissenhaftigkeit als Grundlage solidarischen Handelns oder politischer Schwesternschaft. In: Minna Salami: Sinnliches Wissen. Eine schwarze feministische Perspektive für alle. Berlin: Matthes & Seitz, 2021, S. 165

35 Zwanzig Jahre nach »This Bridge Called My Back« gab Gloria Anzaldúa zusammen mit Ana Louise Keating einen Nachfolgeband heraus: »This Bridge We Call Home. Radical Visions for Transformation« erschien 2002. Seit 1980 florierte die Literatur über und von Feminist:innen of Color, auch aktivistisch war enorm viel passiert, überall entstanden Organisationen, Koalitionen und Netzwerke. 1997 zum Beispiel schlossen sich sechzehn Organisationen von Frauen of Color in Atlanta zur Organisation SisterSong zusammen, die sich mit Fragen der reproduktiven Gerechtigkeit befassten. In ihrem Verzeichnis von 1998 sind 250 Organisationen aufgeführt. Auch die akademischen Bereiche der Critical Race Theorie und Critical Whiteness Studies blühten auf. 1987 veröffentlichte Anzaldúa »Borderlands/ La Frontera«, in dem sie sich über das Binäre hinaus für feministische Brücken aussprach.

36 Bernice Johnson Reagon: Coaltion Politics Turning the Century. In: Barbara Smith (Hg.): Home Girls. A Black Feminist Anthology. New York Kitchen Table/Women of Color Press, 1983, S. 356–368

37 Ebd., S. 359

38 Ebd.

39 Ebd.

40 Ina Kerner: Provinzialismus und Semi-Intersektionalität: Fallstricke des Feminismus in postkolonialen Zeiten. In: Feministische Studien. Jg. 38, Nr. 1 (2020), S. 76–93

41 Ebd., S. 78

42 Ebd., S. 85

43 Ebd., S. 85

44 Das Zitat »White men saving brown women from brown men« stammt aus dem Werk »Can the Subaltern Speak?« der postkolonialen Theoretikerin Gayatri Chakravorty Spivak. Gayatri Chakravorty Spivak: Can the Subaltern Speak? Speculations on Widow-Sacrifice. In: Wedge. 7–8 (Winter–Frühjahr 1985), S. 120–130

45 Angela Davis: Rassismus, Sexismus und Klassenkampf. Münster: Unrast Verlag, 2022, erstmals veröffentlicht 1981 unter dem Titel Women, Race & Class

46 Sadia Abbas: At Freedom's Limit. Islam and the Postcolonial Predicament. New York: Fordham University Press, 2014

47 Ebd., S. 71

48 Ayelet Shachar: The Birthright Lottery: Citizenship and Global Inequality. Cambridge: Harvard University Press, 2009

49 Nicola Pratt: Weaponising feminism for the »war on terror«, versus employing strategic silence. In: Critical Studies on Terrorism. Jg. 6, Nr. 2 (2013), S. 327–331, zitiert nach Ina Kerner: Provinzialismus und Semi-

Intersektionalität: Fallstricke des Feminismus in postkolonialen Zeiten. In: Feministische Studien. Jg. 38, Nr. 1 (2020), S. 76–93

50 Ina Kerner: Provinzialismus und Semi-Intersektionalität: Fallstricke des Feminismus in postkolonialen Zeiten. In: Feministische Studien. Jg. 38, Nr. 1 (2020), S. 86–87

51 Afiya Shehrbano Zia: A response to Nicola Pratt's call for »strategic silence«. In: Critical Studies on Terrorism. Jg. 6, Nr. 2 (2013), S. 332–333

52 Ebd., S. 333)

53 Audre Lorde: Die Transformation des Schweigens in Sprache und Handlung. In: AnouchK Ibacka Valiente (Hg.): Vertrauen, Kraft und Widerstand. Kurze Texte und Reden von Audre Lorde. Insel Hiddensee: w_orten & meer, 2015

54 Ina Kerner: Provinzialismus und Semi-Intersektionalität: Fallstricke des Feminismus in postkolonialen Zeiten. In: Feministische Studien. Jg. 38, Nr. 1 (2020), S. 89–90

55 Susan Buck-Morss: Thinking Past Terror. Islamism and Critical Theory on the Left. London / New York: Verso Books, 2003

56 Siehe zum Beispiel auch Ute Gerhard: Frauenbewegung und Feminismus. Eine Geschichte seit 1789. München: C.H. Beck, 2009

57 Chela Sandoval: Methodology of the Oppressed. Minneapolis: University of Minnesota Press, 2000

58 Rolf Pohl: Feindbild Frau. Männliche Sexualität, Gewalt und die Abwehr des Weiblichen. Hannover: Offizin, 2019

59 Gloria Anzaldúa und Ana Louise Keating (Hg.): This Bridge We Call Home. Radical Visions for Transformation. London: Routledge, 2002

60 Dagmar Wilhelm: Frau als negatives Subjekt. In: Karin Stögner und Alexandra Colligs (Hg.): Kritische Theorie und Feminismus. Berlin: Suhrkamp Verlag, 2022, S. 247–264

61 Vgl. Theodor W. Adorno: Negative Dialektik. Frankfurt am Main: Suhrkamp Verlag, 1975, S. 358, zitiert nach Dagmar Wilhelm: Frau als negatives Subjekt. In: Karin Stögner und Alexandra Colligs (Hg.): Kritische Theorie und Feminismus. Berlin: Suhrkamp Verlag, 2022, S. 262–263

62 Vgl. Theodor W. Adorno: Negative Dialektik. Frankfurt am Main: Suhrkamp Verlag, 1975, S. 28, zitiert nach Dagmar Wilhelm: Frau als negatives Subjekt. In: Karin Stögner und Alexandra Colligs (Hg.): Kritische Theorie und Feminismus. Berlin: Suhrkamp Verlag, 2022, S. 261

63 Ebd.

64 Vgl. James Gordon Finlayson: Adorno's Metaphysics of Moral Solidarity in the Moment of its Fall. In: Peter E. Gordon, Espen Hammer und Max Pensky (Hg.): A Companion to Adorno. Hoboken: Wiley, S. 615–630, zitiert nach Dagmar Wilhelm: Frau als negatives Subjekt. In: Karin Stögner und

Alexandra Colligs (Hg.): Kritische Theorie und Feminismus. Berlin: Suhrkamp Verlag, 2022, S. 262

65 Vgl. Theodor W. Adorno: Negative Dialektik. Frankfurt am Main: Suhrkamp Verlag, 1975, S. 358, zitiert nach Wilhelm 2022, S. 262–263

66 Ebd.

67 Dagmar Wilhelm: Frau als negatives Subjekt. In: Karin Stögner und Alexandra Colligs (Hg.): Kritische Theorie und Feminismus. Berlin: Suhrkamp Verlag, 2022, S. 263–246

68 Arlie Hochschild: Fremd in ihrem Land. Eine Reise ins Herz der amerikanischen Rechten. Frankfurt am Main / New York: campus Verlag, 2017

69 Entwurf für eine Rektoratsrede seines Freundes Horkheimer, Theodor W. Adorno, zitiert nach Hartmut F. Paffrath: Die Wendung aufs Subjekt. Pädagogische Perspektiven im Werk Adornos. Weinheim: Deutscher Studien Verlag, 1992, S. 44

5
WEIBLICHE VERWEIGERUNG: SEPARATISMUS, AUTONOMIE UND AUSSTIEG

1 Libreria delle donne di Milano: Wie weibliche Freiheit entsteht. Eine neue politische Praxis. Berlin: Orlanda Frauenverlag, 1991, S. 175

2 Mareike Fallwickl: Die Wut, die bleibt. Hamburg: Rowohlt, 2022

3 Fabian Bernhardt: Rache. Über einen blinden Fleck der Moderne. Berlin: Matthes und Seitz, 2012

4 Mareike Fallwickl: Die Wut, die bleibt. Hamburg: Rowohlt, 2022, S. 247

5 Ebd., S. 281

6 Valerie Solanas: Manifest der Gesellschaft zur Vernichtung der Männer. SCUM. In: EMMA. März/April (1997) https://frauenmediaturm.de/neue-frauenbewegung/valerie-solanas-auszug-aus-dem-s-c-u-m-manifesto/, Datum des letzten Aufrufs: 17.07.2024

7 Mareike Fallwickl: Tamina Blue. In: Tanja Raich (Hg.): Das Paradies ist weiblich. 20 Einladungen in eine Welt, in der Frauen das Sagen haben. Zürich: Kein und Aber, 2022, S. 180

8 Ebd., S. 180–181

9 Ebd., S. 179

10 Ebd., S. 179

11 Ebd., S. 178

12 Ebd., S. 178

13 Ebd., S. 173

14 Ebd., S. 173

15 Teile dieses Briefes wurden im Jahr 2023 erstmals im Programmheft der Salzburger Festspiele publiziert: https://www.salzburgerfestspiele.at/p/die-wut-die-bleibt-2023, Datum des letzten Aufrufs: 17.07.2024

16 Adriana Cavarero: Platon zum Trotz. Weibliche Gestalten der antiken Philosophie, Berlin: Rotbuch-Verlag, 1992, S. 23–51

17 Margaret Atwood: Penelope und die zwölf Mägde. München: Goldmann, 2022

18 Adriana Cavarero: Platon zum Trotz. Weibliche Gestalten der antiken Philosophie, Berlin: Rotbuch-Verlag, 1992, S. 32

19 Ebd., S. 28–29

20 Ebd., S. 27

21 Homer: Odyssee, Buch 4, Vers 785–790, übersetzt von Johann Heinrich Voß. Frankfurt am Main: Zweitausendeins, 2008

22 Adriana Cavarero: Platon zum Trotz. Weibliche Gestalten der antiken Philosophie, Berlin: Rotbuch-Verlag, 1992, S. 32

23 Ebd., S. 51

24 Charlotte Perkins Gilman: Herland. Mineola: Dover Thrift Editions, 1998

25 »Das würde ich tun, wenn es 24 Stunden lang keine Männer gäbe«, 2020: https://www.brigitte.de/aktuell/gesellschaft/was-wuerden-frauen-tun--wenn-es-einen-tag-lang-keine-maenner-gaebe--12201660.html, Datum des letzten Aufrufs: 25.07.2024

26 Katherine Fusco: Systems, not men: producing people in Charlotte Perkins Gilman's »Herland«. In: Studies in the Novel. Jg. 41, Nr. 4 (Winter 2009), S. 418–434

27 Vgl. ebd.

28 Jennifer Fleissner: Women, Compulsion, Modernity: The Moment of American Naturalism. Chicago: University of Chicago Press, 2004, S. 90

29 Ebd.

30 Wittig vermied den Begriff »Frauen« bewusst, es ist ein Kernelement ihrer Erzählung, dass sie *nicht* von »Frauen«, sondern von »Guérillères« schreibt. In der deutschen Übersetzung wurde er trotzdem verwendet. Wo Wittig »elles« schreibt, wird konsequent mit »die Frauen« übersetzt, was eine drastische Verfälschung ist. Wittig lehnte diese deutsche Fassung entsprechend ab.

31 Das Zitat stammt aus dem Aphorismus »Melange« in den Minima Moralia. Theodor W. Adorno: Minima Moralia. Reflexionen aus dem beschädigten Leben. Frankfurt am Main: Suhrkamp, 2016 (10. Auflage), S. 116

32 Hyde Park Chapter et al.: Socialist Feminism. A Strategy for the Women's Movement, »Socialism and Women's Liberation«: https://www.historyisaweapon.com/defcon1/chisocfem.html, Datum des letzten Aufrufs: 17.07.2024

33 Siehe etwa Charlotte Bunch: Lesbians in Revolt. In: The Furies feminist newspaper (Washington DC), Januar 1972; abgedruckt in Nancy Myron und Charlotte Bunch (Hg.): Lesbianism and the Women's Movement. Baltimore: Diana Press, 1975, S. 29–37

34 Ginny Berson in der ersten Ausgabe von The Furies, 1972, https://de.wikibrief.org/wiki/The_Furies_Collective, Datum des letzten Aufrufs: 17.07.2024

35 Charlotte Bunch: Lesbians in Revolt. In: The Furies feminist newspaper (Washington DC), Januar 1972; abgedruckt in Nancy Myron und Charlotte Bunch (Hg.): Lesbianism and the Women's Movement. Baltimore: Diana Press, 1975

36 Marilyn Frye: Reflexionen über Separatismus und Macht. In: Nirgendwo und überall. Lesben. Jg. 12, Heft 25–26 (1989), S. 87–95

37 Das heißt nicht, dass der Kampf um Repräsentation im bestehenden System falsch wäre, es ist selbstverständlich richtig, Frauen in Führungspositionen zu bringen, auch weil nachfolgende Generationen Vorbilder brauchen. Er bedeutet aber eben keine feministische Revolution. Diese Art von Gleichstellungsfeminismus wird keine nachhaltige Freiheit für alle Frauen erbringen.

38 Libreria delle donne di Milano: Wie weibliche Freiheit entsteht. Eine neue politische Praxis. Berlin: Orlanda Frauenverlag, 1991, S. 175

39 Überlegungen zum Unterschied zwischen Fortschritt und Freiheit: Libreria delle donne di Milano: Wie weibliche Freiheit entsteht. Eine neue politische Praxis. Berlin: Orlanda Frauenverlag, 1991

40 Aus dem Manifest vom 8. März 2020 der Bewohnerinnen von Jinwar: https://www.anfdeutsch.com/frauen/jinwar-unsere-kraft-und-energie-verbinden-17763, Datum des letzten Aufrufs: 17.07.2024

41 Siehe das Buch Herausgeber_innenkollektiv (Hg.): Wir wissen, was wir wollen. Frauenrevolution in Nord-und Ostsyrien. Widerstand und gelebte Utopien Band II. Münster: edition assemblage, 2021, S. 26–27. Frauen wie Binevs Agal oder Gülnaz Karatas beteiligten sich auch in dieser Phase an Volksaufständen wie in Bakur und wurden zu Symbolfiguren dieser Aufstände und weiblicher Emanzipation.

42 Ebd., S. 29

43 Abdullah Öcalan: Befreiung des Lebens. Die Revolution der Frau. Neuss: Mezopotamien Verlag, 2014

44 Ausgearbeitet werden diese Überlegungen etwa in den Schriften der kurdischen Jineolojî, der »Frauenwissenschaft«, siehe zum Beispiel »Jineolojî: Die Wissenschaft der Frauengesellschaft« von Dilar Dirik oder »Jineolojî: Die Wissenschaft der Freiheit« von Besê Hozat.

45 Abdullah Öcalan: Befreiung des Lebens. Die Revolution der Frau. Neuss: Mezopotamien Verlag, 2014, S. 56

46 Ebd., S. 56

47 Herausgeber_innenkollektiv (Hg.): Wir wissen, was wir wollen. Frauenrevolution in Nord-und Ostsyrien. Widerstand und gelebte Utopien Band II. Münster: edition assemblage, 2021, S. 26–27

48 Das Zitat stammt aus diesem Interview: Linda Peikert: Mit Willen und Waffen. Frauenrevolution in Nordsyrien. In: Deutschlandfunk Kultur, Podcast Weltzeit, 08.11.2022, https://www.deutschlandfunkkultur.de/frauen-kurden-syrien-rojava-100.html, Datum des letzten Aufrufs: 28.07.2024

49 Zu dieser neuen antipatriarchalen Agenda gehört auch ein schonender und nachhaltiger Umgang mit der Natur, Öcalan schreibt von einem alternativen Wirtschaftssystem, das die Ressourcen der Gesellschaft vermehrt, anstatt sie auszubeuten, Abdullah Öcalan: Befreiung des Lebens. Die Revolution der Frau. Neuss: Mezopotamien Verlag, 2014. Die Ansätze zum alternativen Wirtschaftssystem, das Zusammendenken von Ökologie und Ökonomie, der Sorge umeinander und um den Planeten, die Konzepte von einem nicht-verschleißenden Wirtschaften ähneln dem, was derzeit auch im Rahmen der sogenannten Care-Ökonomie entwickelt wird.

EPILOG

1 The Traditions of the Hopi. Origin Myth, https://sacred-texts.com/nam/hopi/toth/toth002.htm, Datum des letzten Aufrufs: 02.07.2024

FRANZISKA SCHUTZBACH

Die Erschöpfung der Frauen

WIDER DIE WEIBLICHE VERFÜGBARKEIT

Die Ursachen der weiblichen Verausgabung

Frauen haben heute angeblich so viele Möglichkeiten wie nie zuvor. Gleichzeitig sind sie so erschöpft wie nie zuvor. Nach wie vor wird von Frauen verlangt, permanent verfügbar zu sein – familiär, beruflich, sexuell, gesellschaftlich. Die Geschlechterforscherin Franziska Schutzbach legt den Finger in die Wunde eines Systems, das von Frauen alles erwartet, aber nichts zurückgibt. Und sie erklärt, wie Frauen sich dagegen auflehnen und damit alles verändern: ihr Leben und die Gesellschaft.

Ein kluger und fundierter Beitrag zu einer anhaltend aktuellen Debatte.

DROEMER